中国人民银行营业管理部联合研究成果集（2019）

防范金融风险 推动高质量发展

FINANCIAL RISK PREVENTION AND HIGH-QUALITY ECONOMIC DEVELOPMENT

杨伟中　主编

经济管理出版社
ECONOMY & MANAGEMENT PUBLISHING HOUSE

图书在版编目（CIP）数据

防范金融风险，推动高质量发展/杨伟中主编.—北京：经济管理出版社，2019.8
ISBN 978-7-5096-6802-3

Ⅰ.①防…　Ⅱ.①杨…　Ⅲ.①金融业—经济发展—中国—文集　Ⅳ.①F832-53

中国版本图书馆 CIP 数据核字（2019）第 154305 号

组稿编辑：宋　娜
责任编辑：宋　娜　张馨予　杜羽茜
责任印制：黄章平
责任校对：陈　颖

出版发行：经济管理出版社
　　　　　（北京市海淀区北蜂窝 8 号中雅大厦 A 座 11 层　100038）
网　　址：www.E-mp.com.cn
电　　话：（010）51915602
印　　刷：三河市延风印装有限公司
经　　销：新华书店
开　　本：720mm×1000mm/16
印　　张：19.5
字　　数：350 千字
版　　次：2020 年 7 月第 1 版　　2020 年 7 月第 1 次印刷
书　　号：ISBN 978-7-5096-6802-3
定　　价：98.00 元

编委会名单

学术指导委员会

    主任：杨伟中

    委员：贺同宝   边志良   马玉兰   刘玉苓   曾志诚   姚 力

           梅国辉   李玉秀

专家委员会

    主任：梅国辉

    委员：王远志   秦 瑜   余 剑   毛笑蓉   韩 芸   贾淑梅

           毛钢锤   江 娟   赵 清   金 梅   魏海滨

专家委员会办公室

    林晓东   李 佳   高 菲

目　录

商业银行普惠金融商业可持续研究

　　——基于普惠金融业务贷款定价视角 …………………………………… 1

货币政策传导与地方法人金融机构流动管理的分析研究 ………………… 17

基于四部门博弈视角的北京市房地产市场分析 …………………………… 42

金融周期、金融危机与系统性风险度量 …………………………………… 68

基于机制设计理论的全口径跨境融资宏观审慎政策研究 ………………… 99

从商业银行资产规模、结构、投向研究探讨对实体经济发展的支持……… 115

金融发展对经济增长的结构性影响

　　——基于门限回归方法的实证检验 …………………………………… 127

新零售时代下汽车金融创新与监管趋势研究……………………………… 136

我国企业债务融资如何"走出去" ………………………………………… 152

O2O 企业融资情况及监管政策框架构建 ………………………………… 167

中国反洗钱反逃税体制框架研究 …………………………………………… 176

区块链、分布式类征信与宏观审慎监管 …………………………………… 191

京津冀协同发展下的企业债券融资效率研究 ……………………………… 213

P2P 模式下的金融监管博弈研究 ………………………………………… 250

跨境资本流动的反洗钱问题研究 …………………………………………… 266

战略性新兴产业资金运作模式与金融支持效应研究

　　——基于集成电路产业的分析 ………………………………………… 285

商业银行普惠金融商业可持续研究

——基于普惠金融业务贷款定价视角

董洪福等[*]

近年来，随着我国对普惠金融发展战略的全方位推动，来自商业银行相对较低的融资成本对于普惠金融对象更为关键，对基于风险成本高、管理成本高造成的商业银行普惠金融商业可持续疑虑进行研究尤为迫切。普惠金融真的会实现商业可持续发展吗？应该采取何种手段来实现商业银行普惠金融业务的商业可持续，实现其覆盖各类成本及风险下的保本微利？基于对北京地区部分银行普惠金融相关业务的调研，通过利用成本加成定价和价格领导定价两种利率定价方法对普惠金融相关业务贷款利率进行分析。本书认为，通过政策引导，金融科技尤其是大数据的运用，供应链金融运用，制度及产品创新，进一步细分深耕普惠金融业务相关市场，商业银行可有效降低普惠金融资金成本和非资金营业成本以及风险，实现普惠金融商业的可持续发展；同时，加强对普惠金融相关业务平均违约风险溢价的监测，为优化完善相关政策提供基础。这一结论具有明确的政策意义。

一、引言

我国的普惠金融发展战略以 2015 年 3 月国务院发布的《政府工作报告》

---

[*] 董洪福：中国人民银行营业管理部法律事务处（金融消费权益保护处）处长。参与执笔人：董英超、王京、郝岸、杨兵、赵睿。其中，董英超、王京供职于中国人民银行营业管理部法律事务处（金融消费权益保护处）；郝岸供职于中国人民银行营业管理部会计财务处；杨兵供职于中国人民银行营业管理部征信管理处；赵睿供职于中国人民银行营业管理部货币信贷管理处。

明确提出以普惠金融定义为起点，自 2016 年 1 月国务院发布的《推动普惠金融发展规划（2016~2020 年)》的逐渐落实而进入发展快车道。普惠金融立足机会平等要求和商业可持续的原则，通过加大政策引导扶持、加强金融体系建设、健全金融基础设施，以可以负担的成本，为有金融服务需求的社会各阶层和群体提供适当的、有效的金融服务，并确定农民、小微企业、城镇低收入人群和残疾人、老年人等其他特殊群体为普惠金融服务对象。普惠金融主要包括账户普及、金融基础设施建设、小微及"三农"融资等方面，其中，小微企业和"三农"的融资难、融资贵问题是我国普惠金融发展的难点和重点。2018 年 2 月，中国人民银行和世界银行联合发布《全球视野下的中国普惠金融：实践、经验与挑战》，以及于 2018 年 8 月 13 日发布的《2018 年中国普惠金融指标体系分析报告》，能看出中国和西方国家对普惠金融的侧重点的不同，即西方国家和世界银行更侧重于对账户的普及，但对我国而言侧重的是小微企业和"三农"的融资难、融资贵问题。在国际、国内经济金融新形势下，我国通过建立多层次的融资体系，发挥新金融、金融科技、供应链金融等优势，积极通过政策引导和制度创新，努力解决小微及"三农"融资难、融资贵等问题。在多层次地为小微企业及"三农"提供融资服务的融资体系中，商业银行为其提供了相对而言成本最低和服务最好的服务。2017 年 5 月，银监会发布了《大中型商业银行设立普惠金融事业部实施方案》，鼓励银行在商业可持续的原则下，为小微企业提供低成本的融资服务。从 2017 年下半年开始，国内大中型银行陆续成立普惠金融事业部，营业管理部也针对其设立情况进行了持续跟踪调研。从调研情况来看，包括国有四大行在内的多家银行基于对小微企业融资业务的风险成本和管理成本过高而对普惠金融商业可持续性存疑。因而，对商业银行在普惠金融商业可持续方面进行研究尤其必要。

二、商业银行发展普惠金融的现状

从目前的调研情况来看，我国大多数大中型商业银行均全面推进了普惠金融战略，其具体举措包括：积极推进金融基础设施建设，提高金融可得性；积极推动金融为民特别是金融对老幼残障人士服务；积极推动信用体系建设，减轻信息不对称；积极推进建立普惠金融事业部，促进小微及"三农"融资。

从现实情况来看，商业银行建立普惠金融事业部，服务小微及"三农"仅仅是普惠金融的一部分，而金融基础设施建设、信用体系建设、提高账户普及率等都对促进解决小微及"三农"融资难、融资贵问题提供了助力。两者相辅相成。信用体系建设、账户普及等均在某种程度上降低了银行与小微企业、"三农"之间的信息不对称问题，使交易成本下降，风险得到一定程度的控制，从而提高银行服务小微及"三农"的积极性，并形成良性循环。

（一）商业银行发展普惠金融的成效

1. 积极提升账户普及率

银行结算账户和银行卡广泛普及，全国及农村地区人均持有量平稳增长，总体上实现了"人人有户"。截至 2017 年末，全国人均拥有 6.6 个账户，人均持有 4.81 张银行卡（其中信用卡 0.39 张）；农村地区个人银行结算账户 39.66 亿户，人均 4.08 户；农村地区银行卡数量余额 28.81 亿张，人均持卡量 2.97 张。同时，活跃使用账户稳步增加。调查显示，2017 年全国有 87.06% 的成年人拥有活跃使用账户，比 2016 年高 5.66 个百分点。农村地区拥有活跃使用账户的成年人比例为 81.44%。全国 29 个省（自治区、直辖市）拥有活跃使用账户的成年人比例超过 80%，北京、天津、上海、浙江、山东、重庆、贵州、宁夏等省（自治区、直辖市）拥有活跃使用账户的成年人比例超过 90%。

2. 服务弱势群体能力提高

通过与人社部、残疾人联合会等有关部门合作，商业银行积极开发养老助残卡等新类型金融服务；不断深入城市社区，积极探索社会银行业务发展新模式，探索金融便民与实现金融商业可持续的新路径，努力打通金融服务"最后一公里"；持续深入乡村，优化农村支付环境，加强乡村信用体系建设，加强信贷支持。截至 2017 年末，创业担保贷款余额 868.39 亿元，同比下降 4.49%；占人民币各项贷款余额 0.07%，占比较 2016 年末低 0.02 个百分点；农户生产经营贷款余额 46986.5 亿元，同比增长 6.51%；占人民币各项贷款余额的 3.91%，占比较 2016 年末低 0.23 个百分点；全国共设置银行卡助农取款服务点 91.4 万个（其中，加载电商功能的 13.98 万个），覆盖村级行政区 51.56 万个，村级行政区覆盖率达 97.34%，平均每个村级行政区 1.73 个，助农取款服务点已基本实现行政村全覆盖；北京市农村地区成年人购买投资理财的比例为 52.94%。

3. 积极推进普惠金融事业部发展

目前，国有商业银行和大多数股份制商业银行均成立了普惠金融事业部，大量城市商业银行、农村商业银行村镇银行积极开展普惠金融业务。截至2017年末，普惠领域小微企业贷款余额67738.95亿元，同比增长9.79%。同时，商业银行积极利用金融科技、产业链金融创新融资产品，积极发展线上小微企业贷款和线上农户贷款，促进普惠金融发展。

（二）商业银行发展普惠金融存在的问题

1. 普惠金融发展的商业可持续性问题

目前，商业银行普惠金融业务普遍面临商业可持续性问题。银行经营小微企业融资业务，是基于银行对小微企业的商业可持续性的判断。若银行判定小微企业业务模式可实现商业可持续，则银行予以融资放贷。若银行认定小微企业业务模式不可持续，则需要考虑其放贷的收益覆盖其面临的风险。但由于国有大型商业银行对普惠金融对象的管理还远未成熟，造成小微企业融资业务风险成本高、管理成本高。两类成本的高企使大多数大型商业银行的普惠金融业务收益覆盖不了风险，价值创造为负值。

2. 普惠金融业务的被挤出问题

目前，我国仍处于资金相对短缺的状态，全社会大客户、大项目金融和个人住房及消费金融需求相对旺盛。大客户、大项目金融和个人住房及消费金融相关业务相对于普惠金融业务收益高、期限长、风险低，更加受到商业银行青睐。因此，对大型商业银行来说，经营普惠金融业务意愿不高，缺乏动力。普惠金融业务存在被挤出问题。

3. 普惠金融对象信息不对称问题

目前，商业银行和普惠金融对象信息不对称问题相对严重，导致商业银行对普惠金融客户经营可持续性缺乏判断。银行贷款业务一般需建立在存款和结算业务上，以了解客户作为贷款前提。公共信息平台信息缺乏整合，商业银行获取金融信息、工商登记、税收缴纳、社保缴纳、刑事犯罪等信息成本较高。因部分农村地区农户金融行为相对较少，且部分银行涉足"三农"业务较少，相关金融信息较难获取。

4. 普惠金融发展严重依赖基层业务能力

普惠金融的发展除依靠科技创新、政策支持外，更需要商业银行进行自主制度创新，而银行自主制度创新更依赖基层进行业务创新。例如，农业银行在经营"三农"普惠金融业务时，基层人员发明了"村长负责制"；建设银行利用惠农卡实现农村基础金融信息收集等。因普惠金融业务相对其他业务风险高、收益低等问题，基层人员考核压力大，激励机制有待完善，人员流失较为严重。

三、商业银行普惠金融业务利率定价对商业可持续的影响分析

商业银行发展普惠金融业务必须基于商业可持续原则。商业银行普惠金融业务商业可持续，即商业银行在既定资金成本的前提下，通过降低其普惠金融业务非资金性营业成本，有效管理普惠金融业务风险，来降低普惠金融业务贷款利率，实现其覆盖各类成本及风险下的保本微利。其中，商业银行对普惠金融业务利率定价的合理程度对其实现普惠金融业务商业可持续性发展尤为关键。

我国实施利率市场化改革，其实质是市场取代货币当局成为利率定价主体的过程，改革的进度与成败更多地取决于金融机构自身定价体系建设情况。随着改革的进行，商业银行在利率决定上具有了一定的主动权，以确保其覆盖风险并实现盈利。我国在制定普惠金融总体战略时，同样注重商业银行在政策引导的同时，自主决定利率，以实现商业可持续。目前，我国商业银行在贷款利率定价上有成本加成贷款定价法、价格领导模型定价法、客户盈利分析定价法、基于 RAROC 的贷款定价法四种方法，而基于小微企业和商业银行信息不对称的考量，商业银行在确定小微企业贷款利率时以成本加成贷款定价法为主，同时参考其他贷款定价方法，确定其最终的小微企业贷款利率。商业银行普惠金融业务利率定价的合理性决定了其能否有效覆盖风险，并有适度盈余，以实现保本微利目标。因此，对商业银行普惠金融业务利率定价进行研究是研究商业银行普惠金融商业可持续的重要手段，具体思路为基于两种贷款定价方法：成本加成贷款定价和价格领导模型定价。研究商业银行普惠金融商业可持续性，从成本考虑，不只包括贷款的利率成本，还包括大数据、金融科技、前期账户建设和渠道铺垫等成本。基于研究便利，需要设立两个前提条件：不考虑前期金融科技、大数据建设等固定成本；不考虑任何资金规模的影响。两者前期投入虽大，但属于固定成本，对边际分析无影响。

（一）普惠金融贷款的成本加成定价分析

我国大多数大中型商业银行的贷款利率定价以成本加成贷款利率定价为主，以其他定价方法为辅，形成成本加成综合定价方法。但其核心仍为成本加成定价的核心公式：

$$贷款利率=筹集可贷资金的边际成本+放贷机构非资金性营业成本+放贷机构对贷款违约风险所要求的补偿+预期利润 \qquad (1)$$

成本加成贷款定价法认为，任何贷款都有四个组成部分：①放贷机构筹集可带资金的成本；②放贷机构非资金性的营业成本（包括信贷人员的工资以及在发放及管理贷款过程中发生的耗材和实施成本）；③放贷机构对贷款申请的违约风险所要求的补偿；④考虑一定资本收益的贷款预期利润。

结合普惠金融业务的特点和我国相关金融政策要求，对式（1）进行适当改写：

$$普惠金融贷款利率=普惠金融业务可贷资金的边际成本+普惠金融业务非资金性营业成本+普惠金融业务违约风险补偿+预期利润 \qquad (2)$$

1. 普惠金融业务可贷资金边际成本分析

商业银行的普惠金融业务可贷资金边际成本包括：①商业银行存款利率；②货币市场价格；③上海银行间同业拆借利率（Shanghai Interbank Offered Rate，SHIOR）；④定向降准、中长期借贷便利、再贷款等政策因素的影响；⑤普惠金融内部资金划转优惠。

不同类型、不同规模的商业银行，其普惠金融业务可贷资金边际成本的主要考虑不同。从调研情况来看，小体量、资金规模相对较小的商业银行，例如城商行或村镇银行，其在货币市场、同业市场上获取资金的能力相对较低，资金来源主要来自储户存款，因而具有较低的可贷边际成本。中等体量、资金规模相对中等的商业银行，除储户存款外，货币市场或同业市场也是重要的资金来源，此时，同业拆借利率最接近其可贷资金边际成本。大中型股份制商业银行以及国有银行，其可贷资金边际成本除受上述因素影响外，还受到央行定向降准、中长期借贷便利、再贷款、再贴现等货币政策因素的影响。例如，央行2017年在北京地区办理再贴现中，中小微企业、涉农企业和高新文创企业票据占比约为66.67%。银行借用再贷款期间发放的小微企业贷款利率平均为5.97%，低于运用自有资金发放小微贷款利率的0.31个百分点。再如，央行于 2017 年 9 月发布《关于对普惠金融实施定向降准的通知》，对满足普惠金融领域贷款定向降准相关标准的商业银行实施定向降准政策，而所释放资金仍需投放到普惠金融领域；截至 2018 年 10 月末，央行已在全年实施四轮定向降准，释放大量流动性以降低普惠金融资金成本。同时，大中型商业银行的普惠金融部门享有普惠金融贷款内部资金划转优惠，普惠金融内部资金成本普遍低于一般对公贷款 50 个基点（bp）。北京辖内某大型国有商业银行北京市分行普惠金融业务小微企业贷款内转资金价格见图 1。

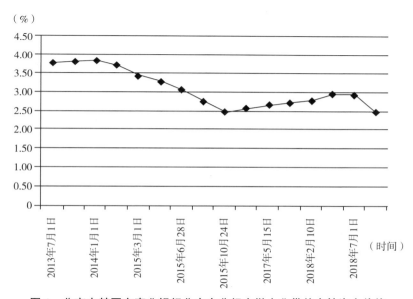

图 1 北京市某国有商业银行北京市分行小微企业贷款内转资金价格

需要注意的是，尽管定向降准对普惠金融业务可贷资金边际成本有积极影响，但这种影响较难测度。其原因在于：一是商业银行在定向降准后并不直接考虑其对资金成本的影响，首要考虑的是如何利用这部分资金继续投放到普惠金融领域；二是银行对实体经济的信用扩张仍受到准备金以外的约束。2018年四次定向降准以来，在银行流动性相对宽松的情况下，受金融去杠杆的影响，社会融资增速仍然持续下降。然而定向降准对可贷资金的边际成本影响却在银行间同业拆借市场上有所反映，即在 SHIBOR 价格的波动中包含了定向降准的相关信息。受 2018 年前三次定向降准的影响，使银行间回购定盘利率

FR007 从年初的 3.5% 下降至 10 月初的 2.7% 左右，3 个月 SHIBOR 从年初的 4.8% 下降至 10 月初的 2.8% 左右，10 年期国债到期收益率从年初的 3.9% 左右回落至 10 月初的 3.6% 左右，而金融机构人民币贷款加权平均利率则从年初的 5.3% 提高至 10 月初的近 6%。于 2018 年 10 月 7 日公布并于 10 月 15 日实施的央行年内第四次定向降准，置换 4500 亿 MLF，释放 7500 亿元增量资金，随即引起 SHIBOR 短期品种全面下行：隔夜 SHIBOR 利率下降 6.2 个基点至 2.377%；一周 SHIBOR 利率下降 0.3 个基点至 2.612%；一个月 SHIBOR 小幅下调 1.4 个基点至 2.668%。

综上，普惠金融可贷资金边际成本受到五大类因素的影响，且能被 SHIBOR 等价格所代表。从调研情况来看，尽管在测算贷款业务可贷资金边际成本、构建 FTP 系统时会综合考虑 SHIBOR、短期回购利率、国债收益率等市场利率，并辅以存款准备金率、准备金利率、市场利率掉期水平等指标，多家商业银行在考虑普惠金融可贷资金边际成本仍主要参考 SHIBOR 价格，并给予内部资金划转优惠。

2. 普惠金融业务非资金性营业成本分析

普惠金融业务的非资金性营业成本主要为商业银行发放普惠金融领域相关贷款的贷前、贷后管理成本，主要包括：①搜寻和信息费用；②讨价还价和决策费用；③监督费用和合约义务履行费用（可理解为包括信贷人员的工资以及在发放及管理贷款过程中发生的耗材和实施成本）。

相较于一般对公业务 2% 的非资金性营业成本，普惠金融业务的非资金性营业成本较高。一般来说对公贷款业务的资金成本是其主要业务成本，在贷款成本中的占比达到 60%~70%，非资金性营业成本相对较少，但对于普惠金融业务而言，因贷前贷后管理成本较高，非资金性营业成本显著提高。普惠金融非资金性营业成本高的主要原因在于，作为普惠金融对象的小微企业及"三农"的信息不健全及项目本身风险高两个方面。例如，小微（初创）企业本身的特点是：①建立不久，自有资本少；②财务体系不健全；③未来发展前景不明，投资风险较大；④传统融资方式难度大，融资成本高，缺乏议价能力。但商业银行在开展小微企业融资业务过程中，需要考虑贷款价格覆盖相关成本及风险，以达成交易。例如，北京市某家地方法人银行在对 2018 年新发放、正常首席的单户 500 万元以下的中小企业贷款上增加了 0.2% 的管理利差，可以看作是它相对于一般对公贷款的增加管理成本，其内部认定的该类普惠金融业务的非资金性营业成本为 2.2%。

从制度经济学考虑，普惠金融业务非资金性营业成本即是普惠金融业务的交易费用（或交易成本）。交易费用根据交易流程可以分为以下几个阶段费用的加总：契约的准备费用、契约的签订费用、契约的执行费用，分别对应了搜寻和信息费用、讨价还价和决策费用以及监督费用和合约义务履行费用。以小微企业贷款为例，在契约的准备阶段，搜寻交易合适的小微企业交易对手产生的费用是最主要的费用。契约准备阶段费用高企的原因在于：小微企业本身财务体系不健全使商业银行的传统贷款审批流程对其不再适宜；工商、税务、司法以及网贷平台、小贷公司等类金融机构的信息还未进一步整合，使银行在对小微企业进行信贷资质审核时人力及时间成本过高；大多数小微企业未整合纳入征信系统；商业银行在处理小微企业在贷款方面难以使用传统的信用评价体系。在契约的签订费用方面，对于小微企业相关贷款风险的评估及对贷款具体合同条款的签订较传统信贷业务更加复杂。在契约的执行方面，小微企业的贷后管理需要比传统对公业务付出更多的人力和精力，而普惠金融业务非资金性营业成本的高企更体现在与传统对公信贷的机会成本方面。相比传统对公信贷，小微企业贷款业务需要更有经验的信贷管理人员；同时小微企业贷款金额相对较少，商业银行在发放一定金融贷款时比一般对公贷款需要更多的人力来进行信贷管理。因而，如何减少普惠金融业务的交易费用是减少普惠金融业务的非资金性营业成本的关键。

目前，商业银行在降低普惠金融业务非资金性营业成本方面采取的措施主要从以下几个方面进行：细分普惠金融业务市场；加强金融科技尤其是大数据的运用；加强供应链金融的运用；加强内部制度创新。通过以上措施，部分商业银行在普惠金融业务非资金性营业成本上可达到一般贷款非资金性营业成本2%的水平，甚至更低。

细分普惠金融业务市场，即商业银行结合自身优势选择在普惠金融业务某一领域进行深耕，逐步建立专业化的专项信贷服务，从而达到规模效应。例如，北京农商银行坚持支农战略定位，深耕"三农"金融服务，2017年投放涉农贷款（监管口径）220亿元，同比增长77.29亿元，增速37.34%；建立"新农业""新农家"两大系列，包括20多款产品的丰富的涉农信贷产品体系。建设银行将自身普惠金融业务集中于单户授信小于 500 万元的小型企业、个体工商户经营性贷款、小微企业主贷款，2017 年末三类贷款余额合计 2847 亿元，在普惠金融领域贷款余额占比 76.2%。邮储银行普惠金融贷款主要集中于个体工商户、农户和小微企业主，三类贷款合计 7082.6 亿元，占比 84.3%。民生银行普惠金融贷款主要为个体工商户和小微企业主贷款，贷款合计 3567.7 亿元，占比 92.7%。

加强金融科技尤其是大数据的运用，降低普惠金融业务交易对象的搜寻和信息费用、讨价还价和决策费用，以及贷后管理费用。例如，建设银行积极探索金融科技尤其是大数据的运用，成立相关金融科技公司建信融通，通过企业及企业主在建行的放贷信息、涉税信息、金融资产及结算数据等各项数据，批量挖掘潜在客户并预测意向授信额度，在此基础上开发针对小微企业的线上产品，如"快 e 贷""融 e 贷""云税贷"。民生银行根据客户可验证的资产和收入信息，打造适应不同客户特征和需求的信用类线上授信产品。同时，在大数据运用下打造的线上普惠金融融资业务场景极大便利了贷后管理。

加强供应链金融的运用，降低普惠金融业务交易对象的搜寻和信息费用、讨价还价和决策费用，并有效降低信用违约风险。供应链金融指银行围绕核心企业，管理上下游中小企业的资金流和物流，并把单个企业的不可控风险转变为供应链企业整体的可控风险，通过立体获取各类信息，将风险控制在最低的金融服务上。例如，建设银行通过拓展供应链金融应用场景，以核心企业为中心，通过核心企业提供增信，为相关上下游小微企业提供融资服务。通过供应链金融的应用，建设银行寻找适合小微企业作为交易对手的搜寻和信息费用大大降低；同时，因为核心企业的增信服务，相关小微企业贷款利率低于"云税贷"等线上融资利率，与正常对公利率保持一致。

加强内部制度创新，建立专业的普惠金融业务团队和制度，优化贷前贷后管理流程。国有五大行普惠金融体系可分为三大类：中国农业银行"双轮驱动"型普惠金融体系；中国银行"1+2"型普惠金融体系；中国工商银行、中国建设银行以及交通银行"小企业金融部"升级型体系。通过独立的组织架构、财务核算、经营计划、资本管理、信贷管理、风险管理、绩效考核和倾斜的资源配置、信贷科技保障机制，商业银行可实现普惠金融业务客户经理专职化、客户服务综合化和贷后管理集约化。

3. 普惠金融业务违约风险补偿分析

普惠金融相关业务因其服务对象——小微企业及"三农"的特点，使其违约风险相对较高。例如，北京农商银行 2017 年末涉农贷款不良率为 0.62%，小微企业贷款不良率为 1.14%，均明显超过该行贷款不良率平均水平（0.55%）。与此同时，2017 年北京地区小微贷款不良率平均水平为 1.04%，客观显示了普惠金融业务的高违约风险。在实地调研中，我们发现，商业银行在发展普惠金融相关业务时，以及在普惠金融业务利率定价中，商业银行会有效控制相关业务违约风险，也会适度调低相关违约风险补偿，可采取的途径有：①采用大数据风控；②制度及产品创新；③两权抵押、知识产权质押等相关政策推进；④提升普惠金融相关不良资产处置效率。

采取大数据风控可有效降低违约风险。通过整合对公、对私客户信息，介入税务、工商、法院、征信等政府公共数据，并结合本行自身客户金融资产等信息，通过建立模型进行大数据分析，建设银行北京市分行自 2017 年 6 月在北京地区推出"小微快贷"产品，经过一年多的运行，截至 2018 年 6 月末相关贷款余额为 34.46 亿元，不良率为零。虽然需要关注其运行时间过短导致风险暴露不充分的问题，但其降低信用违约风险的效果可见。

制度及产品创新同样可起到有效降低违约风险的效果。以建设银行"云税贷"产品为例，小微企业申请相关贷款时虽未使用信用贷款，但该贷款与企业主无限责任绑定，与企业主征信系统相关联，以达到降低企业主贷款违约意愿的目的。

"两权"抵押贷款及知识产权抵押贷款等政策的推行在降低小微及"三农"信用违约风险方面不尽相同。在两权抵押方面，中国人民银行于 2018 年 2 月 13 日印发《中国人民银行关于进一步做好"两权"抵押贷款试点有关事项的通知》，大力推广"两权"抵押贷款。然而从北京试点情况来看，虽然 2017 年新增 2 家银行参与农村承包土地经营权抵押贷款试点，但试点银行数量少，贷款规模小。商业银行农村承包土地经营权抵押贷款业务面临以下几个问题：一是对农村承包土地经营权的价值无统一评估标准，价值认定存在困难；二是承包经营权价值评估中的地上农业基础设施价值认定和评估存在困难；三是银行防范流转土地租赁双方违约风险存在困难；四是农村承包土地经营权流转处置的市场化机制尚未建立，一旦发生逾期，银行面临抵押物处置变现难的问题。在类似高新技术创新区推行的知识产权抵押贷款试点中，也面临与农村土地承包经营权类似的问题。

4. 普惠金融业务预期利润

目前，国家对于商业银行普惠金融业务开展的要求是基于商业可持续原则实现经营的保本微利。同时，2018 年中国银保监会发布了《中国银保监会办公厅关于银行业小微企业贷款利率实施监测的通知》，对银行明确了"切实降低小微企业贷款成本"的要求。因此，商业银行普惠金融业务预期利润可基本认定为零。从调研情况看，建设银行北京市分行 2017 年相关业务在总行内部转移定价基础上实现保本微利。

（二）普惠金融贷款的价格领导分析

价格领导定价法属于市场导向的定价方法，其核心思想是首先寻找某种市场基准利率，其次根据贷款的风险程度确定风险溢价，最后综合基准利率和风险溢价确定每笔贷款的最终定价。具体定价公式为：

$$贷款利率 = 基础或优惠利率 + 由非优惠利率借款人支付的违约风险溢价 + 长期贷款借款人支付的期限风险溢价 \qquad (3)$$

从式（3）中可知价格领导定价法需要满足两个基本条件：一是市场上存在可供银行选择的权威的基准利率或优惠利率，以反映市场真实资金供求关系。对我国商业银行来说，常见的作为参考的基础或优惠利率为 SHIBOR 相关利率，银团贷款、大型国有企业贷款优惠利率。二是要精确测算违约风险溢价和期限风险溢价。

结合普惠金融业务的特点和我国相关金融政策要求，对上述传统价格领导模型公式进行适当改写：

$$普惠金融贷款利率 = 一般对公客户贷款利率 + 普惠金融对象借款人支付的违约风险溢价 + 普惠金融对象借款人长期借款期限风险溢价 \qquad (4)$$

若将贷款期限限定为一年，则可将式（4）进一步改写并进化为：

$$普惠金融贷款利率 = 一般对公客户贷款利率 + 普惠金融对象借款人支付的违约风险溢价 \qquad (5)$$

同时，需要进一步解释式（5）中"普惠金融对象借款人支付的违约风险溢价"是基于式（4）中"一般对公客户贷款利率"基础上的违约溢价。若是基于式（3）来确定普惠金融对象借款人支付的真实违约溢价，则应该为：普惠金融对象借款人真实的违约风险溢价＝一般对公客户贷款平均风险溢价＋普惠金融对象借款人支付的违约风险溢价。

利用价格领导定价法来分析普惠金融贷款的商业可持续性既有优势，又存在劣势。其优势在于，这种定价方法省去了银行内部核算资金成本、经营成本的步骤，若假设商业银行在非资金性营业成本上做到了一般对公贷款和普惠金融业务相关贷款基本一致，则可在一般对公贷款的基础上，结合风险溢价的测量就能进行贷款定价。同样，若对于普惠金融贷款的违约风险溢价有相对正确的估算，则可对式（5）"等号"两边进行对比，若右侧大于左侧，则可认定某商业银行普惠金融业务在该情形下商业不可持续。其劣势恰恰在于未考虑核算资金成本差异和经营成本差异，若银行自身的资金成本和经营成本高于基准利率水平，那么开展普惠金融业务并不能使银行获得商业可持续。

对普惠金融对象借款人支付的违约风险溢价的测算，可以以北京地区某家地方法人银行为例。表1为该银行2017年全行企业及小微企业（500万元以下）平均贷款利率。

表1　2017年北京某银行全行企业及小微企业（500万元以下）平均贷款利率

单位：%

月份	全行企业	小微企业（500万元以下）	小微企业平均违约风险溢价
1月	4.71	5.16	0.45
2月	4.60	5.18	0.58
3月	4.28	4.84	0.56
4月	4.57	4.88	0.31
5月	4.36	4.47	0.11
6月	4.38	4.42	0.04
7月	4.54	5.27	0.73
8月	4.54	5.29	0.75
9月	4.54	5.31	0.77
10月	4.54	5.34	0.80
11月	4.56	5.33	0.77
12月	4.56	5.27	0.71

资料来源：该法人银行普惠金融部。

需要说明的是，选取该行 2017 年相关数据作为测算普惠金融对象借款人支付的违约风险溢价的代表是基于以下理由：一是该行 2017 年因各种原因未享受到普惠金融的各类型优惠政策；二是该行 2017 年尚未对普惠金融相关业务进行内部资金划转优惠；三是该行 2017 年尚未专门对普惠金融相关业务增加管理成本；四是 2018 年相关数据涉及更多的政策因素，除商业银行普惠金融业务资金成本享受内外部相关政策优惠外，各地银监部门对商业银行季度小微企业贷款利率下降制定了硬性要求，增大了测算难度。图 2 为北京市某大型国有银行北京市分行 2015～2018 年小微企业贷款利率和对公贷款利率对比图（月度），因各类政策影响，该行小微企业贷款利率和一般对公贷款利率之差难以体现相关贷款平均违约风险溢价。

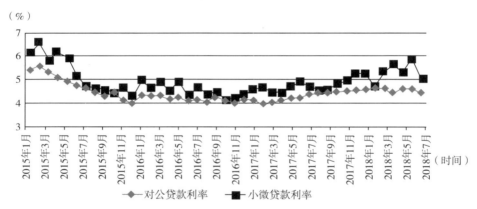

图 2　2015～2018 年××银行北京市分行小微企业贷款利率和对公贷款利率对比

四、结论及建议

风险成本高、管理成本高造成商业银行对普惠金融商业可持续的担忧有其现实依据，同时，由于商业银行天生既看重安全性更甚于盈利性，使其在开展普惠金融业务时过于谨慎。我们基于对北京市多家商业银行普惠金融业务的实地调研和深入了解，运用成本加成定价法和价格领导定价法对普惠金融相关业务贷款利率进行了分析。分析认为：①商业银行存款利率、货币市场价格、银行同业拆借市场价格、定向降准、MLF、再贷款、再贴现等政策因素及普惠金融内部资金划转优惠均对普惠金融业务可贷资金边际成本造成影响；②银行同业拆借市场价格能客观反映普惠金融业务的可贷资金边际成本；③细分普惠金融业务市场、加强金融科技尤其是大数据运用、加强供应链金融应用、加强制度及产品创新，能有效降低普惠金融业务非资金性营业成本；④采用大数据风控、积极探索制度及产品创新能有效降低普惠金融信用违约风险；⑤两权抵押贷款等政策在推进普惠金融业务时仍需配套金融基础设施的建成；⑥加强对普惠金融相关业务平均违约风险溢价的测算，从而使得价格领导模型成为测算商业银行普惠金融业务商业可持续的有效手段；⑦各类型政策叠加尤其对商业银行普惠金融业务利率定价自主权的过多干预将加大普惠金融相关业务平均违约风险溢价的测算。对于商业银行实现普惠金融商业可持续，笔者提出如下建议：

（一）建议金融管理部门持续加强商业银行普惠金融方面的政策扶持

一是坚持对普惠金融相关业务的定向降准、再贷款、再贴现等支持，有效降低普惠金融业务资金成本，同时将享受政策优惠的商业银行范围进一步扩大，为中小银行尤其村镇银行制定专门的资金成本优惠方案。二是加强对商业银行定向降准资金运用的监督检查，确保资金的专项运用，防止重复统计、套息等不良事件发生。三是坚持商业银行对普惠金融相关业务利率定价的主体性，尽可能减少对其自主定价的干预。四是加强对普惠金融贷款成本监测，尤其是相关业务平均违约风险溢价的测算，为优化相关政策提供基础。

（二）建议商业银行采取有效措施切实降低普惠金融业务融资成本

一是倡导商业银行积极采取制度创新、产品创新，继续探索金融科技尤其是大数据在普惠金融中的应用，继续加强供应链金融在普惠金融中的应用，进一步细分深耕普惠金融业务相关市场，努力降低普惠金融非资金性营业成本。二是倡导商业银行积极运用大数据风控，进行制度创新，有效管理和降低普惠金融业务相关风险，同时提升普惠金融不良资产处置效率，在降低风险的同时，降低利率定价中普惠金融业务的违约风险补偿。三是建议商业银行在发展普惠金融相关业务时进一步关注其各类成本监测，加强普惠金融业务商业可持续分析，确保相关业务健康可持续发展。

（三）建议政府部门进一步加强对普惠金融的非金融政策支持力度

第一，建议投入相关财政资金，对金融机构、金融监管机构和政府部门各类分散数据进行整合，搭建统一信息平台。第二，建议加大财政优惠支持力度，研究制定针对小微企业的专项税收优惠政策。第三，建议进一步完善其与银行间风险分担机制并扩大政策覆盖范围、提升扶持效果，设立政府风险补偿基金、"科技小微企业风险代偿资金池"，明确划定需要重点支持的科技型小微企业具体标准或者名单，对重点扶持产业及企业进行一定的贴息扶持。

货币政策传导与地方法人金融机构流动管理的分析研究

魏海滨等[*]

一、地方法人金融机构流动性

(一) 流动性水平及特征

目前，北京地区共有地方法人金融机构 117 家（含北京银行），流动性情况整体平稳。一是流动性资产负债较为匹配。截至 2018 年 6 月末，北京地区法人银行类金融机构流动性比例均超过 25% 的最低监管要求，平均为 51.02%，较年初上升 0.30 个百分点；其中，两家主要中资法人银行流动性比例平均为 49.07%，较 2018 年初上升 2.02 个百分点。二是优质资产较为充足。截至 2018 年 6 月末，两家主要中资法人银行流动性覆盖率均超过 100%，提前达到监管要求；这两家银行的净稳定资金比例也均超过 100%，达到监管要求。辖内 9 家外资法人银行中，6 家优质流动性资产充足率超过 80%，达到过渡期监管标准，3 家未达标。民营银行优质流动性资产充足率为 13.91%，较 2018 年初下降 2.16 个百分点。三是非银行地方法人金融机构流动性保持在较高水平。截至 2018 年 6 月末，北京地区非银行金融机构流动性比例为 62%，其中，财务公司、汽车金融公司、金融租赁公司、信托公司流动性比例分别为 60.05%、165.42%、49.17%、415.74%。

---

   * **魏海滨**：中国人民银行营业管理部货币信贷管理处处长。参与执笔人：周丹、赵晓英、张丹、王丝雨、张素敏、刘晨光。其中，周丹、赵晓英、张丹、王丝雨供职于中国人民银行营业管理部货币信贷管理处；张素敏供职于中国人民银行营业管理部金融稳定处；刘晨光供职于北京银监局。

（二）流动性管理体系建设

目前，北京地区地方法人金融机构基本建成了各自的流动性管理体系，六成以上的机构出台了流动性管理实施细则或资金计划管理办法等政策文件，对流动性管理体系中的岗位权责进行了细化。地方法人金融机构一般由计划资金部（或计划财务部）牵头流动性管理工作，主要是进一步加强各机构资金计划管理和头寸统一调度，防范流动性风险，提高资金使用效率。流动性管理相关的部门包括信贷部、结算部、市场部、投资部等业务部门。

各机构流动性管理体系主要的运作模式是：①各业务部门每日或每周向计划资金部（或计划财务部）报送头寸报告；②计划资金部（或计划财务部）负责监测流动性信息，提出头寸安排计划，定期编制、统计、汇总《资金日报》《头寸报表》《资产负债配置分析》及其他材料，向管理层汇报流动性状况；③计划资金部（或计划财务部）根据公司资产负债整体流动性状况，负责发起同业拆借或向相关业务部门提出流动性管理工具操作建议；④流动性管理相关的业务部门根据计划资金部（或计划财务部）提交的流动性管理工具操作建议书及相关业务制度流程，在市场寻找业务品种、完成交易及其他相关操作。

流动性缺口管理方面，以财务公司为例，各机构通过缺口管理的方法来衡量和控制资产负债总体流动性和匹配状况，每月由各部门按照到期日分类统计各自负责的资产负债业务，其中，结算部统计客户存款，投资部负责统计各类证券投资、正回购、逆回购、信托等，客户服务部负责统计贴现、转贴现、贷款等，计划资金部负责统计存放同业、同业拆借等资产负债项目，各部门统计数据汇总编制公司流动性缺口统计表，通过各种期限层次的流动性缺口的计算判断公司的整体流动性状况。

二、地方法人流动性管理手段

（一）负债端资金管理

在流动性管理的负债端，地方法人金融机构主要通过同业拆借、同业借款、吸收同业存款等手段融入资金。从金融机构同业负债占全部负债的比重来看，可以将辖内金融机构分为以下三类：

一是主要依靠同业负债的地方法人金融机构。包括某民营银行、金融租赁公司和汽车金融公司，截至 2018 年 6 月末，同业负债占全部负债的比重分别高达 89.44%、83.18% 和 73.08%。其中，该民营银行受无实体网点及开业时间短等因素影响，负债主要来源于其发起银行的同业存款。金融租赁公司高度依赖同业借款，例如某金融租赁公司同业借款占全部负债的比例近 90%。汽车金融公司同业借款约占 70%，其他融资方式包括汽车零售贷款资产证券化、发行债券和吸收股东存款等，但资产证券化、发行债券等审批流程较长。金融租赁公司、汽车金融公司的融资难度及融资成本受金融市场流动性影响较大。目前，金融市场流动性有所改善，但受商业银行压缩同业业务、资管产品投资非标受限等影响，非银机构融资环境改善有限。

二是主要依靠单位存款、储蓄存款等核心负债，但同业负债是流动性管理的重要手段的地方法人金融机构。包括某城市商业银行、某农村商业银行、某民营银行和外资银行等银行类金融机构。此类机构面临存款增长乏力的问题，截至 2018 年 6 月末，该城市商业银行、农村商业银行和外资法人银行各项存款同比增速分别较 2017 年同期下降 5.38 个百分点、2.04 个百分点和 3.44 个百分点。截至 2018 年 6 月末，该城市商业银行贷款较年初增长 1315.49 亿元，存款较年初增长 1202.61 亿元。在存款增长不及贷款增长的情况下，需通过金融市场负债平补流动性，但同业负债占比限制使其同业融入增长受限。该民营银行暂无同业拆借资质，流动性管理主要靠吸收同业存款，时效性不足；另外，该行高科技企业、初创型企业以及中小微企业客户多，信用风险高，增大了流动性管理压力。

三是依靠同业负债占比较少的地方法人金融机构。包括信托公司、财务公司和村镇银行。信托公司流动性管理手段十分有限，《信托公司管理办法》规定，信托公司不得开展除同业拆入业务以外的其他负债业务，且同业拆入余额不得超过其净资产的 20%。2015 年 1 月中国信托业保障基金成立后，信托公司开始向信托业保障基金进行同业拆借，但用途受到严格限制。2016 年 1 月，辖内信托公司同业拆入占负债总额的比例达到 36.27% 的高点，之后一直维持不超过 10% 的较低水平。受资管新规影响，信托公司资金端来源受限，对于资管新规出台前已经存续的项目，后续资金募集时间较长或募集规模不足，使固有资金被动地被短期或长期占用，给信托公司流动性管理带来较大压力。财务公司资金主要来源于成员单位存款。截至 2018 年 6 月末，辖内财务公司单位存款占全部负债的比例达 95.04%。资金紧张时，财务公司主要通过协调子公司存款，并进行同业拆借、质押式回购等方式融资。近期实体经济融资难度加大，部分民营背景财务公司资金归集和流动性管理难度有所加大。村镇银行由于规模小，难以进入同业市场，流动性问题主要靠发起行的资金支持。值得关注的是，多数村镇银行存款集中度较高。截至 2018 年 6 月末，辖内村镇银行平均对公存款占比达 71.5%，其中，某村镇银行前五大户存款余额占比达 81.3%，大户走款可能对村镇银行流动性造成冲击。各类型法人机构同业负债占比如表 1 所示。

表 1　各类型法人机构同业负债占比情况

单位:%

机构名称/类型	2018 年 6 月末	2017 年末	2016 年末	2015 年末
城市商业银行	29.53	29.50	31.49	32.95
农村商业银行	15.88	16.39	12.67	15.44
村镇银行	5.90	3.22	8.69	4.08
外资银行	25.53	18.60	21.28	27.23
财务公司	3.16	2.00	1.87	2.90
汽车金融	73.08	66.13	70.09	80.09
金融租赁	83.18	85.45	84.91	85.70
信托公司	9.60	0	0.64	28.36

资料来源：中国人民银行营业管理部。

（二）资产配置与负债匹配情况

一是地方法人金融机构依据资产负债状况配置流动性资产。流动性管理的资产端，即地方法人金融机构主要根据资产负债现金流情况，调整长短期资金配置。如图 1 所示为地方法人金融机构流动性资产占全部资产比重的情况，各机构流动性资产占比高低基本与流动性负债占比高低相匹配。财务公司、外资银行和村镇银行流动性资产占比较高；金融租赁公司、汽车金融公司流动性资产占比最低；信托公司流动性资产占比自 2015 年末以来呈明显的下降趋势（见图 2）。

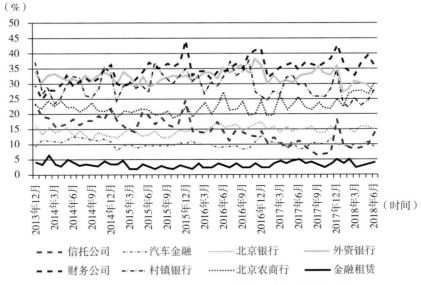

图1　主要地方法人机构流动性资产占全部资产的比例

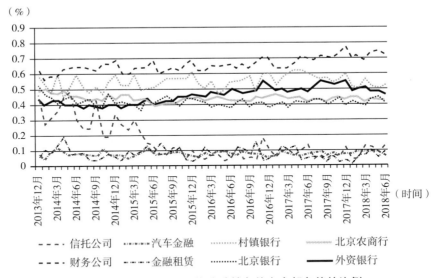

图2　主要地方法人机构流动性负债占全部负债的比例

从流动性资产占比与流动性负债占比的差值来看，财务公司、村镇银行、北京银行、北京农商行缺口较大，而汽车金融、信托公司的期限缺口较小（见图3）。

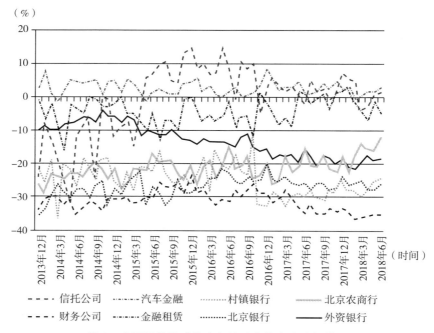

（％）

图3 主要机构流动资产与流动负债占比差额情况

图例：
- - - - 信托公司　· · · · 汽车金融　· · · · · 村镇银行　——— 北京农商行
- - - - 财务公司　- · - · 金融租赁　· · · · · 北京银行　——— 外资银行

二是资产负债错配叠加管理不当使个别地方法人金融机构面临流动性问题。地方法人金融机构普遍运用期限错配的方式获取收益，但期限错配和融资手段的缺乏有时使其面临流动性困境。例如，金融租赁公司缺乏长期融资工具，租赁业务与融资业务存在较大的期限错配，在资金价格快速上行的情境下，融资价格快速上升。2018年2月末至3月中旬市场资金面紧张时，某金融租赁公司同业借款价格高达6.0%~6.1%。某财务公司因资产负债期限错配等问题，出现流动性风险，在无法向同业拆借的情况下已申请动用法定存款准备金。另外，一些金融机构未获得利率互换市场准入资格，期限错配给公司的成本收益管理带来挑战。

三是监管新规对地方法人金融机构长期资产负债匹配提出更高要求。《商业银行流动性管理办法》实施后，更为关注银行中长期资产负债配置及期限结构。例如，净稳定资金比例考核全量、全期限资产负债类别和期限错配。当前，在优质资产项目结构性短缺，收益较好、信用风险可控的资产项目大多期限较长的情况下，使资产久期不断拉长。较长的资产久期会对净稳定资金比例指标形成压力，从而制约资产投放。因此，商业银行拓展长期优质负债，尤其是发展稳定性客户存款显得更为重要。

四是资管新规出台后，对于期限错配的限制、打破刚兑、禁止多层嵌套等条款，使资管产品募集变得困难。截至 2018 年 6 月末，北京地区银行代客理财产品期末余额达 37408.2 亿元，比 2018 年初减少 1419.5 亿元；资金信托产品余额达 58439.7 亿元，比 2018 年初减少 3125.2 亿元。虽然资管新规鼓励非标准化债权类资产计入金融机构信贷收支统计表，但银行受资本金约束、风控政策等影响，短期内难以消化大量的非标资产，使得先前表外非标融资占比较大的企业（主要是民营企业）融资链条收缩。同时，银行理财等资管产品是投资债券市场、股票质押式融资业务的重要资金来源，理财收缩在一定程度上会间接引发债市及股市的波动，对企业直接融资造成一定冲击。在部分企业资金链条断裂违约不断的情况下，金融机构风险偏好下移，使民营企业、小微企业等融资变得更为困难。

三、货币政策传导对地方法人金融机构流动性管理的影响

（一）货币政策信贷传导的影响分析

货币政策传导机制是指人民银行根据货币政策目标，运用货币政策工具，通过金融机构的经营活动和金融市场传导，影响企业和居民的生产、投资和消费等行为，最终对需求产生影响的过程。信贷传导是在金融市场不甚发达的条件下货币政策的主要传导渠道，如中国人民银行提高存款准备金率或限制贷款总量，都会最终通过金融机构减少信用扩张而影响到投资和消费。20 世纪 90 年代以来，货币政策传导机制已经发生显著变化，政策工具中以规模管控为代表的信贷现金计划管理逐步退出历史舞台，操作目标逐步以基础货币管理为主，中介目标重点关注货币供应量（或贷款总量）。

尽管金融宏观调控方式发生了深刻的变化，货币政策传导机制逐步由以信贷传导为主向信贷传导和利率传导并重的多元传导机制转变，但对于地方法人金融机构来说，信贷传导仍处于绝对的主导位置。一是部分地方法人金融机构并不是某些货币政策工具的实施对象，中国人民银行通过货币政策工具进行利率引导的机制无法直接作用于地方法人金融机构。二是部分地方法人金融机构

受区域、机构类型的限制，对利率传导的敏感性较弱，价格传导机制难以发挥有效作用。近年来，货币政策传导一方面通过调整存款准备金率、开展公开市场操作等货币政策工具得以实现，另一方面不断设计并完善具有中国特色的宏观审慎管理框架，货币政策与宏观审慎管理双支柱调控框架逐步形成。

对于地方法人金融机构，货币政策信贷传导在资产负债两端上影响其流动性管理的行为方式和方法，但对于北京地区地方法人金融机构而言，大部分机构不依赖同业借款（除金融租赁公司和汽车金融公司外），且具有比较稳定或规律可循的存款来源，货币政策信贷传导虽然对负债端亦有影响，但效果并不十分明显，信贷传导通过其他金融机构和金融市场间接影响到存款客户的资金变化，最终影响到地方法人金融机构的存款，这一过程在本文中并不作为重点分析的内容。本文将重点分析货币政策信贷传导对地方法人金融机构资产端的影响，通过影响资产端总量和结构的变化进而体现出货币政策的信贷传导机制效果。

1. 宏观审慎评估（MPA）信贷传导的理论分析

2016年中国人民银行实施宏观审慎管理框架（主要是通过开展宏观审慎评估，即MPA）以来，宏观调控工具进一步升级，原先的存款准备金动态调整机制（即合意贷款管理机制）全面改进完善，对地方法人金融机构的资产端管理发生了较大的影响。以前的合意贷款往往是年初分配额度，总量管理对于整个地区来说比较明确，而且合意贷款只关注信贷增量；而宏观审慎管理则将关注点集中于单家机构，考核指标涉及信贷增长、利率定价、资产负债、流动性、资产质量、跨境业务等，对资产端的影响更涵盖了信贷、投资、买入返售等多项业务，对于地方法人金融机构的信贷总量管理更为聚焦和精准，与单家机构的资本充足情况之间的关系也更为明确，宏观审慎管理框架通过调整各类参数传导政策意图，从而影响单家机构的流动性管理策略。由于宏观审慎评估（MPA）是中国人民银行对地方法人金融机构最为直接且更为全面的货币政策传导渠道，因此也成为了中国人民银行向地方法人金融机构信贷传导的重要工具。由于地方法人金融机构业务类型单一，主要以贷款业务为主，投资业务严格受其资本总额约束，宏观审慎评估（MPA）对于地方法人金融机构来说，信贷传导的意义更为重要。

从宏观审慎管理框架的设计初衷来看，宏观审慎评估（MPA）对地方法人金融机构流动性管理应该能够产生比较大的影响，特别是随着该工具的不断完善，奖惩机制的进一步健全，这种影响也将变得越来越显著。宏观审慎评估

（MPA）的核心内容是资本充足率约束广义信贷的增长，广义信贷包括贷款、投资、买入返售、存放非存款类金融机构款项、表外理财资金运用（只限于地方法人银行）等资金运用。资本充足率既受资金运用的影响也受资金来源的影响，也就是说，理论上地方法人金融机构为保留自认为足够的头寸金额可以合理地安排资产负债端的资金。同时，为了保持更优质的资本充足率指标，一方面要合理安排广义信贷各部分的总量，另一方面还要合理安排广义信贷各部分的结构份额，即地方法人金融机构开展流动性管理要满足三个目标：一是经营安全，保持最优的流动性，即适宜的头寸和足以解决危机的处置方案；二是经营盈利，保持合理的资产负债结构，以保证合理的利润率；三是服从管理，保证各项指标符合监管机构和相关管理机构的要求。

按照宏观审慎评估（MPA）的逻辑关系，从中国人民银行的货币政策到地方法人金融机构的信贷扩张的信贷传导，是通过资本充足率这一关键指标得以实现的。资本充足率的定义是：资本充足率 $（CAR）= \dfrac{资本（C）}{风险资产（RA）}$。不难看出，资本与所有者权益（OE）高度相关，风险资产可以看成地方法人金融机构拥有的现金、贷款、投资等资产按照风险权重进行的加权，因此对于机构 i 则有：

$$资本充足率（CAR_i）\approx \dfrac{所有者权益（OE_i）}{f[\,贷款（L_i），债券投资（BI_i），股权投资（EI_i），买入返售（BR_i）\,]}$$

（1）

可进一步整理为：

$$\dfrac{所有者权益（OE_i）}{资本充足率（CAR_i）}\approx f[\,贷款（L_i），债券投资（BI_i），股权投资（EI_i），买入返售（BR_i）\,]$$

（2）

很明显，函数 f［贷款（L），债券投资（BI），股权投资（EI），买入返售（BR）］是关于贷款、债券投资、股权投资、买入返售的线性函数。同时，按照宏观审慎评估（MPA）中考核资本充足率的关键指标——宏观审慎资本充足率的定义为：

$$宏观审慎资本充足率（C_i^*）= 结构性参数（\alpha_i）\times [\,最低资本充足率（MCAR_i）$$
$$+ 储备资本（CR）+ 系统重要性附加资本（SIAC_i）$$
$$+ 逆周期缓冲资本（CCYB_i）\,]$$

（3）

其中：

逆周期缓冲资本（$CCYB_i$）= max｛机构 i 对整体信贷顺周期贡献度参数（β_i）× ［机构 i 广义信贷增速（GCG_i）-（目标 GDP 增速 + 目标 CPI）］，0｝　　　　　　　　　　　　　（4）

由于最低资本充足率（$MCAR_i$）为监管指标要求，在短期内不会发生变化，财务公司最低资本充足率要求为10%，其他机构的均为8%。储备资本（CR）跟随经济走势而相应调整，经济过热时调高，经济萧条时调低，在短期内不会发生变化，2018 年前三季度暂按 2.1% 计算。系统重要性附加资本（$SIAC_i$）由于受机构自身和地区权重机构资产变化的同时影响，因此在短期内不会发生较大变动，基本在 0.5%~1%，因此假设这三项资本基本都可以看作常数项，将这三项资本之和设为 C_i'；考虑到目标 GDP 增速与目标 CPI 为目标常数，因此假设这两项之和为 G′，可得到简化后的宏观审慎资本充足率计算公式：

$$C_i^* = \alpha_i \times [C_i' + \beta_i \times \max(GCG_i - G', 0)] \qquad (5)$$

当 $GCG_i > G'$ 时，$C_i^* = \alpha_i \times [C_i' + \beta_i \times (GCG_i - G')]$；当 $GCG_i \leqslant G'$ 时，$C_i^* = \alpha_i \times C_i'$。对于北京地区，一般情况下 $GCG_i > G'$，即地方法人金融机构广义信贷增速大于 8.5%[①]。

为了能够准确地表达 f（L_i，BI_i，EI_i，BR_i），本书特从 115 家地方法人金融机构中选取 2 家中资银行、1 家外资银行、19 家财务公司、2 家汽车金融公司、1 家金融租赁公司分别对其资本充足率与贷款、投资等数据进行回归分析，数据选取 2016 年第一季度至 2018 年第二季度进行分析。分析结果显示资本充足率与贷款、投资等数据呈显著的线性相关性，分析得到的估计参数能够准确并显著地反映贷款、投资等对资本充足率的解释关系。

通过以上的分析可以得出，f［贷款（L），债券投资（BI），股权投资（EI），买入返售（BR）］均可以写成一般公式：

$$\frac{OE_i}{CAR_i} = \theta_{1i}L_i + \theta_{2i}BI_i + \theta_{3i}EI_i + \theta_{4i}BR_i + \varepsilon_i \qquad (6)$$

对于北京地区大部分地方法人金融机构来说，只有当 $CAR \geqslant C^*$ 时才符合

---

① 全国目标 GDP 增速为 6.5%，目标 CPI 为 3% 时，对于北京等东部发达地区来说，目标 GDP 增速在全国数据基础上减去 1 个百分点即 5.5%，因此，2018 年北京地区 G′为 8.5%。

宏观审慎管理的要求：

$$\frac{OE_i}{\theta_{1i}L_i+\theta_{2i}BI_i+\theta_{3i}EI_i+\theta_{4i}BR_i+\varepsilon_i}\geq\alpha_i\times[\,C_i'+\beta_i\times(GCG_i-G')\,] \tag{7}$$

其中，GCG_i 为当期广义信贷余额的同比增速，设 $K_i=\theta_2BI_i+\theta_3EI_i+\theta_4BR_i+\varepsilon_i$，$T_i=BI_i+EI_i+BR_i$，$GC_i$ 为机构 i 上年同期广义信贷余额，式（7）可整理为：

$$g(L_i)=L_i^2+(\frac{C_i'\cdot GC_i}{\beta_i}+T_i-1.085GC_i+\frac{K_i}{\theta_{1i}})L_i+\frac{K_i}{\theta_{1i}}(\frac{C_i'\cdot GC_i}{\beta_i}+T_i-1.085GC_i)-$$

$$\frac{OE_i\cdot GC_i}{\alpha_i\cdot\beta_i\cdot\theta_{1i}}\leq0 \tag{8}$$

设 $Y_i=\dfrac{C_i'\cdot GC_i}{\beta_i}+T_i-1.085GC_i$，式（8）可以进一步简化为：

$$g(L_i)=L_i^2+(Y_i+\frac{K_i}{\theta_{1i}})L_i+\frac{K_i}{\theta_{1i}}\cdot Y_i-\frac{OE_i\cdot GC_i}{\alpha_i\cdot\beta_i\cdot\theta_{1i}}\leq0 \tag{9}$$

此时，式（9）所表示的数量关系已经很清晰，即在各项宏观审慎评估参数以及机构 i 贷款之外的各项投资等不变的情况下，若要满足宏观审慎管理的要求，当期贷款规模 L_i 需要满足式（9），这就转换为一个求一元二次方程解集的问题。

最终，我们可以求得理论上对于机构 i 存在一般性的贷款规模安排策略，

即当贷款 L_i 位于区间 $(0,\dfrac{\sqrt{(Y_i-\frac{K_i}{\theta_{1i}})^2+\frac{4OE_i\cdot GC_i}{\alpha_i\cdot\beta_i\cdot\theta_{1i}}}-(Y_i+\frac{K_i}{\theta_{1i}})}{2})$ 内，机构 i

均可以符合宏观审慎评估中关于资本充足率的核心要求，该区间可以称之为机构 i 的宏观审慎贷款区间。我们也可以通过该区间看出，随着结构性参数（α_i）的调整，该区间大小呈现出与 α_i 反方向的变化，即结构性参数（α_i）越小，机构 i 的宏观审慎贷款区间越大，其对于信贷业务安排的选择自由度也就越大。也可以进一步得到该区间上限关于结构性参数（α_i）的相对变化关系：

$$\frac{dL_{max}}{d\alpha_i}=\frac{-OE_i\cdot GC_i}{\alpha_i^2\cdot\beta_i\cdot\theta_{1i}\cdot\sqrt{(Y_i-\frac{K_i}{\theta_{1i}})^2+\frac{4OE_i\cdot GC_i}{\alpha_i\cdot\beta_i\cdot\theta_{1i}}}} \tag{10}$$

实际上，式（10）也反映了结构性参数（α_i）作为宏观审慎管理框架中

最为关键的调节参数，对于地方法人金融机构进行信贷业务的安排区间有着成倍的影响作用，中国人民银行各分支机构可以通过微调结构性参数（α_i）来引导地方法人金融机构基于政策要求的信贷规模，从而达到信贷传导的目的。当然，以此类推，也可以得到债券投资、股权投资等关于结构性参数（α_i）的公式。

2. 货币政策信贷传导的实践分析

在实践中，货币政策向地方法人金融机构信贷传导的方式与理论化的设想还存在较大差异，现实操作中的宏观审慎管理更为复杂。前文对于宏观审慎管理框架的理论化传导方式在实践中还没有发挥出足够的作用，地方法人金融机构信贷扩展主要是通过两种渠道接收货币政策的信贷传导信号：一是市场环境。目前，中国人民银行拥有多种货币政策工具，既有传统的存款准备金制度、公开市场操作、再贷款再贴现等工具，也有近年来创新的常备借贷便利（SLF）、中期借贷便利（MLF）等，中国人民银行通过货币政策工具的使用调节货币供给量，从而影响流动性环境，地方法人金融机构受流动性环境的影响相应调节信贷扩张节奏。二是窗口指导。由于应用于地方法人金融机构的货币政策工具较少，为实现精准的预调微调目标，窗口指导始终是货币政策信贷传导的主要手段之一，中国人民银行各分支机构通过窗口指导了解地方法人金融机构的信贷扩张计划并加以指导。货币政策信号通过市场环境向地方法人金融机构传导需要一定的时间，而且往往呈现出相反的效果，信贷需求此消彼长，导致地方法人金融机构往往无法做到和全国步调统一，此时，窗口指导便发挥了更为重要也更为快捷的作用。

存款准备金可以说是所有货币政策工具中运用范围最广、影响效力最大的工具，中国人民银行通过调整存款准备金率影响金融机构额信贷扩张能力，从而间接调控货币供应量，实现货币政策的最终目标。存款准备金率的调整对市场环境的影响较大，当经济出现贸易顺差过大、投资增长过快和货币信贷投放过多的时候，中国人民银行就会不断加大流动性管理的力度，通过使用公开市场操作和调高存款准备金率等手段，大力回收市场流动性，保持金融体系流动性的合理适度，在流动性逐步趋紧时，市场资金成本将有所上升，从而达到抑制经济过热的目的；反之，当经济持续低迷时，中国人民银行也会适时调低存款准备金率以补充流动性，进而达到提振经济的目的。从图4可以看出，存款准备金率与 SHIBOR 利率走势比较一致，在一定程度上反映出存款准备金率这一重要的货币政策工具对市场环境的影响程度。

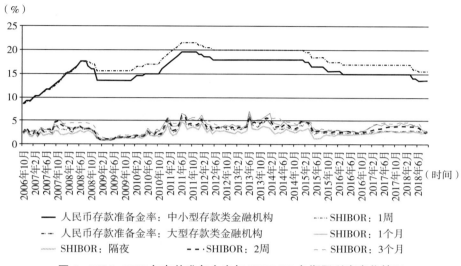

图 4　2006~2018 年存款准备金率与 SHIBOR 各期限利率变化情况

除了存款准备金制度外，中国人民银行先后创新了多种货币政策工具用于调节市场流动性，如常备借贷便利（SLF）、中期借贷便利（MLF）、短期流动性调节工具（SLO）、抵押补充贷款（PSL）、国库现金管理等，并通过设计不同的期限，实现流动性在回笼与投放上的精准调节。近年来，随着货币政策工具的逐步丰富，对市场流动性的影响也在逐步加深，多种货币政策工具形成合力，2008 年之前各年度多种货币政策工具的合力均为净回笼资金，2008 年 9 月以后，为了应对 2007 年全球金融危机的影响开始逐步下调存款准备金率，同时自 2009 年，多种国币政策工具开始净投放资金，2016 年净投放 5.5 万亿元，为历年来最高投放量，市场流动性也在多种货币政策工具的合力下呈现出相应的变化趋势（见图 5）。在净投放比较集中的时期，市场流动性较为充裕，市场资金维持低位运行；当净投放减少、净回笼增加时，市场资金成本处于高位或开始上升。

窗口指导的本质是一种道义劝说，实际上并不是行政命令，但基于中国人民银行的权威地位，成为了一种经济手段之外的、凭借中国人民银行对商业银

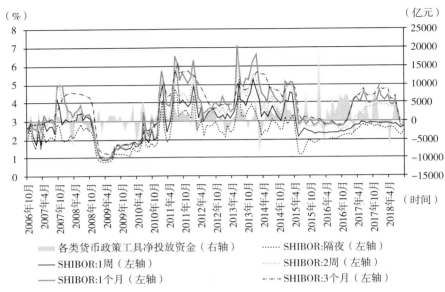

图 5　2015~2018 年各类货币政策工具净投放资金与 SHIBOR 各期限利率变化情况

行的特殊地位而对商业银行提出指导行为。窗口指导一般在考虑所处经济金融
环境的基础上对金融机构信贷投放加以指导，当经济持续低迷、有效信贷需求
不强时，中国人民银行往往会指导金融机构加大信贷投放力度；当经济保持高
速增长、信贷扩张过快时，中国人民银行就会对金融机构的信贷投放节奏加以
指导。以北京为例，北京地区地方法人金融机构以财务公司、汽车金融公司、
金融租赁公司等非银行金融机构法人为主体，这三类机构的信贷规模约占全部
地方法人金融机构信贷规模的 80%。与其他地区不同的是，这些非银行金融
机构法人的业务面向全国，与银行之间主要是竞争的关系，因此信贷扩张的节
奏也与全国呈反向变化，即全国流动性充裕时，这些机构服务的客户信贷需求
不强，因此信贷扩张慢；全国流动性趋紧时，这些机构服务的客户信贷需求增
强，因此存在着信贷扩张的冲动（见图 6）。以 2017 年为例，"三去一降一补"
工作深入推进，房地产调控、金融严监管等多项政策措施出台，市场流动性趋
紧，资金成本整体攀高，全国社会融资中企业债券融资同比少增 2.3 万亿元，
贷款仅多增 1.4 万亿元，对于北京地区法人金融机构来说，服务的对象多为大
中型国有企业，融资需求存在巨大的缺口。在全国信贷规模收紧的背景下，北
京地区地方法人金融机构信贷规模大幅增加，为配合全国宏观调控工作，中国

人民银行营业管理部 2013 年全年共开展 4 次集中窗口指导，共约谈机构 31 次，其中，12 月开展窗口指导 3 次，约谈机构 26 次。最终实现年末贷款规模较 12 月 20 日最高点时压降 724.3 亿元，实现当月净减少 476.4 亿元（图 6 中标黑部分）。

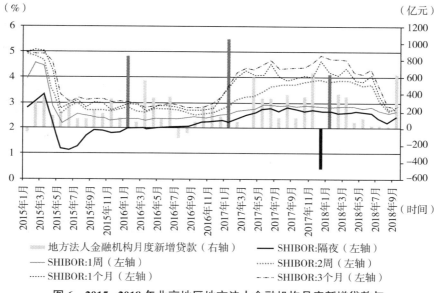

图 6　2015～2018 年北京地区地方法人金融机构月度新增贷款与
SHIBOR 各期限利率变化情况

（二）流动性价格的传导效果

当前，我国货币政策框架正处于从以数量型调控为主向价格型调控为主的转型过程中，利率传导效果是重要的研究内容之一。2016 年 8 月以来，我国金融市场利率传导出现了一些新现象。在公开市场操作逆回购利率数次上行后，市场利率明显上行，货币市场利率上升 50～60 个基点，债券市场收益率上升 150～200 个基点，贷款利率上升 50 个基点。2016 年 8 月至 2018 年 9 月，北京地区一般贷款月加权平均利率上升 34.5 个基点，票据贴现月加权平均利率上升 117.9 个基点。同期，1 年期国债到期收益率上升 61.5 个基点，存款类机构质押式回购月加权平均利率（DR007）上升 33.3 个基点。直观上看，货币市场利率几乎 100% 传导至北京地区贷款利率，债券市场利率出现超调，国债收益率变化是货币市场收益率变化的近 2 倍（见图 7）。这与之前普遍认为的我国利率传导机制不畅、传导效率不高形成了较强的对比。这些新变化对继续推进利率市场化、价格型调控转型、地方流动性价格传导都有重要的理论和现实价值，非常有必要对其进行深层次的分析和实证检验。

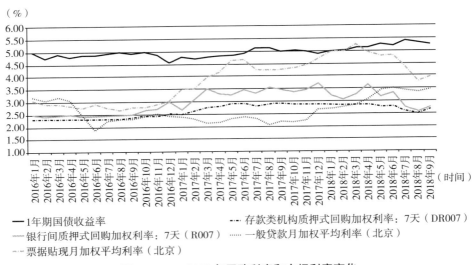

图 7　2016～2018 年回购利率和市场利率变化

1. 利率传导的理论研究

随着货币政策逐步从数量型为主向价格型为主转型，利率逐渐在金融市场资源配置中发挥更大作用，其传导效率也趋于增强。主流学者一般通过构建引入摩擦和约束的新古典一般均衡模型，并基于基准理论模型和历史数据的实证分析得出我国货币政策利率传导效率偏弱，认为应从阻碍市场传导的体制机制因素着手进行相应改革，以改善货币政策框架转型中的利率传导机制。

2016～2018 年，在表外业务发展、金融监管、货币政策框架转型背景下，利率传导产生了新的变化。金融机构的创新行为直接影响金融市场的资金供求关系，而金融机构的创新行为又会受到金融监管、宏观审慎和货币政策因素的影响，这构成了利率传导机制的重要宏微观基础。金融机构的风险承担行为会对利率传导产生影响。货币政策通过影响资产价值、融资成本和风险定价等因素，进而影响金融机构的信贷和投资决策（Borio and Zhu, 2012），进一步影响风险溢价。

金融监管和金融创新会对利率传导效率形成干扰。Gertler 和 Karadi（2013）发现，在名义摩擦条件不变时，更高的资本要求、更低的杠杆率将会弱化货币政策传导效率。全球金融系统委员会（CGFS, 2015）评估了金融监管政策变化对货币政策的可能影响，发现监管政策可以改变央行利率对其他利率的传导关系。过度的金融创新会扭曲价格信号，资金空转会减弱货币政策对实体经济的作用。张全兴和吴铮（2013）研究发现，中国影子银行对货币政策有效性造成冲击，削弱了数量调控效果，扭曲了基准利率的信号机制。从中国的实际情况看，本轮监管趋严的一个特征是对表外业务的管理趋严，促使部分表外业务转回表内贷款，使信贷市场和债券市场联系更加紧密，从而强化了信贷市场的利率传导效果。

2. 利率传导效果的实证分析

为更科学地评估利率传导效率，本文利用 2015 年 1 月至 2018 年 9 月的最新月度数据，比较测算货币市场利率对债券市场收益率和信贷市场利率传导的效率。本文采用银行间市场存款类金融机构 7 天质押式回购利率作为货币市场利率的替代指标。贷款利率采用由中国人民银行营业管理部统计的北京地区金融机构人民币贷款加权平均利率，包括一般贷款利率和票据贴现利率。除贷款利率外，其余数据均取自 Wind 数据库。

（1）货币市场利率向债券市场利率的传导。判断利率传导效率的一个方法是估算债券市场收益率相对于货币市场利率的弹性，即货币市场利率上升 1 个百分点，债券收益率上升几个百分点。回归方程如下：

$$R_t^T = \alpha + \beta R_t^M + \varepsilon_t \tag{11}$$

其中，R_t^T 代表 1 年期国债收益率，R_t^M 代表 DR007。

（2）货币市场利率向贷款利率的传导。从北京地区社会融资规模结构及全国金融体系结构来看，信贷在社会融资规模中的比重一直保持较高水平，北京地区人民币贷款规模增量占社会融资比重曾一度超过 100%。本文将对货币市场利率对存款类金融机构的贷款利率传导效率进行分析，回归方程如下：

$$R_t^L = \alpha + \beta R_t^M + \gamma R_t^B + \delta R_t^R + \varepsilon_t \tag{12}$$

其中，R_t^L 代表贷款利率（或票据利率），R_t^M 代表 DR007，R_t^B 代表贷款基准利率，R_t^R 代表存款准备金率，均为月度平均数。

3. 主要回归结果

（1）2016 年 8 月以后货币市场利率对债券市场利率传导大幅增强。2016 年 8 月~2018 年 9 月，DR007 对 1 年期国债收益率传导效率为 2.42，即 7 天回购利率每上升 1 个百分点，国债利率就上升 2.42 个百分点。2015 年 1 月至 2016 年 7 月的传导效率为 0.41，也就是说，近两年债券市场利率传导效率提高了 2.01。

（2）2016 年 8 月以后公开市场操作利率对北京地区票据贴现利率传导显著增强。2016 年 8 月~2018 年 9 月，7 天回购利率对北京地区票据利率的传导效率为 3.67，与 2015 年 1 月至 2016 年 7 月的 0.92 相比提高了 2.75。北京地区一般贷款加权平均利率受货币市场利率影响不显著，仅在 2015 年 1 月至 2016 年 7 月受贷款基准利率影响显著，在此期间贷款基准利率对北京地区一般加权贷款平均利率的传导效率为 1.11，而其余指标均不显著。

2016 年 8 月以后货币市场利率对北京地区非金融企业贷款利率影响显著，但传导效率低于全国债券利率和北京票据利率 0.5。分企业类型看，2016 年 8 月至 2018 年 9 月，货币市场利率对北京地区大、中、小、微型企业的贷款利率的传导效率分别为 0.48、0.45、0.64、0.51，其中，小型企业传导效率最高。大型和中型企业传导效率较低，主要是由于北京地区资金相对充裕，且央企和地方国企等大中型企业数量较多，其对资金价格有更强的询价优势，因此，2016~2018 年北京地区贷款利率走势较为平缓。伴随市场利率上行，债券利率传导效果较充分，且存在一定程度的超调，进而导致北京地区债贷利率倒挂的问题。

从全国总体看，2016 年 8 月以来，中国人民银行货币政策的利率传导效率在上升；从北京地区看，同期票据贴现的利率传导较为敏感，传导效率高于同期债券市场利率传导效率 1.25 个单位，北京地区票据市场利率在 2016 年 8 月以来出现了超调现象。从回归结果看，北京一般贷款加权平均利率之前受贷款基准利率影响显著，几乎是完全传导。2016 年 8 月以后，北京地区贷款利率与存款准备金率相关系数显著为负，再加上贷款基准利率未曾调整，其主要受货币市场利率影响，2016~2018 年货币市场利率每上升 2 个单位，企业贷款利率则上升 1 个单位。

四、地方法人金融机构流动性管理面临的问题和挑战

（一）在流动性结构性短缺政策框架下，中国人民银行流动性投放传导机制变化增加了地方法人金融机构流动性管理的复杂性和难度

一是流动性结构性盈余转为流动性结构性短缺后，中国人民银行开展流动性管理的方式发生较大变化。2014 年之前，由于国际收支顺差和外汇储备的大量积累，我国央行资产负债表长期保持流动性结构性盈余，外汇占款是央行被动投放基础货币的主要渠道，银行体系的准备金供给相对充裕。2014 年以来，随着外汇占款规模趋势性下降，我国进入流动性结构性短缺调控框架，中国人民银行逐渐具备了在资产方主动提供流动性的外部条件，在这一框架下，中国人民银行在下调法定存款准备金率的同时，不断发展和创新货币政策工具操作，更多使用逆回购、PSL、SLF、MLF 等主动性管理工具向市场注入流动性，并成为基础货币供给的主渠道。

二是中国人民银行流动性投放机制变化衍生出金融体系流动性分层特征。与通过下调法定存款准备金率向所有银行"平等"注入流动性不同，在一级交易商制度下，中国人民银行通过公开市场业务操作或 PSL、SLF、MLF 等流动性管理工具开展基础货币投放的直接对手方是大中型银行、政策性银行及其他公开市场业务一级交易商。流动性投放及传导路径是中国人民银行判断市场需要注入流动性时，首先将资金注入到直接对手方，直接对手方在满足了自身流动性需求后，再通过同业拆借、债券回购等货币市场业务将盈余的流动性注入其他中小银行和非银机构，资金呈现纵向流动的特点，客观上形成了"央行—大型银行—中小银行—非银金融机构"的流动性分层结构。

三是流动性分层的结构性特征抬高了地方法人金融机构流动性成本和管理难度。

从资金成本看，处于传导链条末端的非银地方法人机构融资成本明显高于大中型银行。近年来，代表银行资金面状况的 DR007 与代表非银机构资金面的 R007 出现明显分化，银行资金面普遍好于非银机构资金面，且分化程度在总体流动性偏紧及月末、季末、年末等资金需求旺盛关键时点尤为明显。如 2017 年以来，受市场流动性相对趋紧影响，R007 与 DR007 偏离程度明显扩

大，均值相差 45 个基点，在 2017 年 12 月末，2018 年 3 月末以及 6 月末，两者偏离达 100~300 个基点（见图 8）。

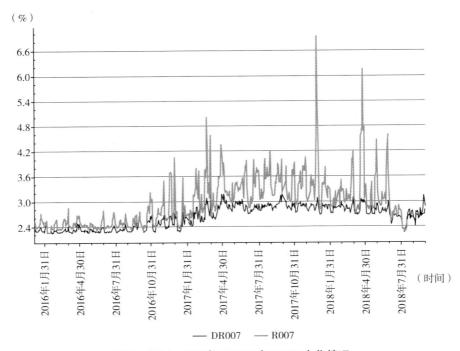

图 8　2016~2018 年 DR007 与 R007 变化情况

资料来源：Wind 数据库。

地方法人金融机构流动性对大型银行流动性状况的依赖程度较高。从货币市场资金流向看，财务公司、汽车金融公司、金融租赁公司等非银行法人金融机构是资金净融入方，在流动性层层派生的过程中，中小银行、非银机构的流动性状况对大中型银行等其他同业机构的流动性程度存在较大的依赖性。2018年前三季度，北京地区财务公司、金融租赁公司两类非银金融机构通过货币市场净融入资金 5.12 万亿元。

在市场资金紧张时，流动性分层特征对地方法人金融机构流动性的挑战更加凸显。当在市场流动性较为宽松的情况下，由于大型银行资金面较为宽裕，流动性传导至中小银行及非银机构相对畅通，但在资金面总体偏紧或边际收紧的情况下，由于资金传导的明显放大作用，作为资金链条底层，最需要流动性支持的中小机构及非银机构，往往面临的流动性环境最差，且最易受到冲击。

流动性分层传导的结构性摩擦增加了地方法人金融机构流动性管理难度。较长的流动性传导链条容易造成流动性传导中的结构性摩擦和阻碍，从而造成流动性总量水平较高和中小银行及非银机构等资金面局部紧张并存的矛盾局面，增加了以上机构流动性管理难度。比如，2018年以来，货币政策边际放松，市场整体流动性有所缓解且适度平稳，流动性环境改善有利于降低法人金融机构流动性管理压力，但对不同类型机构的边际改善效果不同，如调研发现，多数金融机构认为机构流动性整体充裕，资金成本明显降低，但也有部分金融租赁公司、汽车金融公司等，如某金融租赁公司表示当前流动性分层格局及银行对非银机构的贷款规模无实质性变化，某汽车金融公司认为市场流动性主要影响机构短期融资成本，从资产负债期限配比角度，目前银行对中长期资金投放仍呈谨慎态度。

（二）审慎强监管连续出台对法人金融机构流动性管理提出新要求和新挑战

2016年以来，我国进入金融监管严周期，以去同业、去杠杆、去错配为导向的包括 MPA 考核、资管新规、流动性风险管理办法等系列监管措施从资产负债两端入手，通过将同业存单纳入 MPA 考核、压缩非标规模、设定更严格细化的流动性监管指标，限制金融机构通过发展同业负债和表外资产业务，采取期限错配方式快速扩张资产负债表的操作模式，有利于推动金融机构优化期限配置，完善流动性管理体系，回归金融服务实体经济本源。但从短期看，在稳健中性的货币政策背景下，各项强监管政策的密集出台和重合叠压，给本来就处于流动性平衡状态的法人金融机构带来了一定的流动性冲击。调研结果显示，北京地区各类型法人金融机构均在不同程度上存在着一定的流动性管理压力，集中表现在流动性管理难度加大、监管考核难达标、融资成本上升等方面。

一是流动性新规给法人金融机构带来较大监管达标压力。2018年7月出台的《商业银行流动性风险管理办法》监管新规引入净稳定资金比例（NSFR）、优质流动性资产充足率（HQLAAR）、流动性匹配率（LMR）三个量化指标，要求资产规模大于等于2000亿元的商业银行应当持续达到 LCR、NSFR、LR 和 LMR 的最低监管标准，资产规模小于2000亿元的商业银行应当持续达到

HQLAAR、LR 和 LMR 的最低监管标准。按照北京地区法人银行的资产规模对应新增的流动性监管指标，目前部分银行在指标上尚未能达到新规要求，存在一定的监管考核压力。据北京银行反映，流动性新规对资产负债配置微观约束更加细化，大部分银行面临中长期和稳定存款负债来源不足的压力。比如从 NSFR 指标来看，新规对银行获得的 6~12 个月的金融机构融资仅给予了 50% 的折算率，对 6 个月以下的同业融资则直接给予 0% 的折算率。此外，从 LMR 来看，新规将发行同业存单获得的资金来源权重分别记为 0%（3 个月及以内）和 50%［3~12 个月（含）］，而投资同业存单在分母上计 40%（3 个月及以内）和 60%［3~12 个月（含）］，分母的折算率明显高于分子，将进一步压缩银行以往通过同业负债来满足自身流动性的需求空间，地方法人银行未来业务结构面临较大的调整压力。

二是资管新规间接加大了法人金融机构流动性管理难度。一方面，银行面临较大的潜在表外资产回表压力。目前银行理财产品期限大多在 1 年以内，而前期通过委外通道投资的非标债权期限在 3~5 年，虽然资管新规将过渡期适当延长至 2020 年底，但对部分银行来说，在过渡期结束后，依然面临较大的表外资产回表压力。如某农村商业银行反映其在资管新规过渡期结束后仍有 35 亿元非标资产未到期。另一方面，由资管新规带来的理财产品净值化转型，银行表外流动性的管理难度明显加大。两家法人银行反映，随着非标资产受控、资金池规范、打破刚兑等影响，信息披露和估值波动更大，会降低理财产品客户吸引力，导致客户申购和赎回操作可能更加频繁，流动性管理的难度将进一步加大。

三是多项监管政策对法人金融机构带来的政策叠加影响值得关注。①增加了银行体系流动性传导摩擦成本，导致处于链条末端的非银机构融资成本大幅抬升。如 MPA 考核、流动性新规、《关于规范债券市场参与者债券交易业务的通知》等监管对商业银行资产负债的期限品种、资本充足率、流动性指标、风险敞口、杠杆率等设定权重和指标要求，为满足 MPA 广义信贷指标、流动性匹配率指标要求，银行会在考核时点明显压缩买入返售、存放同业、同业拆出等资金融出规模，债券交易行为监管关于回购杠杆率的限制又进一步降低了中小银行在回购市场的参与力度，约束了中小银行原本作为资金过桥和润滑剂的作用，多种政策叠加大大增加了流动性传导的摩擦成本，使处于流动性传导末端的非银机构市场融资成本大幅抬升。②资本补充压力骤增。在金融去杠杆、严监管下，商业银行压缩同业资产规模，加强对贷款的投放力度，贷款增速、超资产增速，非标回表也推高了高风险权重信贷资产增速。银行资本紧缺的问题加剧，后续随着非标回表，商业银行仍将面临更大的补充资本压力。

（三）融资结构单一、期限错配严重依然是地方法人金融机构流动性风险管理的突出问题

一是融资结构单一问题较为突出。调研发现，北京地区金融租赁公司、汽车金融公司、财务公司等非银行法人金融机构融资结构过于单一，对批发性融资水平依赖较高，同业借款、信用拆借依然是以上机构融资的主要渠道，甚至是唯一渠道。因应急融资能力有限，容易诱发流动性风险。如目前某金融租赁公司的负债来源全部为同业借款及同业拆借、债券回购等货币市场流动性调节工具，其中同业借款占比90%以上，缺乏资本市场融资等长期融资工具，多家汽车金融公司同业借款占比达70%以上，特别是2018年以来，受ABS和金融债市场发行速度减缓影响，直接融资比例有所下降，使以上机构对同业借款的依赖度居高不下。

二是各类型机构均在不同程度上存在期限错配问题。从法人银行看，近年来，随着同业业务快速发展及理财分流影响，以短期限为主要特征的同业负债在商业银行资金来源中的占比不断上升，中长期客户存款在商业银行总负债中的比重不断下降，银行负债端短期化趋势明显。在资产端，债券、股权和其他投资等中长期资金的占比快速增加，同业资产负债期限不匹配现象较为严重。此外，在当前银行依然以赚取"净息差"作为主要盈利模式背景下，银行天然采取"短借长贷"业务模式通过期限错配方式来提高息差收入，部分银行为降低融资成本，有意缩短负债期限，而资产端用于较高收益的中长期贷款，投资债券或长期限资管产品。从金融租赁公司、汽车金融公司看，由于以上机构资金来源单一，主要以短期银行借款或拆入资金为主，而租赁资产、汽车贷款则多数为中长期，资产负债期限错配在业内更是普遍问题。

三是地方法人金融机构流动性应急手段相对匮乏。调研显示，北京地区地方法人金融机构特别是非银机构资金紧张时，主要通过依靠同业拆入和卖出回购弥补缺口，融资渠道狭窄，应急融资能力有限，更易诱发流动性风险。此外，部分机构交易对手单一、频繁在货币市场融入资金，且价格偏离度较高，存在较大的流动性风险隐患。以某财务公司为例，2018 年前三季度，该财务公司在信用拆借市场共拆借资金 186 笔，全部为拆入，拆入资金共 355 亿元，其中，7 天期拆借利率 5.24%，远高于 3.18% 的同期限平均水平。

四是流动性管理信息化处理能力还有待提升。调研表明，虽然北京地区地方法人金融机构在业务处理和数据采集上基本实现信息化，但与大型商业银行相比，流动性管理模块实时监测及数据分析能力还有较大差距，在对流动性风险的有效预警、对流动性监管指标的精确计算及高频度监测方面还有改进空间。如某银行反映，流动性监管指标对于不同客户类型的负债划分更加细致复杂，系统未能对具体指标进行统计设置和动态监测，目前主要以人工统计分析为主，流动性风险管理精细化水平和科学性水平有待提升。

五、政策建议

（一）进一步完善中央银行流动性管理框架，缓解流动性分层带来的影响

一是建议央行在继续提高央行公开市场操作灵活性和有效性的同时，配合采取降低法定存款准备金率等更为直接的流动性调节工具，实现对所有机构的流动性统一释放。二是扩大公开市场操作对象和结构，适当增加中小银行及非银金融机构数量，扩大 SLF、MLF 等货币政策工具的实施对象和合格抵押品范围，适当降低货币政策工具使用门槛，简化流动性传导流程，从源头上改善流动性投放结构的不均衡现状。三是进一步加强对公开市场业务一级交易商的业务指导，充分发挥地方法人金融机构的资金辐射作用，疏通流动性传导的"毛细血管"，确保央行提供的流动性充分传导到其他中小银行及非银金融机构。四是加强货币政策信息披露，及时向市场公开政策操作利率、操作对象等信息，降低由信息不对称带来的价格偏离和市场波动。五是进一步完善利率走廊机制，逐步由数量型调控框架转向价格型调控框架，培育市场认可的基准利率。

（二）加强监管政策协同，降低监管叠加影响

一是建议改进监管考核方式，弱化月末、季末等时点考核，增加日均流动性考核占比，降低时点考核带来的阶段性、流动性紧张局面。二是逐渐完善金融监管协调机制，加强货币政策、宏观审慎监管与微观审慎监管的联动协调，

尽可能降低监管叠加共振。三是进一步简化金融债、ABS 审批流程，缩短审批时间，适当降低发债标准，鼓励支持法人金融机构，特别是金融租赁公司、汽车金融公司等机构利用资本市场融资，优化资产来源和期限结构。

（三）进一步提升法人金融机构的流动性管理水平

一是建议法人金融机构进一步建立健全流动性管理长效机制，健全自身流动性管理体系，在做好日常头寸管理的同时，强化对宏观经济金融及市场走势的监测和分析，加强对市场流动性影响因素的分析研判，提高对市场资金波动的敏感性，动态测算机构未来现金流以及流动性缺口，提高流动性风险管理的前瞻性。二是提高流动性风险防范意识，积极主动地调整资产负债期限结构和组合管理，降低同业负债和同业资产比例，综合运用产品、渠道、服务等多种手段增强客户黏性，提高核心存款的稳定性，降低期限错配程度，保持资产和负债期限对称。三是加强风险管理体系建设，根据自身的机构类型及融资特点，建立特色化的流动性风险管理机制，将流动性风险管理纳入全面风险管理体系，在内部资金转移定价中充分考虑流动性成本，定期开展流动性压力测试和应急演练，对可能发生的流动性风险建立完善应急处置预案，建立一套科学的预警机制，形成科学化、规范化和程序化的流动性风险管理体系。

（四）建立信息共享机制，优化和规范金融机构流动性风险互助机制

引导业务发展模式相似的法人金融机构建立流动性互助组织，成立流动性互助基金，探索共同研发适用性较强的风险压力测试模板及业务操作系统，提高数据分析、监测及预判水平，从信息、资金、资源等多角度全方位加强成员间合作，提高流动性管理与流动性风险防范水平。

基于四部门博弈视角的北京市房地产市场分析

项银涛等[*]

一、引言

二十多年来，我国房地产市场蓬勃发展，成为拉动经济增长、改善人民生活的重要产业。2008 年国际金融危机后，以北京为代表的部分热点城市房价增长较快，房地产市场风险已成为影响我国金融稳定的重要风险领域之一。

自 2003 年起，我国开始实施房地产调控，目的在于稳定房价、促进房地产市场健康发展。但部分调控措施效果不尽如人意，甚至出现"越调越涨"的局面。导致这一现象的深层次原因是什么？破解这一难题的突破口在哪里？本文试图结合行为金融学和博弈论基本原理，从房地产市场四大参与主体——政府、商业银行、房地产开发商和消费者利益出发，探寻房地产市场不同参与主体为实现自身利益最大化而导致的"合成谬误"风险，并提出有效应对房地产市场风险的政策建议。

本文的安排如下：①政策和文献综述，主要梳理了 2003～2019 年全国房地产市场调控政策以及运用博弈模型研究房地产市场问题的相关文献；②建立

---

  * 项银涛：中国人民银行营业管理部金融稳定处副处长。参与执笔人：夏楠、刘文权、张素敏、孙伊展、刘弘、郑珩、赵起、赵伟欣、郑齐、王薇琳、吕潇潇、陈娇。其中，项银涛、夏楠、刘文权、张素敏、孙伊展、刘弘、郑珩、赵起、赵伟欣、郑齐、王薇琳供职于中国人民银行营业管理部金融稳定处；吕潇潇供职于中国人民银行营业管理部货币信贷管理处；陈娇供职于中国人民银行营业管理部调查统计处。

房地产市场中四个参与主体的混合博弈模型，研究市场各参与方在有效市场中的理性均衡策略；③以北京市为例，对房地产市场四个参与主体在不同调控阶段的行为进行了分析；④从博弈视角分析各阶段政策调控下北京房地产市场的传导机制；⑤结论与建议。

二、政策和文献综述

（一）全国房地产市场调控政策综述

1998 年，国务院发布了《关于进一步深化城镇住房制度改革加快住房建设的通知》（国发〔1998〕23 号），此后，房地产市场蓬勃发展，并迅速成为拉动经济增长、改善人民生活的重要产业。2003 年起，我国实施房地产市场调控。2003 年至今，全国房地产市场调控大致可分为"三收两松"五个阶段。

1. 阶段一：2003～2007 年，控制房地产市场过热

2003 年，我国房地产市场出现过热苗头，国务院发布《关于促进房地产市场持续健康发展的通知》（国发〔2013〕18 号），提出要"促进房地产市场持续健康发展"。同年 6 月，央行配合出台信贷调控政策，提高高档商品房、第二套商品房首付款比例，并于 2004 年 10 月首次上调基准利率 0.25 个百分点。地方政府从严土地管理、从住房供给端发力，要求房地产开发项目最低资本金比例由 20% 提高到 35%。房地产投资过热现象得到一定缓解，但房价仍面临较大上涨压力。

2005 年 3 月 26 日，国务院发布《国务院办公厅关于切实稳定住房价格的通知》（国办发明电〔2005〕8 号）要求高度重视稳定住房价格工作。主要调控政策包括：政府进一步严格土地管理，从紧控制农用地转为建设用地的总量和速度；调整住房结构，加大小户型房屋建设，并将廉租房作为建设重点。金融政策方面，自 2007 年 9 月 27 日二套房首付不低于 40%，利率不低于基准利率的 1.1 倍；同时，央行配合加息，并在 2007 年 10 次上调存款准备金率。税收政策方面，对不足 2 年的个人住房销售全额征收营业税，住房转让环节营业税免征期限由 2 年提高到 5 年。经过此轮调控，房地产投机得到一定程度的遏制，但房价控制并不理想，"地王"频出。

2. **阶段二：2008～2009 年，刺激住房消费**

为应对金融危机和房地产销量下滑，国务院发布了《关于促进房地产市场健康发展的若干意见》（国办发〔2008〕131 号），再次提出把房地产作为"重要的支柱产业"。主要调控措施包括：自住型住房贷款利率 7 折优惠，降低贷款首付比例至最低两成；下调房地产项目最低资本金比例到 30%，下调法定准备金率至 15.5%；首次购买 90 平方米以下普通住房的，契税税率下调至 1%，免征印花税、土地增值税；个人销售 2 年以上的普通住宅免征增值税等。此次调控使经济增长率保持在较高水平，同时房地产销量及价格均大幅上涨。

3. **阶段三：2010～2013 年，遏制房价过快上涨**

2010 年 1 月，国务院出台了《国务院办公厅关于促进房地产市场平稳健康发展的通知》（国办发〔2010〕4 号）（又称"国四条"），要求遏制部分城市房价过快上涨，房地产调控政策由刺激转向遏制。该阶段主要调控政策包括：适当增加中低价位、中小套型住房和租房用地供应；重视保障房建设，落实 2013 年保障房建成 470 万套、新开工 630 万套任务；首付比例调整到 30% 以上，二套房首付比例不低于 50%，贷款利率不低于基准利率的 1.1 倍，暂停第三套房贷款，不能提供一年以上纳税证明或社保证明的非居民停发房贷；营业税免征期从 2 年恢复到 5 年，在沪、渝实施房地产税试点。

4. **阶段四：2014～2016 年 9 月，鼓励房地产消费**

随着中国经济进入新常态，2014 年 5 月首次出现 70 个大中城市新建商品住宅价格环比下跌。在稳增长和去库存目标下，政府出台鼓励房地产消费政策，主要包括：除北上广深外，大部分限购城市取消限购政策；中国人民银行、中国银行业监督管理委员会发布《关于进一步做好住房金融服务工作的通知》（银发〔2014〕287 号）（又称"930 新政"）明确二套房认定标准由"认房又认贷"改为"认贷不认房"；首套普通自住房家庭最低首付比例为 30%，贷款利率下限为基准利率的 0.7 倍；2015 年 3 月 30 日，中国人民银行、住房和城乡建设部、中国银行业监督管理委员会印发的《关于个人住房贷款政策有关问题的通知》（银发〔2015〕98 号），规定二套房商贷首付比例降至四成，公积金首套房比例调整为 20%；《财政部、国家税务总局关于调整个人住房转让营业税政策的通知》（财税〔2015〕39 号）规定，二手房营业税免征期限由 5 年改为 2 年，降低契税税率；2014 年 11 月至 2015 年底 6 次下调存贷款基准利率，多次下调存款准备金率；2015 年末，中央明确提出"分类调控、因城施策"的理念。此轮调控过后，一二线城市房价大涨，三四线城市价格平稳，区域分化现象明显。

5. 阶段五：2016 年 9 月~2019 年，抑制房地产泡沫

2016 年，房地产市场呈现"一二线高房价、三四线高库存"的分化现象。全国一二线城市迎来新一轮调控。2016 年国庆节前后，北京、天津、深圳、南京等地纷纷出台严厉的房地产调控政策，以限购限贷为主，随后一二线城市房价和销量迅速降温。2016 年 12 月，中央经济会议定调"房子是用来住的，不是用来炒的"，首次提出"长效机制"，要求既抑制房地产泡沫，又防止大起大落。中共十九大报告强调，坚持"房住不炒"的定位，加快建立多主体供给、多渠道保障、租购并举的住房制度。

从不同调控阶段各项政策措施的变化看，土地政策、住房供应政策在各调控阶段保持一致性，主要体现为控制高档商品房的土地供应、增加中小套型住房土地供应，增加保障房供给等。主要原因是增加保障房建设在经济下行期可促进经济发展，在房价过高时可缓解居民购房压力。然而，住房需求政策、税收政策和金融政策在各调控阶段不断变化，主要表现为调控政策在限购和取消限购、征收和免征交易税、限贷或提高房贷利率和鼓励住房信贷或降低房贷利率间进行转换。

从不同调控阶段各项政策措施的效果看，需求政策短期见效快，例如，最先实施限购的北京市住房销售面积增长率由 2009 年的 76.9% 下降到 2010 年的-30.6%，这对于炒房团和投机者有一定的遏制作用，但也给刚性需求消费者带来了"误伤"。金融政策在房价下跌时能起到一定的刺激作用，当房地产价格下降时，鼓励消费金融政策可在较短时间内刺激需求，促使房地产市场回暖。税收政策对交易量影响较大，房地产交易税征收政策最初是为了抑制投机性需求，2008 年后也作为鼓励住房消费的手段。

（二）文献综述

近几年，国内诸多学者开始运用不同的博弈论模型分析房地产市场各主体之间的关系，以解释我国房地产市场的一些现象。孙建平（2010）认为消费者、政府、商业银行和开发商之间的三重博弈结果决定了房地产市场的量价表

现。全林（2017）利用动态博弈理论分析房地产商与消费者的博弈行为，发现房价上涨会刺激商品房需求进一步增大。成悦和李涛（2015）从局部均衡角度和不完全信息动态博弈角度分别建立了理论模型，分析了房地产信贷和房地产价格之间的正向相互促进作用。张兴龙、熊熊和张学锋（2015）针对中介市场交易的成本收益建立了多阶段博弈模型，分析了二手房市场的"逆向选择"内在机理。陈迅和赖纯见（2013）基于地方政府地价控制行为和有限理性建立了房产商和政府之间的动态博弈模型，发现区域地价和房价、房屋产销量博弈的纳什均衡在现实中是通过有限理性、不完全信息动态重复博弈达成的。

部分学者认为合作博弈是房地产市场健康发展的前提。彭文治（2016）基于完全信息动态博弈模型分析了房地产企业与银行合作博弈的有效性、流程及其可能性，认为房地产开发企业与银行健康合作对于稳定金融秩序以及促进房地产市场的发展有重要影响。李仲飞和肖仁华（2013）构建了房地产利益集团（包含地方政府、商业银行和房地产商）与中央政府的完全信息动态博弈模型，得到子博弈精炼纳什均衡，揭示了双方非合作必然导致缺乏帕累托效率的结果。

一些研究结果表明政策因素是实现房地产市场均衡发展的必要条件。张永庆和蒋海霞（2017）基于博弈论的视角，认为市场自由化并不能达到均衡状态，政府的调控措施必须起到良性的引导作用，消除信息不对称的问题，实现博弈均衡。杨建荣和孙斌艺（2004）就政府、开发商和消费者三方体系建立了供给和需求层面的两大不完全信息动态博弈模型，阐明政策因素决定着中国房地产市场的基本走向。宋春合和吴福象（2017）构建了地方政府、房地产企业、消费者三者之间的动态博弈模型，建议中央政府应建立房地产行业的长效调控机制，并通过调整中央、地方财政关系来改变地方财政激励。

已有文献大多从房地产市场的三个参与主体出发，构建房地产博弈模型，且主要内容在于探究各参与主体之间的相互作用关系。本文在前人研究的基础上，将博弈模型拓展为四个参与主体，并将主要内容着眼于策略选择和策略结果的考量上，最后以北京市为例，研究市场各参与方在有效市场中的理性均衡策略，并分析北京市各阶段房地产市场调控的传导机制。

三、房地产市场四部门博弈模型

房地产价格形成机制是市场参与各方博弈的结果，房地产市场博弈中核心利益部门包括地方政府、商业银行、房地产开发商和消费者，每个行为主体的行为策略、支付函数等博弈要素都有一定的差异。如地方政府看中的是财政收入政绩和社会稳定，房地产开发商则看中的是追求最大收益，商业银行作为营利性机构主要考虑自身收益和风险的均衡，消费者基于改善生活条件及负担成本或投资收益来考虑是否选择购房。

房地产市场是个明显信息不对称的市场。主要体现在两个方面：一方面，房地产市场的专业性导致房地产开发商相对于住房消费者存在信息优势，开发商可以在一定程度上影响消费者的未来预期，而反方向作用则几乎不存在；另一方面，房地产市场的政策性导致政府相对于房地产开发商和消费者存在信息优势，政府作为政策的制定者，可以通过调整博弈规则来约束市场参与者，规范市场参与者的行为，实现社会福利最大化的目标。

（一）博弈模型简介

1. 模型的基本元素

要完整表述一个博弈，必须说明博弈的三个基本要素：一是参与人，参与这个博弈的局中人，一般用 i＝1，2，…，n 进行编号。二是策略，可供参与人选择的行动，一般用 s_i 表示参与人 i 可以选择的一个特定策略，n 个人的策略写在一起就是一个 n 维策略向量，s＝$(s_1, s_2, …, s_n)$ 称为一个策略组合。另外用 S_i 表示参与人 i 可以选择的所有策略所构成的集合，称为策略集。三是支付，在博弈的各种对局下参与人的利益或得益，体现了每个参与博弈局中人的追求，是行为和决策的主要依据。支付本身可以是利润、收入、量化的效用、社会效益、福利等。支付为正表示得益，支付为负表示损失。当策略组合为 s 时，n 个参与人的支付写在一起，就是一个 n 维支付向量。

2. 博弈类型

在博弈模型中，如果参与人同时选择他们各自的策略，每个局中人在做出策略选择的时候，并不知道对手的策略选择是什么，这种决策被称为同时决策博弈（静态博弈）。对应地，如果后决策的参与人知道先决策的参与人已经做出的决策，这种决策被简单称为序贯博弈（动态博弈）。在现实生活中，许多博弈往往包含若干阶段的同时决策博弈，而整体框架又是一个序贯决策博弈，这种博弈被称为混合博弈。

（二）各方策略

本书涉及的是一个四人博弈问题：地方政府、商业银行、房地产开发商、消费者，即 $n=4$，并分别用 $i=1$，2，3，4 编号表示。每个参与者对应的策略集为：

$S_1=\{$抑制房价，鼓励购房$\}$

$S_2=\{$宽松贷款政策，严格贷款政策$\}$

$S_3=\{$开发项目，不开发$\}$

$S_4=\{$购买，观望$\}$

每个参与者选定一种策略就构成一种策略组合，因此，本书一共有 $2^4=16$ 种策略组合。

地方政府作为政策制定者，充当信息制造者的角色，政府根据市场状况决定是否出台相关政策，约束市场各方参与者，规范市场参与者的行为，以实现政绩和社会福利最大化的目标。政府在房地产市场上的决策行为统筹为两种："抑制房价""鼓励购房"。当市场过热时，政府一般通过限制需求、增加税收、提高贷款利率等方式限制购买、降低成交量，此外，还增加土地供给以期达到供需平衡、抑制房价效果；相反，当市场处于萧条时期，政府往往通过税收优惠、住房补贴等方式鼓励消费者购房。

银行作为房地产开发商、消费者资金来源的重要渠道，"宽松"和"严格"的贷款政策体现了银行平衡收益和风险的选择，当房地产泡沫较为严重甚至可能导致违约风险时，银行为了防止金融坏账等问题带来的严重负面影响，会提高信贷门槛，选择"严格贷款政策"。

房地产开发商作为土地资源的需求方，同时也是房产的开发商和供给者，其行为策略相对复杂。为简化四部门博弈模型，房地产开发商的行为策略只考虑"开发项目"和"不开发"，降价促销等其他行为暂不考虑。

消费者作为房屋的需求方可以大致划分为两类：刚性需求者和投资者。刚性需求者在很大程度上基于自用型住房的需求，其价格弹性相对较小，投资者主要是通过对房屋的低买高卖来获取利润，需求均不是刚性的，需求价格弹性较大。本文考虑的研究对象为刚性需求者，这类群体面临着购买和观望两种策略。

（三）博弈假设及前提

本书的博弈模型基于以下基本假设：

（1）本书考虑一个混合博弈，即市场各参与方既有行动先后，也有同时决策。地方政府作为政策的制定者，其行为一般优先于其他参与者，本文假定决策顺序为：地方政府→银行→房地产开发商（消费者）。其中房地产开发商和消费者是同时决策博弈，即消费者在进行决策时已经知道地方政府和银行的策略，但并不知道房地产商的策略。

（2）消费者的观望并不是期望房价越低越好。生活水平的提高、改善住房条件的需求增强，以及对未来良好预期的不断强化等，都使消费者不会盲目地等待房价无限制降低，而是理智地等待房价回归到自己心目中的期望值。因此，假设消费者的行为策略是基于三个因素：对房屋价值的评估（未来房价的预期）、支付的成本以及居住条件获得改善的迫切性。

（3）当银行选择"严格贷款政策"，房地产开发商和消费者可以考虑从其他渠道获得融资，但融资成本相对更高。

（4）暂不考虑地方政府出让土地后的福利支出，以及房地产开发商对公共物品负担的支出。

（5）暂不考虑房地产开发企业项目建设的期限以及囤积土地等行为，即若房地产开发企业选择建设，消费者选择购买，房地产企业即可获得收益。

（6）市场参与各方均为理性人，根据各自掌握的信息选择最大收益的策略。

（四）变量说明

单位面积房价：P。

消费者对房屋价值的评估：P_E。

地方政府在抑制房价和鼓励购房下的土地供给为 S_1、S_2（$S_1 > S_2$），房屋买卖成交量为 H_1、H_2（$H_1 < H_2$），房屋交易税费：T_1、T_2（$T_1 > T_2$）。

政府出让土地使用权的名义单位收入：N，其中包括土地出让金或相应税收收入。

消费者从银行贷款和其他渠道的融资成本：C_1、C_2（$C_1 < C_2$）。

消费者由于购房需求得到满足获得的收益：M。

消费者选择观望获得的市场无风险收益：R_0。

房地产开发商从银行贷款和其他渠道的融资成本：D_1、D_2（$D_1 < D_2$）。

房地产开发商单位面积开发成本：D_0。

银行采取宽松策略引发的信用风险或与监管政策背离可能导致的损失：Q。

地方政府抑制房价和鼓励购房可能引发的社会负效应：F_1、F_2。

（五）各方支付

图 1 用决策树的形式表示了四部门的混合博弈，树形图的下方是对应各种策略下各方的支付，共 16 种支付，用序号（1）~（16）表示。每种支付包含四个参与方对应的收益。图 1 中椭圆虚线表示信息集，表示消费者可以判别博弈是否已经进行到他的信息集，但在决策的时候不知道自己究竟位于信息集的哪个决策点，即并不知道房地产开发商的策略。

当市场过热时，在策略组合（"抑制房价""宽松贷款政策""开发项目""购买"）下，地方政府的收益包括从房地产市场获得的财政收入和市场过热引发社会不满导致的负效应，其中，财政收入主要由土地收入 S_1N 及房屋交易税费收入（H_1PT_1）构成，负效应为 F_1；商业银行的收益包括房地产开发商和消费者贷款的利息收入（$H_1PC_1 + S_1ND_1 - R_0$），但需要承担一旦房地产泡沫破灭可能面临的违约损失风险 Q；房地产开发商的支付包括房地产项目开发销售收入（S_1P）扣除支付成本 S_1（$N + D_0 + ND_1$），其中，成本包括拍卖土地的支出、开发项目的成本以及融资成本。消费者的支付包括其对房屋价值的评估（H_1P_E）、目前支付成本 H_1（$P + PT_1 + PC_1$）和购房需求得到满足获得的收益 M。其他策略组合类似。

（六）均衡分析

博弈分析的最终目的是获得博弈的最后结果或者最有可能的结果。序贯博弈常使用倒推法（Rollback Method 或者 Backwards Induction）来寻求结果。倒推法是从序贯决策博弈的末端节点开始分析，沿着博弈树逐步倒推回前一个阶段相应局中人的行为选择，一直到初始决策节点为止的这样一种分析方法。按照倒推法的分析思路，本文第一步是分析"房地产开发商"的行动选择，如果消费者选择"观望"，则博弈会进行到开发商的决策节点上，开发商在消费

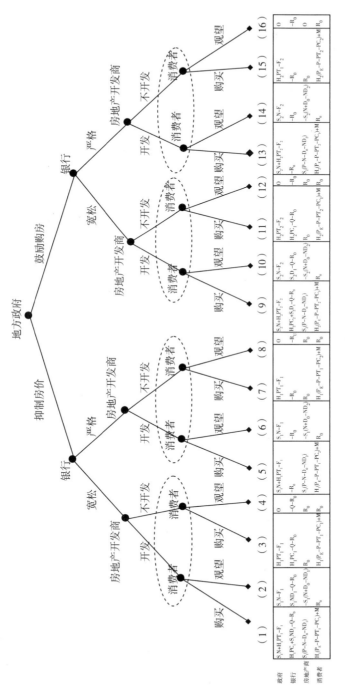

图1 四部门混合博弈的树形表示

者选择"观望"行动下，"开发"或"不开发"行动的收益是不同的，开发商根据最大利益做出决策后，博弈会进行到银行的决策节点上，以此类推。最后，寻找一个节点至多个节点的不间断路径，即在当前环境下所有当局人的最优决策。以下两种情形是在房地产市场过热和低迷状态下，各参与方可能达成的一种均衡结果。

情形一：当房地产市场呈现过热现象，住房供不应求，地方政府为预防房价持续上涨可能引发的不稳定因素（社会负效应会降低地方政府的收益），地方政府会采取一系列抑制房价措施，如提高税费、增加供给等。供给的增加会降低消费者的预期（均衡的预期价格由需求、供给决定），同时税费等手段会增加消费者的购房成本，即消费者购房获得的收益小于无风险收益。当 $P_E-P-PT_1-PC_1+M<R_0$ 时，消费者会采取观望策略，房地产开发商从利益角度也会采取不开发策略，银行对未来房地产泡沫可能导致的违约风险的担心在监管收紧下也会选择严格的贷款政策，这时候市场的最优策略为抑制房价—严格贷款政策—不开发—观望，均衡下的收益为图1中的（8）。

情形二：相反地，当房地产市场处于低迷状态，政府通过降低供给、税费优惠等方式鼓励消费者购房，由于房价已经下降到一定阶段，市场供需改变，消费者对房价的预期增加，同时，在低购房成本（低税费、较低的融资成本）下，购房收益可以高于无风险市场利率（R_0）；对于房地产开发商开发项目的收益大于0，对于商业银行来说，房地产贷款依旧是相对最优质的资产，发放贷款可以获得收益。此时的均衡状态为鼓励购房—宽松贷款政策—开发—购买，均衡下的收益为图1中的（9）。

四、北京市房地产市场四部门行为分析

（一）北京市房地产调控政策分析

2010年4月，国务院发布《关于坚决遏制部分城市房价过快上涨的通知》（国发〔2010〕10号），规定"地方人民政府可根据实际情况，采取临时性措施，在一定时期内限定购房套数"，房地产市场调控"因城施策"拉开帷幕。

2010~2013年，北京陆续出台多项限购政策。2010年4月30日，北京市发布《北京市人民政府贯彻落实国务院关于坚决遏制部分城市房价过快上涨

文件的通知》（京政发〔2010〕13号），规定从即日起，一个家庭只能在北京市新购买一套商品房，三套房和不合规的外地人购房贷款被叫停。2011年2月15日，《北京市人民政府办公厅关于贯彻落实国务院办公厅文件精神进一步加强本市房地产市场调控工作的通知》（京政办发〔2011〕8号）发布，通知要求对已经拥有一套住房的北京户籍居民家庭，以及对持有有效暂住证，在北京市没有住房的购房人，且连续五年（含）缴纳社会保险和个人所得税的非北京市户籍家庭，限购一套住房；对拥有两套及以上住房的北京市户籍家庭，拥有一套及以上住房的非北京市户籍家庭，以及无法提供北京市暂住证、连续五年（含）以上缴纳社会保险或个人所得税的非北京市户籍居民家庭，暂停在北京市向其售房。2013年3月30日，北京市落实《国务院办公厅关于继续做好房地产市场调控工作的通知》（国办发〔2013〕17号）（又称"房地产调控'国五条'"）执行细则，明确北京市户籍成年单身人士在本市未拥有住房的，限购一套住房；对已拥有一套及以上住房的，暂停在北京市向其出售住房。

2014～2016年9月，在稳增长和去库存目标下，政府放松限贷政策。2014年9月30日，《中国人民银行、中国银行业监督管理委员会关于进一步做好住房金融服务工作的通知》（银发〔2014〕287号）（又称"930新政"）明确指出，首套房最低首付款比例为30%，贷款利率下限为贷款基准利率的0.7倍。对拥有一套住房并已结清相应购房贷款的家庭，为改善居住条件再次申请贷款购买商品住房，执行首套房贷款政策。

2016年9月至今，北京市迎来史上最严格的房地产调控。2016年9月30日，《北京市人民政府办公厅转发市住房城乡建设委等部门关于促进北京市房地产市场平稳健康发展的若干措施》（京政办发〔2016〕46号），明确提出进一步完善差别化住房信贷政策，购买首套普通自住房的首付款比例不低于35%（自住型商品住房、两限房等政策性住房除外）；对购买二套普通自住房的，无论有无贷款记录，首付款比例不低于50%。2017年3月17日，北京发布《关于完善商品住房销售和差别化信贷政策的通知》（京建发〔2017〕3号），将北京市二套房首付比例提至60%。2017年3月22日，《关于进一步严格购房资格审核中个人所得税政策执行标准的公告》，明确非京籍人员由之前的连续5年纳税记录由过去的每年至少1次，改为往前推算60个月在北京市连续缴纳个人所得税。2017 年 3 月 24 日，中国人民银行营业管理部等多部门发布《关于加强北京地区住房信贷业务风险管理的通知》（银管发〔2017〕68 号），要求针对离婚一年内的房贷申请人实施差别化住房信贷政策，严格防控信贷风险。2017 年 3 月 26 日，《关于进一步加强商业、办公类项目管理的公告》（京建发〔2017〕112 号）发布，北京商办类项目全面限购。2017 年 4 月 3 日，《关于加强国有土地上住宅平房销售管理的通知》（京建发〔2017〕118 号）将住宅平房纳入限购范围。

总体来看，2010 年之后北京市房地产调控以需求政策和金融政策为主，表现为限制部分群体的购房资格、提高购房成本等。

（二）基于城镇居民问卷调查的购房人预期分析

购房人预期在房地产市场运行变化中发挥着不可忽视的作用，历史房价走势、当期房地产政策、货币和财政政策以及社会经济发展状况等因素都可能通过影响购房者的预期而影响房价的变动。除了实际需求外，购房者对未来房价的预期是影响房价实际变化的重要因素，特别是在房价持续走高的情况下，居民形成的看涨预期可能会放大居民当期的实际住房需求。

我们使用中国人民银行营业管理部千户城镇居民购房需求问卷对房价的预期问询编制出的房价预期指数来反映居民对未来一年房价走势的判断。通过对比 2008～2009 年、2010～2013 年、2014～2016 年 9 月及 2016 年 10 月至 2017 年 12 月四个阶段北京市新建住宅价格环比指数、二手住宅价格环比指数和未来一年房价预期指数，结果显示：房价预期指数不同阶段的波动受房地产市场政策变动影响较大，与北京市新建住宅价格指数和二手住宅价格指数的波动具有一定的相关性，但房价预期指数的波动更显著（见图 2）。

2008～2009 年，房价预期指数呈现先降后升的运行趋势。2009 年第一季度房价预期指数降至较低位，受刺激住房消费政策影响，房价预期指数连续三个季度上行并升至阶段性高位。同期北京市新建住宅价格指数和二手住宅价格指数也呈现同样走势。

2010～2013 年，受国家出台遏制部分城市房价过快上涨政策影响，这一阶段房价预期指数波动较大，且比住宅价格指数波动明显。值得关注的是，本阶段住宅价格指数的波峰比房价预期指数滞后了两个季度，在一定程度上证明了政策调控并未起到稳定房价的作用，虽然住房价格增速放缓，但仍然处于上升

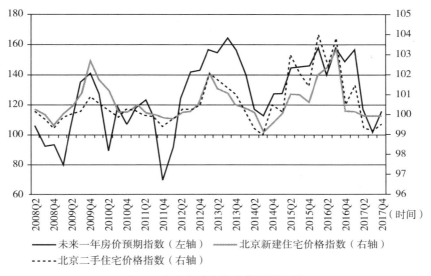

图 2　北京市购房人房价预期指数

通道，居民对调控政策效果的预期是"越调越涨"。

2014~2016 年 9 月，随着又一轮房地产市场刺激调控，房价预期指数基本上又经历了一个先下降后上升的完整波动周期，且走势与新建和二手住宅价格指数趋同。

2016 年 10 月至 2017 年 12 月，国家再次出手抑制房地产价格泡沫，房价预期指数在经历了前半阶段的回落之后，有所回升。2016 年第四季度之后，房价预期指数调整下行，在 2017 年第三季度该指数降至较低位，住宅价格指数也降至低点。

（三）北京市房地产开发企业运行情况分析

总体来看，北京市房地产开发投资和房屋新开工面积受土地政策和住房供应政策影响较为明显，但政策效果时间短，随后即出现反弹（见图 3、图 4）。

2003~2007 年，受土地供应调控和控制房地产开发等政策影响，2004 年北京市房屋新开工面积同比下降 11.10%，2005 年北京市房地产开发投资增速由此前的 20%大幅下降至 3.5%，低于全国增速 17.4 个百分点。政策效果短期显现后，2006~2007 年，北京市房地产开发投资完成额增速再次反弹，2007 年增速达 16%，但增速低于全国增速 14.2 个百分点，房屋新开工面积仍同比下降。

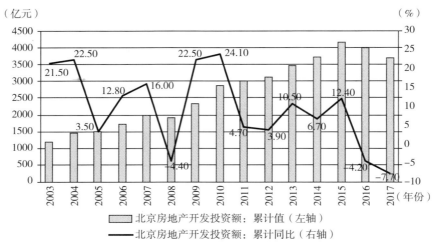

图 3　北京市房地产开发投资额及累计同比

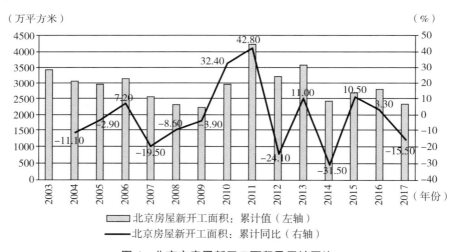

图 4　北京市房屋新开工面积及累计同比

2008~2009 年，为稳定经济增长、避免房地产市场下滑，政策开始转向刺激住房消费、推出增加保障房供应和税收减免政策。北京市房地产开发投资受经济危机影响明显，政策刺激后迅速反弹至高位。2008 年，北京市房地产开发投资完成额降幅明显，同比下降 4.4%；受政策影响，2009 年，北京市房地产开发投资额较 2008 年增加 22.5%，增速为 2003 年以来峰值。房屋新开工面积同比下降 3.9%，降幅收窄 4.7 个百分点，但累计新开工面积仍处于较低位。

2010~2013 年，为遏制房价过快上涨，国家进一步加强土地调控，增加普通住房有效供给，要求在 2013 年完成建成保障房 470 万套，新开工 630 万套的任务。受政策调控影响，2011 年开始北京市房地产开发投资完成额增速大幅回落，2012 年增速仅为 3.9%。2013 年，北京市房地产开发投资同比增长 10.5%，房屋新开工面积同比增长 11.0%。

2014~2016 年 9 月，在稳增长和去库存目标下，北京市出台第四轮刺激政策。在宽松的货币政策环境下，2015 年，北京市房地产开发投资额增速上升至 12.4%，北京市房屋新开工面积也出现了 10.5% 的增幅。

2016 年 9 月至今，政策再次转向抑制资产价格泡沫和防控金融风险，房地产政策转向收紧。北京市房屋新开工面积于 2016 年达到高点后，2017 年大幅下降 15.5%；房地产开发投资持续下降，2017 年北京市房地产开发投资完成额较 2016 年下降 7.7 个百分点，低于全国增速 14.7 个百分点。

（四）北京市房地产贷款实施情况及特点分析

受房价快速上涨影响，居民购房压力加大，北京市房地产贷款呈现"需求端主导"的特点。2010 年以来，北京辖内金融机构购房贷款快速增长，购房贷款在房地产贷款中的占比持续提升。总体来看，购房贷款增长与房地产调控政策的相关性较强，房地产开发贷款总体平稳。

1. 购房贷款受政策影响呈现周期性波动

以 2011~2018 年三次大的调控周期为例（见图 5），调控政策收紧后，房贷增速受住房交易量缩减的影响逐渐放缓；政策放松后，房贷在交易回升的带动下恢复快速增长。

2010~2013 年，受"国四条"及北京市限购政策影响，住房交易量明显回落，个人住房贷款同比增速由 2010 年 4 月的 35.7% 逐月下降至 2012 年 4 月的 -2.0%。2012 年下半年起，积压的住房需求开始释放，加上中国人民银行降准、降息，住房市场量价齐升。个人住房贷款同比降幅持续收窄直至恢复正增长。2013 年 3 月，北京市提高二套房贷首付比例，住房市场出现调整；与之相应地，个人住房贷款同比增速在政策出台后总体平稳，保持在 10% 左右。

2014~2016 年 9 月，由于经济增速下行压力加大，"稳增长"日益成为政策的主要目标。在多次降准、降息加上住房信贷政策持续放松背景下，住房市

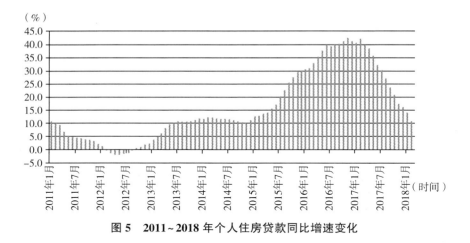

图5　2011~2018年个人住房贷款同比增速变化

场大幅回升。2016年，全市新增购房贷款同比多增1287.5亿元。2016年11月，个人住房贷款同比增速达到42.6%的历史高位。

2016年9月~2019年，在史上最严厉差别化住房信贷政策的影响下，个人住房贷款过快增长势头得到有效抑制。2017年全年新增个人住房贷款比2016年同期少增1075.6亿元。个人住房贷款同比增速自2017年3月起连续14个月下降。

2. 房地产开发贷款总量平稳

因北京历次调控均以需求抑制为主要手段，房地产开发贷款总体保持平稳增长。但开发贷款更多受金融监管力度、资本市场融资成本等影响，存在一定的波动。2016年，由于发债成本较低，北京市住房开发贷款余额连续12个月同比负增长。2016年底，银监会、证监会等部门强化了对房地产企业及项目非信贷融资的监管。融资渠道显著收窄下，2017年北京市住房开发贷款同比恢复正增长。2018年3月末，北京市金融机构本外币房地产开发贷款余额比2018年初增加216.7亿元，同比增长12.6%，与2016年同期相比下降了1.3%。

（五）北京市房地产市场调控效果分析

1998年，房地产市场全面启动。北京市商品房销售额快速增长，房价相对平稳。2002年底，北京市商品房销售额从1999年的307.47亿元上升到813.39亿元，年均增长高达38.3%，商品房价格则在4000~5000元/平方米保持稳定。

2003~2007 年，国家确立房地产行业为支柱产业，房地产市场出现过热苗头，价格上涨压力较大，受调整土地供应、调节市场、信贷结构和开征交易税费等系列措施影响，北京市商品房销售增速冲高回落，但调控政策未对房价造成实质性影响。商品房销售额在 2004 年、2005 年增速高达 39.1%、69.74%，随后在 2006 年、2007 年回落到 4.9%、16.5% 的水平。在此期间，房价年均上涨幅度分别为 6.7%、34.3%、22%、39.5%，四年时间房价翻了一番，形成较强的上涨预期。

2008~2009 年，美国金融危机导致全球经济衰退，房地产市场发展也陷入低谷，政府大幅放松货币信贷刺激住房消费需求，商品房销售报复性反弹，房产交易异常活跃，房价持续上涨。商品房销售额在经历了 2008 年下滑 34% 后，2009 年同比增速高达 96.6%。同时，房价上涨压力较大，2008 年和 2009 年商品房平均售价分别上涨 7% 和 11%。北京房地产交易异常活跃，交易量飙升，以二手房签约套数为例，2007~2008 年日均签约套数不足 100 套，2009 年大幅飙升 7 倍多，日均签约套数为 772 套，之后均维持在较高水平。

2010~2013 年，政府开始重视房价过快上涨问题，从需求管理政策入手遏制部分城市房价过快上涨。2010 年 4 月 30 日，北京正式启动限购政策，并在此后接连提高二套房首付比例至不低于 70%。北京房价仍然继续上涨，但涨幅回落，商品房交易迅速冷却，交易量大幅下滑。2010 年商品房平均售价同比增长 28.9%，2011 年同比下降 5.2%，随后在 2012 年和 2013 年仅温和增长 1.0%、9.0%，二手房日均签约套数从峰值的 772 套下降到日均 300~500 套。房地产需求被遏制，北京商品房销售下滑，2010 年、2011 年连续两年商品房销售额同比下滑超过 10%，随后有所企稳。

2014~2016 年 9 月，在稳增长和去库存目标下，政府放松限购限贷，加强信贷支持和税收减免。经历了持续的降息降准后，北京房地产市场异常火爆、商品房销售大增、房价暴涨。北京房价同比增长从 2014 年的 1.5% 大幅上升到 2015 年、2016 年的 20% 左右。二手房日均签约套数从 2014 年 334 套的低点大幅反弹，2016 年达到历史峰值 862 套；商品房销售持续升温，2015 年、2016 年商品房销售额年均增长达到 30%。

2016 年 9 月至今，北京房地产市场迎来新一轮更为严厉的调控，房地产市场全面降温，交易量降至冰点，房价从高位回落。二手房价格指数自 2017

年 10 月以来连续数月同比小幅下降，最大跌幅接近 7%。二手房日均签约套数从 2016 年的峰值腰斩，在 2017 年底仅为日均 428 套（见图 6 和图 7）。

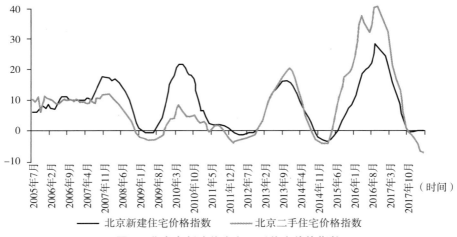

图 6　北京市新建住宅和二手住宅价格指数

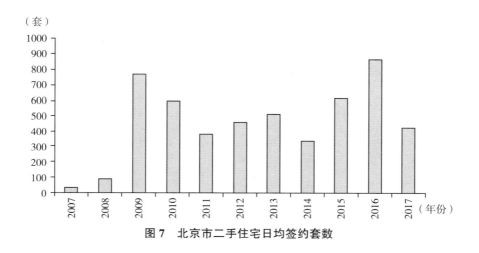

图 7　北京市二手住宅日均签约套数

五、从博弈视角分析北京市房地产市场传导机制

结合房地产市场四部门博弈模型及北京市房地产市场四部门行为分析，本

章将从博弈视角分析北京市房地产市场传导渠道、传导效果及传导机制。

（一）从传导渠道看，四部门达成了均衡策略

由于 2010 年之前，北京市并无"个性"房地产调控政策，并且北京市个人住房贷款数据仅从 2011 年开始统计。因此本书仅分析 2011~2017 年北京市房地产市场四部门的策略选择（见图 8）。

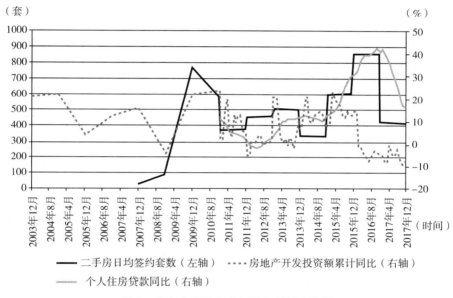

图 8　北京市房地产市场四部门策略选择

2011~2013 年，房地产市场呈现过热现象，北京市陆续出台多项限购政策，以遏制房价过快上涨。在调控政策的引导下，个人住房贷款同比增速、房地产开发投资同比增速、二手房日均签约套数均出现明显下降。政府、银行、房地产商和消费者选择了抑制房价—严格贷款政策—不开发—观望这一均衡策略。

2014~2016 年 9 月，随着中国经济进入新常态，2014 年 5 月首次出现 70 个大中城市新建商品住宅价格环比下跌，政府放松限贷政策，个人住房贷款同比增速、房地产开发投资同比增速、二手房日均签约套数均出现较大幅度上升。政府、银行、房地产商和消费者选择了（鼓励购房—宽松贷款政策—开发—购买）这一均衡策略。

2014 年 10 月~2017 年，全国房地产市场呈现"一二线高房价、三四线高库存"的分化现象，北京市出台严格的房地产调控政策，个人住房贷款同比增速、房地产开发投资同比增速、二手房日均签约套数均出现明显下降。政府、银行、房地产商和消费者选择了抑制房价—严格贷款政策—不开发—观望这一均衡策略。

总之，从策略选择看，在房地产市场过热或过冷时，北京市房地产四部门都从自己的利益出发，选择了自身的最优策略，也达到了市场的策略均衡。

（二）从传导效果看，四部门均衡策略导致"合成谬误"

从图 9 可以看出，在 2008~2009 年、2014~2016 年 9 月刺激住房消费阶段，房价大幅上涨，调控效果明显。

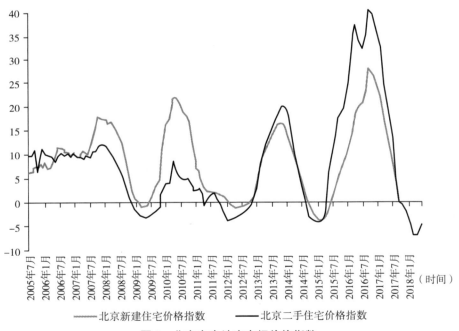

图 9　北京市房地产市场价格指数

在 2003~2007 年抑制房价阶段，房价在经过短暂停顿后报复性上涨，价格上升，稳房价不理想。类似地，在 2010~2013 年抑制房价阶段，房价于 2011 年开始大幅下降，房价过快上涨势头得到暂时抑制，但 2012 年下半年房价明显回升。总体上看，抑制房价阶段调控效果有限。

（三）传导机制失效的原因分析

从前文分析可以看出，抑制房价的两个调控阶段虽然从数据上看似形成了抑制房价—严格贷款政策—不开发—观望的均衡策略，但这是一种"脆弱的均衡"，调控效果并不理想，可能的原因如下：

1. 政府调控政策重抑制需求轻增加供给

根据前文的博弈分析，在有效市场中，政府通过改变供给和需求降低消费者预期以期达到房地产市场价格的下跌。但是，从抑制房价的两个阶段数据看，北京市土地供应并没有显著增加，扣除无效房源后，商品房可售面积也呈下降趋势，总体看来北京市的住房供应趋于减少态势（见图10和图11）。

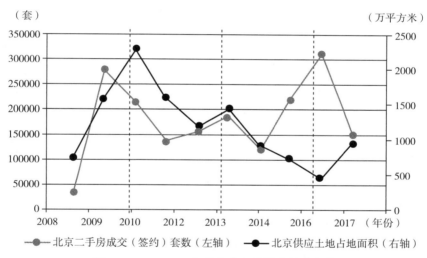

图10　2008~2017年北京市土地供应及成交量

因此，北京市住房成交量的下降（消费者选择观望）主要是由于限购政策和提高首付比例等需求政策暂时抑制了消费者的购买需求。但是，消费者的需求是刚性的，需求抑制政策只具有短期效应，只是将消费者的刚性需求强制性延后，并没有有效解决房价上涨问题，尤其是，当采取刺激政策后，房价往往出现报复性的反弹。

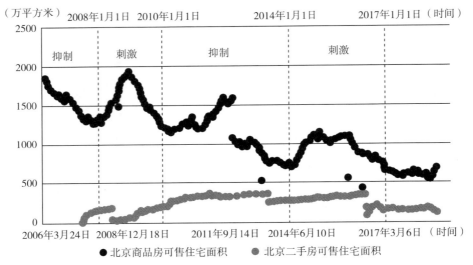

图 11　2006~2018 年北京商品房、二手房累计可售住宅面积

注：北京市住建委于 2012 年 3 月 27 日对北京市新建商品住房库存中积累的无效房源进行了全面清理，商品房可售数据均因此大幅减少。

2. 非正规资金流入房地产市场削弱调控效果

近年来，房地产开发商、购房家庭利用非银行贷款进行融资，在一定程度上削弱了政策调控效果，单纯的房贷需求抑制政策在房地产调控中的作用逐渐减弱。

房地产开发企业利用非银融资规避房地产开发贷款政策。由于住房开发项目取得"四证"前银行不得发放贷款，且开发贷款不能用于缴纳土地出让金，房企更多转向信托、资管、基金等渠道筹集拿地资金。北京市统计局数据显示，在北京市房地产开发投资资金来源中，国内贷款占比长期不足 1/3，商业银行发放的住房开发贷款只是其中一小部分，其余为非银行金融机构贷款。近年来，北京市住房市场总体呈单边上行态势，土地市场竞争激烈。房企通过银行贷款以外的融资渠道获取到充足的拿地资金，推动地价显著上涨。在一线城市，目前土地购置费用在住房开发成本中的占比已达到 80%~90%。

居民利用房贷以外融资渠道加杠杆购房现象增多。2018 年前 4 个月，北京市二手住房成交延续 2017 年 11 月以来的回升态势，基本保持在月均成交 1 万套以上，处于历史常态水平，但个人住房贷款新增额持续缩减至负增长。

2018 年 1～4 月，北京市金融机构本外币个人住房贷款比 2018 年初增加 66.9 亿元，同比少增加 686.9 亿元。2018 年 1～3 月分别新增 59.9 亿元、8.3 亿元、2.8 亿元，4 月净减少 4.1 亿元。由于商业性住房贷款政策从紧，在居民购房资金来源中，商业性贷款占比显著下降。调研显示，除公积金贷款分流外，全款购房有所增加，但其中部分自有资金可能由小额贷款、P2P 网络借贷平台、房地产中介机构等其他形式的借贷资金转化而来。

3. 博弈模型设定有偏导致理论结果与实际结果不符

由于博弈模型只能抽象地表达客观世界，未能表示现实中存在的多项可能，因此模型在假设上存在一些特定缺陷，可能导致理论结果与实际不符。

例如模型未区分消费者中的刚性需求者和投机需求者，未考虑房地产开发商囤地、捂盘不售等行为，但在北京房地产市场中，不仅存在刚性需求者，也存在大量的"炒房团"，他们的短期投机行为可能助推房价快速上涨，导致房地产抑制政策未达到理想效果。此外，房地产开发商出于利益考虑或远期预期，可能会囤积土地、捂盘不售，减少房地产可出售面积，影响消费者预期，从而降低房价调控效果。

六、结论和政策建议

(一) 研究结论

本文建立了房地产市场中四个参与主体的混合博弈模型，研究市场各参与方在有效市场中的理性均衡策略。模型显示：当房地产市场呈现过热现象，市场的最优策略为抑制房价—严格贷款政策—不开发—观望；相反地，当房地产市场处于低迷状态，市场的最优策略为鼓励购房—宽松贷款政策—开发—购买。

此外，本文以北京市为例，对房地产市场四个参与主体在不同调控阶段的行为进行了分析，并从博弈视角分析各阶段政策调控下北京房地产市场的传导机制。结果显示：从传导渠道看，四部门达成了均衡策略；从传导效果看，在抑制房价阶段，四部门的均衡策略未达到理想的调控效果；分析传导机制失效的原因可能是政府调控政策以抑制需求为主，未有效增加供给、银行体系以外的资金削弱了调控效果、博弈模型设定缺陷导致理论结果与实际结果不符等。

（二）政策建议

1. 明确住房居住属性，严厉打击房地产市场投机行为

坚持"房子是用来住的，不是用来炒的"，尽快以法律形式明确住房居住属性。加快出台相关政策，对"炒房团"、房地产商"囤地""囤房"、房地产中介"炒房租"等投机性行为予以重罚。

2. 优化土地供应，加快推进财政税收体制改革

调节土地供需，增加一二线城市和热点城市住宅用地供应，推动农村集体建设用地入市。加快推进财税体制改革，降低地方财政收入对国有土地出让的依赖度，扭转地价推高房价现状，提高国家房地产调控政策的约束力。

3. 保证充足稳定的住房供给，建立房地产调控长效机制

加快构建"多主体供应、多渠道保障、租购并举"的住房制度，形成租赁住房、共有产权住房和商品房的住房供给格局；调整住房市场供给结构，增加中小面积住宅供应，满足居民首套房刚性需求；多渠道增加租赁住房供应，鼓励房地产开发企业向住房租赁企业转变，加大对住房租赁企业的金融支持力度。

4. 严禁违法违规资金变相为房地产开发企业和购房人提供融资

严禁违规违法资金流入房地产市场，变相为房地产开发企业和购房人提供融资，推高房地产开发企业和购房人的杠杆水平。密切监测高负债房地产开发企业和高杠杆购房人违约及其外溢风险。

5. 实行长期稳定的房地产金融政策，防止政策波动引发的房地产市场泡沫积聚

一是推行长期稳定的居民购房信贷政策，对首付比例和房贷利率进行固定或在一定区间内上下浮动，或对刚需群体制定有针对性的购房信贷政策，以稳定购房人预期，防止购房需求受房贷政策直接影响。二是加强房地产信贷调控，对房地产企业合理的融资需求应加大支持力度，将房地产信贷纳入 MPA 考核体系，加强对房地产金融指标的监测。

参考文献

［1］曹刚锋. 中国房地产市场主体博弈分析与政策选择［D］. 合肥：中国科学技术大学博士学位论文，2010.

［2］陈迅，赖纯见. 房产商与地方政府有限理性博弈模型的复杂性分析［J］. 财经理

论与实践，2013，34（5）：95-100.

[3] 成悦，李涛. 房地产信贷和房地产价格互动关系的理论分析——基于局部均衡和动态博弈论 [J]. 青岛大学学报（自然科学版），2015，28（2）：93-98.

[4] 程诚. 我国房地产市场博弈分析 [D]. 武汉：华中师范大学硕士学位论文，2012.

[5] 范俏燕. 房地产交易博弈与金融风险 [D]. 成都：西南财经大学博士学位论文，2010.

[6] 李仲飞，肖仁华. 我国房地产市场调控失灵的博弈分析 [J]. 求索，2013（12）：16-18.

[7] 刘权清. 房地产市场博弈研究 [D]. 广州：暨南大学硕士学位论文，2008.

[8] 彭文治. 博弈视角下房地产企业与银行合作关系探析 [J]. 经济论坛，2016（12）：100-104.

[9] 全林. 商品房凡伯伦效用及博弈分析：商品房价格和需求量同向变动的新解释 [J]. 华东师范大学学报（哲学社会科学版），2017，49（1）：164-171.

[10] 沈宏亮. 我国房地产调控的政策失效及其治理研究 [D]. 长沙：中南大学硕士学位论文，2010.

[11] 宋春合，吴福象. 相机抉择、房价预期与地方政府房地产市场干预 [J]. 经济问题探索，2017（1）：9-15.

[12] 孙建平. 从购房者、政府、商业银行与开发商的三重博弈关系研读房地产行业 [J]. 中国房地产，2010（1）：31-33.

[13] 王大港. 新常态下中国城市房地产风险评价及调控策略研究 [D]. 北京：北京交通大学博士学位论文，2017.

[14] 王鹏. 城市商业房地产市场主体之间的利益均衡博弈研究 [D]. 长春：吉林大学博士学位论文，2013.

[15] 杨建荣，孙斌艺. 政策因素与中国房地产市场发展路径——政府、开发商、消费者三方博弈分析 [J]. 财经研究，2004，30（4）：130-139.

[16] 易宪容. 房价博弈 [M]. 北京：中国经济出版社，2008.

[17] 张维迎. 博弈论与信息经济学 [M]. 上海：上海人民出版社，2004.

[18] 张兴龙，熊熊，张学锋. 基于多阶段博弈模型的二手房市场逆向选择研究 [J]. 河南科学，2015（2）：286-290.

[19] 张永庆，蒋海霞. 基于博弈论视角的上海市房价现状分析 [J]. 物流工程与管理，2017，39（4）：168-170.

金融周期、金融危机与系统性风险度量

贾淑梅等[*]

近 40 年来，世界经济周期波动中最显著的特征，莫过于金融因素对实体经济的影响程度日益增强，且金融与经济之间存在顺周期性交互影响。拉美债务危机、亚洲金融危机、次贷危机等不断发生的危机让市场认识到：信贷周期、金融冲击和金融中介等金融因素正成为影响实体经济周期波动、引发各国经济危机的重要根源。2018 年 7 月 31 日召开的中央政治局会议上，首次提出"稳金融"的概念，更加突出了政策层维护金融市场稳定、防范金融风险的主观意愿。因此，基于金融冲击的经济周期波动和金融危机形成机制等方面的研究，已成为宏观政策制定中的一个重要问题。

一、经济周期和金融周期的理论发展进程

（一）早期周期理论主要以传统的经济周期理论为主

对经济周期理论的探讨已有较长历史。学者们通过对长期统计资料的分析，研究经济周期的规律和特征，并对经济周期进行划分。根据经济周期经历时间长短，可以分为短周期、中周期、长周期等。具体来说，经济周期的几种类型包括基钦周期（平均长度 40 个月）、朱格拉周期（平均长度 8～10 年）、库兹涅茨周期（平均长度 15～20 年）、康德拉季耶夫周期（平均长度 50～60 年）。此外，经济学家从多种角度探讨了经济周期的成因，提出了一系列经济

    * 贾淑梅：中国人民银行营业管理部金融研究处副处长。参与执笔人：杨小玄、李康、陶娅娜、王丝雨、王一飞、倪叙伦。其中，杨小玄、李康、陶娅娜供职于中国人民银行营业管理部金融研究处；王丝雨供职于中国人民银行营业管理部货币信贷管理处；王一飞、倪叙伦供职于中国人民银行国际司。

周期理论。大多数现代经济周期理论达成的共识是，一个经济系统存在一个相对平滑的增长过程，而对系统的暂时冲击会引起短期波动。

实际经济周期理论一度被认为是周期理论中的主流研究方法，但此后的研究证明，基本的实际经济周期模型存在不足。最主要的问题是这些模型的假设过于完美化，假定完备的、完全竞争的经济中没有摩擦甚至没有信息成本，这样货币冲击完全表现为价格的等比例变化，货币是纯中性的，因而实际经济周期模型不包含货币，无法讨论货币政策对经济波动的影响，也不认为货币政策对经济波动存在影响。这与凯恩斯主义形成鲜明对立。在这种背景下，将金融因素纳入考虑的周期理论逐渐发展成熟。

（二）金融经济周期理论发展基础："债务—通缩"理论、银行危机模型

Fisher（1933）指出，1929～1933年，在以高杠杆形成的一系列信用链中，初期的商业下滑导致了一些企业破产和支出下降，并直接导致新一轮破产潮。在这种直接作用机制以外，一种更为重要的间接机制也在起作用：资产和商品价格给名义债务人造成巨大偿债压力，迫使他们低价倾销资产，反过来又迫使价格进一步下降，触发金融危机。"债务—通缩"恶性循环造成了主要金融经济变量的剧烈波动。不断恶化的信贷市场条件不单纯是真实经济活动下滑的被动反应，其本身就是导致经济衰退和萧条的重要诱因。明斯基的银行危机分析模型指出，在经济景气时，投资者的预期乐观，融资需求强烈，银行信贷投放扩大；经济衰退时，信贷规模收缩，这会加剧金融体系的脆弱性，加大银行危机的风险。这些思想孕育了金融周期理论，为其创立和发展奠定了坚实的理论基础，正式拉开了金融经济周期理论发展的序幕。

（三）金融经济周期理论的完善：信贷周期理论、金融加速器理论和金融中介理论

Kiyotaki 和 Moore（1997）、Bernanke 等（1999）、Gertler 和 Kiyotaki（2010）的三篇开创性论文正式创立并发展了金融经济周期理论。

金融经济周期理论早期以 Kiyotaki 和 Moore（1997）的信贷周期理论为主，该理论认为过度负债和外生冲击是经济周期的根源，银行信贷是经济周期的重要传播机制。由于信息不对称和金融市场不完美，债务合约存在有限执行问题，金融市场上普遍存在逆向选择和道德风险问题，因而借款人的外部融资存在一个与其资产负债表状况相关的上限。

金融经济周期理论也融合了金融加速器理论的精髓。金融加速器理论思想源于 Bernanke 和 Gertler（1989），文章假设企业与储蓄者之间存在信息不对称，且信息的获取与状态的确认是有成本的。潜在借款人的净财富水平越高，贷款合约的期望代理成本越低，而借款人的净财富通常是顺周期的，因此，经济繁荣时，代理成本下降，投资增加，进一步促进经济上涨；反之亦然。在此基础上，Bernanke 等（1999）正式界定了金融加速器概念，阐述了各种冲击通过"资产价格—外部融资溢价—投资需求"的循环连锁反应对实体经济产生持久、放大影响的作用机理。

Gertler 和 Kiyotaki（2010）首次将金融中介因素纳入周期模型，在金融中介因素作用下，价格加速攀升可能导致非理性繁荣，从而会对实体经济造成伤害。在对美国金融危机背景下的信贷市场和整体经济活动进行全面考察后，他们指出，金融中介市场崩溃是 2007 年金融危机的主要特征，源自金融中介的冲击及银行资本规模变动，使银行面临严重的流动性冲击，并通过信贷市场影响实际经济。

（四）金融危机爆发促进了系统性风险理论的发展

在 2008 年金融危机爆发之前，学界对系统性风险已经有一定的认知，只是对它的定义还停留在较为笼统的阶段。2008 年爆发的金融危机给国际金融体系带来了前所未有的巨大冲击，但在很大程度上也促进了对系统性风险的研究。现阶段对系统性风险较有代表性的定义主要从以下三个角度展开：一是不局限于单一的机构或市场，而是聚焦于整个金融体系。欧洲中央银行（Europoean Central Bank，2010）认为，系统性风险是导致金融体系极度脆弱，金融不稳定大范围发生的风险，严重损害了金融体系运行的能力，进而影响经济增长和社会福利。Billio、Getmansky 和 Lo（2012）则将系统性风险定义为"威胁金融系统稳定或摧毁公众对金融系统信心的一切情形"。二是系统性风险具有传染性，个体的损失会引发整个体系的连锁反应，Hart 和 Zingales（2011）认为，系统性风险是指由于金融系统中机构或市场存在内在相关性或联动性，金融体系中单一或部分的机构倒闭及市场崩溃这种尾端事件在机构间传染、在市场间蔓延，导致损失在金融体系中不断扩散，最终使整个系统崩盘甚至对实体经济造成冲击的可能性。三是对实体经济有较大的溢出效应。G20 财长和央行行长报告（2011）认为系统性风险是"可能对实体经济造成严重负面影响的金融服务流程受损或中断的风险"。作为全球金融监管机构,金融稳定委员会(FSB,2009)对系统性风险的诱发因素做了更为具体的阐述,认为它是"由经济周期、国家宏观经济政策的变动、外部金融因素冲击等因素引发一国金融体系激烈动荡的可能性,且这种风险对国际金融体系和全球实体经济都会产生巨大的负外部性"。国际货币基金组织、国际清算银行和金融稳定委员会在2011年共同出具的报告(FSB,IMF and BIS,2011)中将系统性风险定义为金融体系部分或全部受损时引发的大范围金融服务失效并且可能对实体经济产生严重冲击的风险。

二、近40年来金融危机历史回顾

20世纪80年代初至2019年,大宗商品价格、货币汇率、资产价格的波动超过以往任何时期,金融危机发生频率明显提高,影响程度越来越大,涉及范围越来越广。我们从危机形成、危机爆发、政策应对、政策效果等方面,梳理了这段时期发生的主要金融危机。

(一)20世纪80年代初:拉美国家债务危机

第二次世界大战以后,拉美国家采取进口替代工业化战略,鼓励本国制造业发展,并且大量出口国内资源丰富的初级产品,因此,这些国家在经济上发展迅猛,被称为"拉美奇迹"。为了更快地实现工业化,赶超发达国家,拉美国家普遍采取扩张的经济政策,对外大规模举债,以增加政府对公共事业的支出,石油价格的上涨使靠石油输出的拉美国家积累了大量美元。良好的发展前景也使商业银行愿意投入更多信贷,两方面因素共同促使拉美国家债务在20世纪80年代初急剧增长。1970年,拉美国家外债总额只有212亿美元,到1982年,增长到3153亿美元。20世纪80年代初,伴随着实际利率高企,投向拉美国家的资本有减少趋势。拉美国家的还本付息压力增大,加上全球商品价格崩盘,触发了1983年墨西哥债务违约,以及随后包括巴西、阿根廷、菲律宾等十几个主要新兴市场国家在内的债务违约。

政策工具:压缩公共开支,减少财政赤字;放弃固定汇率制度,加强外汇管理,促进出口,防止资本外逃;整顿国有企业,部分国有企业私有化,并关闭部分长期无经济效益的国有企业,以减轻债务负担;美国提出"贝克计划"

与"布雷迪计划"，国际货币基金组织和世界银行等向债务国提供资金以加快削减债务。

政策效果：援助资金不足以从根本上解决债务危机。债务国则必须在国际货币基金组织监督下进行紧缩性经济调整，虽然有效稳定世界金融体系，但债务国经济没有明显的复苏，不利于提高他们的偿债能力。1985 年底（2454.65美元），拉美人均国内生产总值只及 1980 年的水平（2443.60 美元）。资本外流趋势难以在短期内逆转，不利于拉美国家走出低速增长的困境。这种现象持续到 20 世纪 90 年代初期才有所缓解。

（二）1990 年的日本金融危机

20 世纪 80 年代，日本经济持续繁荣，资产价格大幅度上涨。1985 年，美、日、德、法、英五国共同签署《广场协议》，日元升值由此开始。日本各家商业银行的存款、贷款总额增速均远超美国及欧洲的商业银行。随着资产价格上涨，日本银行持有的房地产和股票价格上涨，银行资本上涨吸引了大量外来资金。从 1986 年到 1989 年，日本的房价提高了两倍。但随着日元套利空间日益缩小，国际资本开始获利撤离，由外来资本推动的日本房产泡沫爆裂。20世纪 90 年代初，日本房地产经济开始全面崩溃，随后股票市场泡沫破灭。短短几年内，日本大量金融机构破产、重整。

政策工具：1989~1990 年日本货币政策的突然收缩加剧了泡沫破灭进程。几个月内，日本央行多次提高贴现率，并对商业银行施加压力，要求其停止对房地产企业及股票投机者贷款。但因此前资产泡沫已达到了非常危险的程度，投资者信心已经发生松动，而政府紧缩性政策的出台，无异于进一步增加了投资者和消费者的不安心理，造成市场内恐慌气氛弥漫，客观上加速了泡沫破灭，房地产价格迅速下跌，并引发以经济下行、财政危机、通货紧缩等一系列连锁反应。日本政府随后又为经济复苏进行了各种努力，包括低利率政策，刺激公共投资等，并进行了土地税制改革，增加土地取得、持有和转让环节的税负。

政策效果：日本政府的调控政策是滞后的，在经济泡沫形成之初就没有及时地采取行动，纵容了泡沫增长。对宏观经济和房地产市场发展的错误判断，不仅错过了调控的最佳时机，且没有把握好调控力度，用药过猛导致"硬着陆"，从而对经济造成了重创。地价税的本意也是在于增加土地持有，从而起到抑制土地需求的作用，但是实际上税制改革方案付诸实施之时，泡沫已经破灭，其直接后果是加速了房地产价格下跌，对经济造成了严重损害。

（三）20世纪90年代亚洲金融危机

20世纪90年代中前期，亚洲地区不仅拥有良好的政府财政收支状况，且有着较高的经济增长率和稳定的汇率，被公认为是一个繁荣的新兴市场。低工资、低成本优势吸引了资本流入。许多亚洲国家从海外银行和金融机构中借入大量中短期外资贷款。1997年，泰国经济疲弱、出口下降、汇率偏高并维持与美元的固定汇率。这种盯住制度使得市场极易受到信心危机的影响。以索罗斯为代表的金融大鳄乘势开始大量卖空泰铢，并散布谣言以摧毁市场信心。泰国政府企图干预外汇市场以稳定币值，但是失败的干预手段让中央银行最终遭受更大的损失。7月2日，泰国宣布实行泰铢浮动汇率制。泰铢兑换美元汇率当即下跌18%，泰国金融危机正式爆发，并迅速传染到东南亚各国。菲律宾比索、印度尼西亚盾、马来西亚林吉特相继大规模贬值，最终演变成席卷亚洲的金融危机。

政策工具：亚洲各国采取了很多措施补救金融危机的缺陷以及危机所造成的破坏。包括银行清理违约贷款，重组资本结构，强化审慎控制；企业对资产负债状况进行了重新整理，金融危机前的过度投资被逐一清理，排除过剩生产能力；国际援助与内部改革双管齐下，增加外汇流入，阻止资本流出。更为审慎的财政与货币政策占据了主导地位，泰国将离岸市场和在岸市场进行隔离，停止远期、货币互换等影响外汇头寸的交易；外汇储备日益上升，取代了以往严重依赖海外短期资金流入的局面。中国政府采取努力扩大内需、刺激经济增长的政策，保持了国内经济的健康和稳定增长。

政策效果：1999年，金融危机的影响逐渐消退。中国国内经济的健康和稳定增长，对带动亚洲经济复苏发挥了重要作用。2000年，泰国实现经常项目盈余，外汇储备上升，恢复到金融危机之前的水平。越南和菲律宾经济逐渐增长，也超过危机前的平均水平。

（四）20世纪末至21世纪初的拉美债务危机

20世纪90年代初，拉美刚刚走出长达十年的债务违约和经济停滞期时，国际债务人就向该地区投入了大量资金。由于该时期的债务采用的主要是债券形式而非银行贷款，投资者普遍认为，此时债权人数量要远大于贷款形式下银行的数量，各国在违约之前会进行更多权衡，避免出现类似 20 世纪 80 年代债务国家成功逼迫银行重组债务的情况。然而，伴随着 1994 年美联储多次加息，引发全球市场动荡，很多资金回流美国。1994 年 12 月，墨西哥新比索贬值 15%，资本大量从墨西哥金融市场撤出，爆发金融危机。随后，在 1999 年 1 月，巴西政府宣布延期还债，2001 年阿根廷爆发金融危机，2002 年乌拉圭违约。

政策工具：紧缩公共开支，减少对社会领域的投入。墨西哥提高增值税，降低短期利率，限制进口，鼓励出口。巴西减少对国有企业的投资，减少对州市政府超计划拨款，控制通货膨胀，实施严格的外汇管制。美国财政部为了维护其自身利益，承担了国际最后贷款人的角色。此外，国际货币基金组织也向墨西哥提供了贷款。

政策效果：得到国际援助后，拉美国家基本摆脱危机。货币贬值压力大大减轻，国际收支项目趋于平衡，股市开始回升，通货膨胀率逐渐回落，外贸状况好转，出口额增加。

（五）2007 年的美国次贷危机

2002 年，美国房价开始快速上涨。为应对经济放缓，美联储开始推行低利率宽松货币政策，刺激经济增长，潜在购房者获得的信贷供给上涨推动房价增速进一步加快。房价上涨推动了建筑业的繁荣，每年新屋开工量超过自然需求，需求者中包含了希望从房价的持续上涨中获得超额利润的投资者。但是信贷供给的过快增长难以持续，房地产价格相对于居民收入增长过快，信贷增长放缓时，很多借款人无法按期偿还借款，只能被迫出售房屋甚至选择贷款违约。次级抵押贷款市场动荡引发了金融危机，金融机构破产、投资基金被迫关闭、股市剧烈震荡，并席卷全球金融市场。

政策工具：为应对金融危机、重振经济，各国中央银行频繁推出"非常规货币政策"，其中主要包括降低利率、量化宽松和前瞻性指引三种类型。2007 年以来，美联储不断降低联邦基金利率，以缓解金融市场流动性短缺，欧洲央行和日本央行实施了负利率政策；在量化宽松政策方面，美联储共推行四轮量化宽松（QE）政策，购买大量抵押贷款支持证券（MBS）及机构债券；英格兰银行扩大信贷规模，扩大长期回购操作的抵押资产范围，设立银行特别流动性计划，以及全面实施"资产购买便利"（APF）；日本央行不断提高资产购买计划规模，2012 年底安倍经济学推行后，开始实施更为积极的量化宽松政策和质化宽松政策。同时，各国央行广泛采用前瞻性指引来引导市场预期。美联储的前瞻性指引方式包括发布经济目标、提出在经济情况满足特定条件之前不会调整利率、定期官员讲话、议息会议后公布经济预测数据等。英格兰央行提出阈值规则，在经济情况满足特定条件之前不会提高利率；日本央行承诺在通货紧缩消除之前或核心通货膨胀率转正之前，银行间隔夜拆借利率将继续保持在零利率水平，并保证政策会一直持续到 CPI 指数稳定在零或零以上水平之后。

政策效果：金融市场流动性短缺现象逐渐缓解，修复了金融市场运行机制，降低了企业融资成本，有效遏制了经济衰退并促进经济复苏。美国经济维持向好态势，核心通胀率自 2016 年起逐渐上升，劳动力市场有所改善。全球经济也整体复苏，2017 年，全球约有 120 个经济体增长同比加速。欧元区和日本 GDP 增长都远超潜在产出增长，失业率明显下降近 1 个百分点。

三、金融经济周期理论的核心观点——结合金融危机历史的视角

（一）危机前伴随着信贷快速扩张与资产价格泡沫

在金融周期与金融危机的国外文献中，大多数学者认为，危机前通常伴随着金融自由化期间缺乏有效监管导致的信贷扩张。Mendoza 和 Terrones（2008）发现，并非所有的信贷扩张都会导致金融危机，但是很多新兴市场发生危机前的确存在信贷扩张现象，且信贷扩张与资产价格攀升密切相关。Schularick 和 Taylor（2009）认为，信贷迅速增长是金融危机的明显征兆，暗示危机是信贷过度膨胀和政策当局忽视信用扩张的结果。Elekdag 和 Wu（2013）的实证研究也发现，危机之前常常存在着明显的信贷扩张。

信贷扩张为过度投资埋下了隐患。在理解投资时，预期的影响是一个重要的问题。由于市场主体的非理性特征，其行为存在高度的正相关性，不仅影响现时市场状态，还将对市场预期产生影响。一旦市场形成"一致性预期"，预期本身就会成为资产价格的基础，过度投资和狂热投机会相继发生，资产价格泡沫不断放大。当资产价格上涨超过了信用扩张所能支撑的范围时，市场预期将呈现极不稳定的特征，任何一个冲击都可能诱发逆向预期的形成，导致资产

价格泡沫破裂。

从危机历史中可以看出，每一轮资产价格快速上涨并出现资产价格泡沫都包含信贷过度投放的因素。20 世纪 70 年代，随着大宗商品价格快速上涨，墨西哥等发展中国家 GDP 快速增长，其政府和国有企业的巨额赤字只能依靠贷款弥补，出现了过度信贷。20 世纪 80 年代中后期，日本经历了持续的经济繁荣，其股价、房价增长了 5~6 倍，房地产信贷显著上升，更激发了资产泡沫。20 世纪 90 年代初，泰国、马来西亚、墨西哥等国家的房地产价格泡沫和股票价格泡沫则是资本流入和国内信贷过度扩张的产物。2002 年后，信贷供给扩张刺激了抵押贷款需求，导致信贷市场供不应求，次级抵押贷款迅速增长，以满足日益增长的贷款需求。同时，抵押贷款证券化大大增加了信贷资金供给，美国出现了严重的房价泡沫。图 1 是对金融危机与房价变化关系的描述，证实了金融危机前通常伴随着房价大幅上涨的观点。

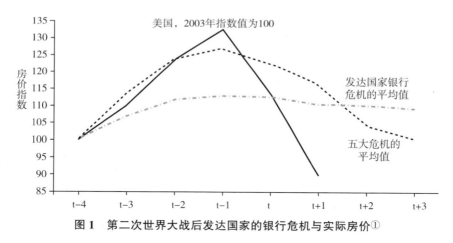

图 1　第二次世界大战后发达国家的银行危机与实际房价①

资料来源：Reinhart C., Rogoff K. This Time is Different: Eight Centuries of Financial Folly [M]. Princeton: Princeton University Press, 2009.

（二）金融摩擦、金融中介、金融冲击与金融危机的形成密切相关

回顾 20 世纪 80 年代以来的金融危机历史，不难看出，金融变量在经济周

---

①　名义房价指数使用 CPI 进行平减处理，危机发生的年份用时间 t 表示，t-4 期，即危机前发生的前 4 年，该指数为 100。不包含 2007 年次贷危机发生后 2 期以上的数据。

期中的影响越来越重要，金融摩擦、金融中介和金融冲击等因素正成为影响真实经济周期波动的重要根源。

由于信息不对称与金融市场缺陷的存在，金融市场上普遍存在逆向选择和道德风险问题，资金借贷双方之间委托—代理问题导致金融市场存在摩擦。明斯基（Minsky，1992）在对 1997 年亚洲金融危机进行反思时指出，金融摩擦引发金融危机的关键因素是资产负债表恶化，尤其是金融中介资产负债表的恶化。2007 年全球金融危机进一步表明，银行中介自身行为和金融监管缺失会对实际经济造成巨大的影响，甚至导致经济衰退。

金融冲击，是指金融中介内部受到来自微观层面的影响而内生出的自身波动性。这种波动会直接改变金融市场中的资金成本与信贷量，从而干扰整体经济运行。比如在经济繁荣时，会出现大量高盈利预期投资机会，投机者会借款投资，投资扩张带来经济增速加快，而快速的经济增长反过来会激发更加乐观的投资情绪。如果外部冲击规模足够大，将影响经济中至少某一个重要部门的盈利预期，从而改变社会整体经济前景。此时，博取短期资本利得的高杠杆借款人将面临资金链压力，甚至不得不承担投资损失，引发资产泡沫破灭，即所谓的"明斯基时刻"。

金融冲击自身会对整个经济体产生扰动，金融冲击与金融摩擦、金融中介之间还会交互作用、相互强化，最终导致经济剧烈波动。比如，当银行中介面临违约冲击时，在最低资本监管要求下，违约损失则要求银行中介进行资产负债重组或去杠杆化操作，而通过去杠杆化，银行中介则将违约风险转化为信贷冲击。进一步地，信贷冲击在金融摩擦作用下被传播、放大，引发实体经济的巨大波动，且其自身也形成金融市场的大幅波动。金融市场波动又叠加到对实体经济的冲击中，实体经济的波动又会作用于银行面临的违约冲击，从而形成经济波动的内生根源。

（三）金融危机的国际传播趋势更加明显

金融全球化使各国金融体系更加脆弱，危机的国际传播趋势更加明显。全球金融市场的整体关联度逐年上升，金融资本流动更加频繁。20 世纪 80 年代以来的金融危机都不是孤立的事件。如 20 世纪 80 年的债务危机影响到多个拉美国家，甚至是非洲国家；1997 年亚洲金融危机的影响范围从东南亚蔓延至俄罗斯、乌克兰等国家；2007 年的金融危机更是引发全球大紧缩。对于危机的国际传播，Reinhart 和 Rogoff（2009）提出了危机的两种传染途径：一种是由于一些共同的冲击因素导致危机在国家间传递，另一种是始自危机中心的跨国传染。但这两种途径，都会让一个国家的主权债务危机发生的可能性受到其他国家危机的影响，使局部的金融风险最终转化为全局性的金融风险。

四、我国经济金融周期分析及系统性风险的测算

防范和化解重大风险是全面建成小康社会的三大攻坚战之首。对系统性风险进行准确的测度和识别是解决这一问题的关键。学者们针对系统性风险的各种特质构建了多样化的测度方法，尝试预警系统性风险的触发事件，以期作为识别系统性风险的替代性指标。但是大部分系统性风险识别方法完全聚焦于金融系统，在和实体经济的联系上存在断层，而描述宏观经济状况的一些指标又忽视了系统性风险指标在其中的重要作用。基于我国目前的经济形势，即实体经济下行压力持续、金融风险不断聚集，想要切实有效地提出应对政策，守住不发生系统性风险的底线，就必须更加客观地度量我国面临的系统性风险状况，将经济金融周期性与系统性风险，以及可以有效识别金融风险对实体经济影响的信息一并纳入考虑因素，构建出和实体经济周期波动相关联的系统性金融风险测度方法。

大量宏观经济指标和金融市场指标都可以作为周期波动的度量。周期波动体现了月度、季度及年度等各种经济指标的协同性变动。在金融周期特征的研究中，想要准确地捕捉到金融周期的变化以及与金融运行的关系，把握经济运行规律，就需要尽可能全面的指标来反映金融周期的状态。虽然宏观经济中存在许多能反映经济金融周期状况的变量，但是由于统计方法和金融市场的不同，诸多的经济变量和金融变量之间的数据频率不同。例如，GDP、CPI 等宏观经济指标通常按照低频（季度、月度）来发布，而金融市场数据（利率、汇率、股价）则以高频（实时更新）出现。将这些变量同频处理会损失大量高频数据特征，显然破坏了数据信息，且 GDP 等低频数据有较严重的滞后性，高频实时数据在反映经济金融即时状况及预测方面起关键的作用，这就需要新的模型和技术来处理指标的数据特征，来满足研究经济金融周期特征的需求。

学者们在总结经济运行过程中大量典型化事实的基础上，认为周期波动应

具有协同变化的基本特征，即诸多宏观经济变量——包括月度指标、季度指标以及更低频度的经济指标等——其变化具有正向的内在关联性（Camacho and Perez-Quiros，2010）。这一基本特征是不同频度数据关联，即混频数据模型的基础。混频数据模型的出现，将低频数据的准确性与高频数据的及时性相结合，在最大程度上，无损地将原始数据及其所含有的信息加以展示和利用，使监测得以兼顾准确性与及时性，从而使所构建模型的估计结果更加可信，得到的预测结果更为精确。

处理混频数据有以下几种主流模型：一是混频数据取样（MIDAS）方法，该方法由 Ghysels 等（2003）提出，在最初被用于预测金融数据。MIDAS 回归实质上为一个紧凑参数化的简化回归形式，且包含不同频率的时间序列。对高频解释变量的反映由一个高度紧凑、简洁的分布滞后多项式来表达。二是混频向量自回归（MF-VAR）模型，该模型由 Mariano 和 Murasawa（2003，2010）提出。模型中对低频序列和高频序列的动态分析是同时进行的，使用状态空间表达式，把低频变量看成是具有"缺失值"的高频变量，之后利用卡尔曼滤波器及卡尔曼滤波对"缺失值"进行估计并生成预测值。三是将因子模型和 MIDAS 模型结合起来的混频因子模型。该方法提取出经济活动的一个不可观测的状态、创建一个新的同步指标并对经济进行预测或实时预报，详见 Stock 和 Watson（1989）、Mariano 和 Marasawa（2003，2010）、Aruoba（2009）等。

国内学者也基于混频数据对我国经济形势分析和预测进行了一些实证研究。刘汉和印重（2010）初步证实了混频数据模型在中国宏观经济应用中的可行性和有效性。刘汉和刘金全（2011）介绍了用于实时预报和预测中国季度 GDP 增长率的 MIDAS 模型，并且利用社会固定资产投资等指标的月度数据对我国宏观经济总量进行短期预测。郑挺国和王霞（2013）构建了一种混频数据区制转移动态因子模型，来识别我国 1992~2011 年的经济周期变化。尚玉皇和郑挺国（2013）基于季度 GDP 和月度经济指标等信息构建了混频动态因子的金融状况指数，且发现房地产价格、GDP 是影响金融状况的重要指标。

（一）构建动态因子混频数据模型度量系统性风险

系统性风险对经济变量的影响是全方位的，即对经济金融变量有共同的驱动作用。在动态因子模型中，通过提取不可观测的潜在公共因子，反映了各类经济金融指标的协同变化趋势，即驱动经济金融周期变化的状态变量，这一变量能够反映系统性风险的变化趋势及大小，从而成为系统性风险测度的理论基础。

1. 模型动态因子设定

本文采取 Aruoba（2009）的混频动态因子模型来研究我国系统性风险的变化。该模型认为，驱动经济金融变化的状态变量是一种较高频度变化的变量，在本文中，设定为日频变量。由于日频数据，许多变量存在缺失值，模型将滞后的状态变量也纳入考虑，假定状态变量存在变化趋势。令 x_t 表示 t 日影响经济金融周期潜在动态因子，作为度量系统性风险变化的实时指数。动态因子的演变满足 AR(p)过程为：

$$x_t = \rho_1 x_{t-1} + \rho_2 x_{t-2} + \cdots + \rho_p x_{t-p} + e_t \tag{1}$$

令 y_t^i($i = 2$，$\cdots$，N，$t = 1$，2，$\cdots$，T) 表示第 t 日第 i 个经济金融变量的观测值。由于所有的经济金融变量都是由动态因子驱动的，因此，可以建立 y_t^i 与 x_t 以及 y_t^i 滞后项的线性关系：

$$y_t^i = c_i + \beta_i x_t + \delta_{i1} \omega_t^1 + \cdots + \delta_{ik} \omega_t^k + \gamma_{i1} y_{t-D_i}^i + \cdots + \gamma_{in} y_{t-nD_i}^i + \mu_t^i \tag{2}$$

其中，e_t 和 μ_t^i 为白噪声，e_t 服从单位根过程，$\mu_t^i \sim (0, \sigma_i^{2})$。$\omega$ 是外生变量，用来描述指数的时间趋势，在简化模型中，可以忽略外生变量 ω 的影响。$y_{t-nD_i}^i$ 是 y_t^i 的滞后项，D_i 的具体大小由变量频度决定。当变量为周频观测数据时，$D_i = 7$；当变量为月频观测数据时，D_i 根据不同月份，其取值在 28~31，因此本文的模型允许 D_i 是时变的。

大部分变量的日频数据是无法观测到的，令 $\tilde{y}_t^i$ 表示相同的可观测低频变量，在任意时刻 t，如果存在变量的观测值，则 $\tilde{y}_t^i = y_t^i$，否则记为缺失变量 NA。

$$\tilde{y}_t^i = \begin{cases} y_t^i, & \text{if } y_t^i \text{ is observed} \\ NA, & \text{otherwise} \end{cases} \tag{3}$$

此外，为了简化估计过程，且各指标的一阶滞后具有较好的解释效果，将式（2）中的相关变量统一设定为 AR（1）过程。因此，包含了不同频度指标的混频估计模型如式（4）所示：

$$\begin{cases} \tilde{y}_t^{1i} = \beta_{1i}x_t + \mu_t^{1i} \\ \tilde{y}_t^{2i} = \beta_{2i}x_t + \gamma_{2i}\tilde{y}_{t-W}^{2i} + \mu_t^{2i} \\ \tilde{y}_t^{3i} = \beta_{3i}x_t + \gamma_{3i}\tilde{y}_{t-M}^{3i} + \mu_t^{3i} \\ \tilde{y}_t^{4i} = \beta_{4i}x_t + \gamma_{4i}\tilde{y}_{t-Q}^{4i} + \mu_t^{4i} \end{cases} \qquad (4)$$

上标 1、2、3、4 依次表示日、周、月、季频度指标。$\tilde{y}_{t-W}^{2i}$、$\tilde{y}_{t-M}^{3i}$、$\tilde{y}_{t-Q}^{4i}$ 分别表示对应的周、月、季滞后一期变量。

2. 状态空间表达式设定

模型用状态空间的形式表示为：

$$y_t = Z_t\alpha_t + \Gamma_t\omega_t + \varepsilon_t \qquad (5)$$

$$\alpha_{t+1} = T\alpha_t + R\eta_t \qquad (6)$$

$$\varepsilon_t \sim (0, H_t), \eta_t \sim (0, Q) \qquad (7)$$

其中，$t = 1, \cdots, T$。

在式（5）~式（7）中，y_t 表示观测变量，α_t 表示状态变量，ω_t 表示包含常数项、趋势项、滞后因变量的前定变量，ε_t 和 η_t 表示包含 u_t^i 及 e_t 的测量和转移冲击的变量，T 表示最后一次的时间序列观察。

一般来说，观测变量 y_t 将具有大量的缺失数值，这不仅反映了由于节假日而丢失的每日数据，更重要的是，大多数变量的观察频率远低于日频。但是缺失数据本身不会导致严重的问题，这是因为 y_t 变量有大量的空值，并且相应的矩阵方程组非常稀疏，但卡尔曼滤波器仍然有效。

状态空间方程组有一个细微差别：几个矩阵方程组是随时间变化的。特别地，尽管 T、R 和 Q 是常数，但由于跨越季度和月度的天数的变化（即跨越 t 的 D_i 的变化），所以 Z_t、Γ_t 和 H_t 不是常数，但卡尔曼滤波器仍然具有有效性。

对于状态空间形式的模型及给定的参数，我们使用卡尔曼滤波器来提取实际活动的最佳潜在状态信息。参考经典估计的标准，我们使用状态变量的无条件均值和协方差矩阵初始化卡尔曼滤波器，并且使用同期卡尔曼滤波器（Durbin and Koopman，2001）。

设 $Y_t \equiv \{y_1, \cdots, y_t\}$，$a_{t|t} \equiv E\{\alpha_t \mid Y_t\}$，$P_{t|t} \equiv \text{var}\{\alpha_t \mid Y_t\}$，$a_t \equiv E\{\alpha_t \mid Y_{t-1}\}$，$P_t = \text{var}\{\alpha_t \mid Y_{t-1}\}$。

卡尔曼滤波器更新和预测方程如下：

$$a_{t|t} = a_t + P_t Z_t' F_t^{-1} v_t \tag{8}$$

$$P_{t|t} = P_t - P_t Z_t' F_t^{-1} Z_t P_t' \tag{9}$$

$$a_{t+1} = T a_{t|t} \tag{10}$$

$$P_{t+1} = T P_{t+t} T' + RQR' \tag{11}$$

$$v_t = y_t - Z_t a_t - \Gamma_t \omega_t \tag{12}$$

$$F_t = Z_t P_t Z_t' + H_t \tag{13}$$

其中，t = 1，…，T。

卡尔曼滤波器对于丢失数据仍然有效。如果缺少 y_t 的所有元素，将跳过更新并且递归变为：

$$a_{t+1} = T a_t \tag{14}$$

$$P_{t+1} = T P_t T' + RQR \tag{15}$$

如果缺少 y_t 的某些而不是所有元素，我们将测量方程替换为：

$$y_t^* = Z_t^* \alpha_t + \Gamma_t^* \omega_t + \varepsilon_t^* \quad \varepsilon_t^* \sim N(0, H_t^*) \tag{16}$$

其中，y_t^* 的维数为 $N^* < N$，包含观察到的 y_t 变量的元素。关键点是 y_t^* 和 y_t 通过变换 $y_t^* = W_t y_t$ 相连接，其中 W_t 矩阵的 N^* 行对应于 y_t 的观察元素的 I_N 行。类似地，有 $Z_t^* = W_t Z_t$，$\Gamma_t^* = W_t \Gamma_t$，$\varepsilon_t^* = W_t \varepsilon_t$ 和 $H_t^* = W_t H_t W_t'$。卡尔曼滤波器同上，用 y_t^*，Z_t^* 和 H_t^* 代替 y_t，Z_t 和 H。

3. 模型估计

对混频数据动态因子模型进行估计时，需要在模型进行状态空间分析的基础上进行设计。目前我们已经假设了已知的方程参数，而它们在实证中是未知的。卡尔曼滤波器通过预测误差分解提供估计高斯伪对数似然函数所需的所有成分：

$$\log L = -\frac{1}{2} \sum_{t=1}^{T} [N \log 2\pi + (\log |F_t| + v_t' F_t^{-1} v_t)] \tag{17}$$

在计算对数似然性时，如果 y_t 的所有元素都缺失，则周期 t 对似然性的贡献为零。当获取到 y_t 的某些元素时，周期 t 的贡献为 $[N^* \log 2\pi + (\log |F_t^*| + v_t^{*'} F_t^{*-1} v_t^*)]$。其中，$N^*$ 是观测变量的数量，我们通过过滤变换的 y_t^* 方程组得到 F_t^* 和 v_t^*。

（二）变量选取和数据

从已有文献来看，国内外在测算宏观经济金融状况时，主要偏向于国债收益率期限溢价、汇率、利率等金融市场变量以及 GDP、进出口、通货膨胀率等宏观经济状态变量。这些变量构建的指标体系虽然能较好地反映经济金融运行情况，但是大多是经济金融状况的实时体现，在系统性风险度量和风险预警方面有所欠缺。作为一个重要创新，本文在借鉴了已有文献做法的基础上，设计了一个更加能反映系统性风险和经济金融周期的指标体系。我们共选取银行业、债券市场、股票市场、汇率市场、宏观数据和银行业监管数据 6 个大类、24 个小类的不同频度变量，这些变量涵盖了宏观基本面、金融市场、金融监管等多维度的宏观和微观金融信息。变量的详细说明见表 1。相比已有的研究，我们更加侧重关注与系统性风险相关的变量。如股票市场和汇率市场的波动率相关指标，其基本思想来源于 Catao 和 Sutton（2002）：若一国的经济和金融市场波动严重，表明其经济不稳定性较高，因此危机发生的可能性也更高。又如银行业监管类数据，包含流动性覆盖率、资本充足率、不良贷款率等指标，能较好地覆盖市场上微观主体经营状况，而微观主体经营的恶化往往是系统性风险的导火索，易形成传染效应。因此，这些指标在度量系统性风险中有重要影响。

表 1 变量说明

指标	变量名称	频度	可得样本区间	数据来源	说明
银行业数据					
金融机构人民币贷款平均利率	Banking – Average-LoanRate	季度	2008 年第三季度至 2018 年第一季度	中国人民银行	—
金融机构人民币贷款加权平均利率：个人住房贷款	Banking – Average-LoanRate：Housing mortgage loan	季度	2002 年第一季度至 2018 年第二季度	中国人民银行	—
净息差	Banking-NIM	季度	2003 年 1 月至 2018 年 6 月	上市银行	上市银行净息差数据，以总资产加权平均

续表

指标	变量名称	频度	可得样本区间	数据来源	说明
债券市场					
主权利差	Bond－Soverign-Spread	日度	2003 年 1 月至 2018 年 6 月	中债登 美联储	十年期国债减十年期美债 月平均值
期限利差	Bond－TermSpead	日度	2003 年 1 月至 2018 年 6 月	中债登	十年期国债减 3 个月国债 月平均值
信用利差	Bond－CreditSpread	日度	2006 年 3 月至 2018 年 6 月	中债登	AAA 企业债减 AA－企业债 月平均值
TED 利差	Bond－TED	日度	2006 年 10 月至 2018 年 6 月	中债登 外汇交易中心	3 个月 Shibor 利率减 3 个月国债 月平均值
5 年期国债 CDS	Bond－CDS	日度	2008 年 1 月至 2018 年 6 月	路透	—
Shibor3 个月利率	Banking－Shibor3M	日度	2003 年 1 月至 2018 年 6 月	外汇交易中心	月平均值
房地产市场					
房地产景气指数	Housing－ClimateIndex	月度	2003 年 1 月至 2018 年 6 月	国家统计局	—
房地产价格同比变化	Housing－PriceYoY	月度	2003 年 1 月至 2018 年 6 月	国家统计局	基于房地产销售额除以房地产销售面积 每年 1 月数据缺失
股票市场					
A 股回报率	Stock－MktReturn	周度	2003 年 1 月至 2018 年 6 月	Wind 数据库	万得全 A 指数周回报率
A 股波动性	Stock－MktVol	月度	2003 年 1 月至 2018 年 6 月	Wind 数据库 笔者计算	基于万得全 A 指数每日回报率计算
交易量占总市值之比	Stock－TradeRatio	月度	2003 年 1 月至 2018 年 6 月	Wind 数据库	万得全 A 指数交易量/全 A 指数总市值

指标	变量名称	频度	可得样本区间	数据来源	说明
汇率市场					
人民币名义有效汇率	FX-NEER	周度	2003 年 1 月至 2018 年 6 月	国际清算银行	—
名义有效汇率波动率	FX-NEERVol	月度	2003 年 1 月至 2018 年 6 月	国际清算银行笔者计算	基于国际清算银行的每日有效汇率计算
宏观数据					
实际 GDP 同比增速	Macro - RealGDP-Growth	季度	2003 年第一季度至 2018 年第二季度	国家统计局	—
通胀率	Macro-Inflation	月度	2003 年 1 月至 2018 年 6 月	国家统计局	—
调整后社会融资量占名义 GDP 之比	Macto-TSFtoGDP	季度	2003 年 1 月至 2018 年 6 月	国家统计局中国人民银行	调整后社会融资量 = 社会融资量-企业股票融资量+政府净融资量（政府债券余额-财政存款余额）
银行业监管数据					
杠杆率	Sup-LeverageRatio	季度	2015 年第一季度至 2018 年第一季度	上市银行	上市银行杠杆率数据，以总资产加权平均
流动性覆盖率	Sup-LCR	季度	2015 年第一季度至 2018 年第一季度	上市银行	上市银行流动性覆盖率数据，以总资产加权平均
资本充足率	Sup-CAR	季度	2003 年第四季度至 2018 年第一季度	上市银行	上市银行资本充足率数据，以总资产加权平均
不良贷款率	Sup-BadLoanRatio	季度	2003 年第一季度至 2018 年第一季度	银监会	—
拨备覆盖率	Sup-ProvisionCov	季度	2003 年第一季度至 2018 年第一季度	银监会	—

由于各变量的可得数据样本区间不同，且缺失变量过多时，动态因子的估计偏误可能较大，最终选定用于提取动态因子，即计算系统性风险度量指标的样本区间选定为 2007 年 8 月 1 日至 2018 年 7 月 1 日，共 3988 日。

（三）模型估计结果与结论

为简化模型估计过程，我们首先采取因子分析法，对同频数据提取动态因子，形成日、周、月、季四个频度的系统性风险度量因子，并记为 $\tilde{y}_t^{1i}$、$\tilde{y}_t^{2i}$、$\tilde{y}_t^{3i}$ 和 $\tilde{y}_t^{4i}$。混频数据动态因子的测量公式可写为：

$$
\underbrace{\begin{bmatrix} \tilde{y}_t^1 \\ \tilde{y}_t^2 \\ \tilde{y}_t^3 \\ \tilde{y}_t^4 \end{bmatrix}}_{y_t} = \underbrace{\begin{bmatrix} \beta_1 & \beta_2 & \beta_3 & \beta_4 \\ 0 & 0 & 0 & 0 \\ \vdots & \vdots & \vdots & \vdots \\ 1 & 0 & 0 & 0 \end{bmatrix}'}_{Z_t} \underbrace{\begin{bmatrix} x_t \\ x_{t-1} \\ \vdots \\ x_{t-Q} \\ \mu_t^1 \end{bmatrix}}_{\alpha_t} + \underbrace{\begin{bmatrix} 0 & 0 & 0 \\ \gamma_1 & 0 & 0 \\ 0 & \gamma_2 & 0 \\ 0 & 0 & \gamma_3 \end{bmatrix}}_{\Gamma_t} \underbrace{\begin{bmatrix} \tilde{y}_{t-W}^2 \\ \tilde{y}_{t-M}^3 \\ \tilde{y}_{t-Q}^4 \end{bmatrix}}_{\omega_t} + \underbrace{\begin{bmatrix} 0 \\ \mu_t^2 \\ \mu_t^3 \\ \mu_t^4 \end{bmatrix}}_{\varepsilon_t} \quad (18)
$$

虽然构建的动态因子以日频为基准，但是由于存在季度指标，最大间隔包含 92 个日频数据的缺失值，因此，状态向量需要包含 92 个动态因子。可以确定状态向量的具体形式，y_t 为 4×1 状态向量，α_t 为 93×1 状态向量，ω_t 为 3×1 前定变量向量。另外，加入 μ_t^1 反映了状态更新中的 AR（1）过程，以取代时间趋势外生变量 ω。反映动态因子 x_t 变化的转移方程可写为：

$$
\underbrace{\begin{bmatrix} x_{t+1} \\ x_t \\ \vdots \\ x_{t-Q} \\ x_{t-Q+1} \\ \mu_{t+1}^1 \end{bmatrix}}_{y_t} = \underbrace{\begin{bmatrix} \rho & 0 & \cdots & 0 & 0 & 0 \\ 1 & 0 & \cdots & 0 & 0 & 0 \\ 0 & 1 & \cdots & 0 & 0 & 0 \\ 0 & 0 & \cdots & 0 & 0 & 0 \\ \vdots & \vdots & & \ddots & \vdots & \vdots \\ 0 & 0 & \cdots & 0 & 0 & 0 \\ 0 & 0 & \cdots & 1 & 0 & 0 \\ 0 & 0 & \cdots & 0 & 0 & \gamma_1 \end{bmatrix}}_{T} \underbrace{\begin{bmatrix} x_t \\ x_{t-1} \\ \vdots \\ x_{t-Q-1} \\ x_{t-Q} \\ \mu_t^1 \end{bmatrix}}_{\alpha_t} + \underbrace{\begin{bmatrix} 1 & 0 \\ 0 & 0 \\ \vdots & \vdots \\ 0 & 0 \\ 0 & 0 \\ 0 & 1 \end{bmatrix}}_{R} \underbrace{\begin{bmatrix} e_t \\ \zeta_t \end{bmatrix}}_{\eta_t} \quad (19)
$$

其中，$\begin{bmatrix} \varepsilon_t \\ \eta_t \end{bmatrix} \sim N\left(\begin{bmatrix} 0_{4\times1} \\ 0_{2\times1} \end{bmatrix}, \begin{bmatrix} H_t & 0 \\ 0 & Q_t \end{bmatrix} \right),\ H_t = \begin{bmatrix} 0 & 0 & 0 & 0 \\ 0 & \sigma_{2t}^2 & 0 & 0 \\ 0 & 0 & \sigma_{3t}^2 & 0 \\ 0 & 0 & 0 & \sigma_{4t}^2 \end{bmatrix},\ Q_t = \begin{bmatrix} 1 & 0 \\ 0 & \sigma_{1t}^2 \end{bmatrix}$

在样本区间 2007 年 8 月 1 日至 2018 年 7 月 1 日，一共有 3988 个日度的观测值，93 个状态变量的向量和 13 个待估参数。将日、周、月、季度混频数据导入 Winrats 软件，得到混频数据动态因子模型的估计结果。反映系统性风险的实时指数为日频数据，因此，共得到 3988 个系统性风险指数估计值的时间序列，与样本区间一致（见图 2）。

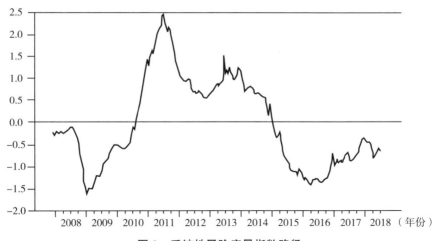

图 2　系统性风险度量指数路径

从图 2 反映的系统性风险度量指数时间序列来看，系统性风险主要围绕 0 值上下方波动。系统性风险的高低与指数呈反比关系。当系统性风险指数小于零时，表明经济形势状态较差，系统性风险较高；当系统性风险指数大于零时，表明经济处于扩张状态，系统性风险较小。

2007 年 9 月至 2008 年 12 月，由于全球金融危机的冲击，系统性风险度量指数从 0 附近迅速下降至 -1.5 左右，表明我国经济受到较大影响，系统性风险迅速上升。此后，中国实行四万亿的投资计划，货币供应量增加幅度较大，银行信贷投放规模扩张，实现了宏观经济的快速复苏，系统性风险明显降低。但 2012 年以后，我国宏观经济进入新常态，我国宏观杠杆率（主要是非金融企业部门杠杆率）迅速上升，债务负担过早地挖掘了未来经济发展的潜力，蕴藏了大量金融风险，随后金融市场出现债务违约等现象，金融风险增加。尤其是 2015 年中期，上海和深圳股票市场波动幅度明显加大，资产收益率出现大幅下跌，外汇市场的大幅波动进一步加剧了整体金融风险，系统性风险度量指数总是在负值区域徘徊，宏观经济也处在下行区间。2016 年起，在深化供给侧结构改革、平稳去杠杆、稳增长的政策导向下，经济增长活力复苏，系统性风险度量指数也逐渐回升，系统性风险得到缓和。但 2018 年起，伴随着中美贸易摩擦升级、美联储加息、股票和汇率市场波动等，系统性风险又有小幅上升。目前的系统性风险度量指数仍在 0 以下，表明宏观经济形势仍存在下行压力，需密切关注系统性风险。

通过以上分析可以看出，系统性风险度量指数的波动路径特征与我国宏观经济实际运行情况总体相符，表明该系统性风险度量指数是客观的。但是，该指数对系统性风险的预警有效性究竟如何，需要对指数的时效性进一步分析。

五、系统性风险度量指标的预警行为分析

（一）系统性度量指标与 GDP 和景气指数的对比分析

首先，对系统性风险度量指标与 GDP 季度同比增长率进行对比（见图 3）。可以发现，第一，由于 GDP 季度同比增长率的频度为季度，每季度仅有一个指标，而系统性风险度量指数的每季度指标值达 90 多个，后者相较前者的时效性优势是较为明显的；第二，GDP 同比增长率指标的波动幅度很小，而系统性风险度量指标的波动幅度较大，因此可以更加精确地反映出我国宏观经济状态的走势改变，对于宏观经济决策有更准确有效的参考价值，具有更强的时效性。

其次，对系统性风险度量指标与景气指数进行对比（见图 4）。景气指数是国家统计局公布的中国宏观状况景气一致指数（Economy Booming Index，EBI）。该景气指数为月度数据。可以看出，系统性风险度量指标的时效性优势较为明显，表现为在风险放大期间，即系统性风险度量指标下降期间，该指

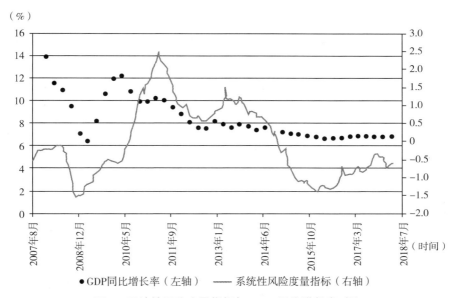

图3　系统性风险度量指标与 GDP 同比增长率对比

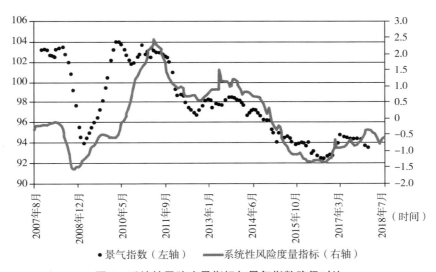

图4　系统性风险度量指标与景气指数路径对比

标较景气指数整体上略微偏左，能较景气指数提前反映出系统性风险增加的趋
势变化；而在风险减小期间，即系统性风险度量指标上升期间，较景气指数变

化晚。表明我们得到的系统性风险度量指标能更早反映经济金融形势恶化，是一个较好的预警指标，且相对于景气指数来说，系统性风险度量指标更加具有谨慎性和稳健性。

（二）相关性分析与格兰杰因果关系检验

简单的图示对比初步揭示了系统性风险度量指标的预警能力，接下来，本文采用量化分析方法对系统性风险度量指标的预警能力做进一步检验，主要涉及相关分析法和格兰杰因果关系法。由于系统性风险度量指标是日频变量，在对景气指数进行分析时，需要转化成月度频率。这里采取简单的算数平均值法计算月度系统性风险度量指标。

首先，对系统性风险度量指标和景气指数的相关性进行考察。为了识别不同经济金融形势的差异性，这里除了对全样本进行分析以外，还将样本划分为经济恶化和经济好转两种情形。经济恶化样本区间是指系统性风险度量指标下降，即系统性风险上升的期间。主要包含三段：一是 2008 年 1 月至 2009 年 2 月；二是 2011 年 5 月至 2012 年 6 月；三是 2013 年 7 月至 2016 年 7 月。其他时间属于经济好转区间。表 2 的计算结果显示，系统性风险度量指标和景气指数呈显著的正相关，从而表明系统性风险度量指标能较好地描述经济金融状况。且无论是 Pearson 相关系数，还是秩相关系数，在经济恶化形势下，系统性风险度量指标和景气指数的关联性都更强，这表明，宏观经济处于下行区间或衰退周期时，系统性风险度量指标与经济金融状况的关联更加密切，从而有利于风险的预警和防范。

表 2　系统性风险度量与景气指数的相关性检验

	Pearson 相关系数	秩相关系数
全样本	0.5715***	0.6365***
经济好转	0.5205***	0.6550***
经济恶化	0.7210***	0.7507***

注：*** 表示在 1% 的显著性水平下拒绝原假设。

其次，对系统性风险度量指标和景气指数的因果关系进行讨论。表 3 报告了两者的格兰杰因果关系检验结果。可以看出，在 1% 的显著性水平下，认为系统性风险度量指标是景气指数的格兰杰原因，但是不能拒绝景气指数是系统性风险度量指标的格兰杰原因。这表明系统性风险度量指标是景气指数的领先因子，更加具有前瞻性，可以对经济金融状况发挥预测作用。特别是，我们已经验证在经济形势恶化期间，两者的相关性更强，进一步表明系统性风险度量指标的风险预警作用机制。

表 3   系统性风险度量与景气指数的格兰杰原因关系检验

滞后阶数	原假设	F 统计量	P 值
2	系统性风险度量指标不是景气指数的格兰杰原因	9.6503 ***	0.0001
	景气指数不是系统性风险度量指标的格兰杰原因	0.6004	0.5503
3	系统性风险度量指标不是景气指数的格兰杰原因	6.6870 ***	0.0003
	景气指数不是系统性风险度量指标的格兰杰原因	0.2146	0.8861
4	系统性风险度量指标不是景气指数的格兰杰原因	4.8238 ***	0.0013
	景气指数不是系统性风险度量指标的格兰杰原因	0.7465	0.5624
5	系统性风险度量指标不是景气指数的格兰杰原因	3.8946 ***	0.0028
	景气指数不是系统性风险度量指标的格兰杰原因	0.6512	0.6612

注：*** 表示在 1% 的显著性水平下拒绝原假设。

（三）基于系统性风险度量指标对实体经济的预测

1. 条件分位数回归模型

基于条件分位数回归的预测能够检验系统性风险度量指标是否具有预测宏观经济冲击的能力。一般情况下，系统性风险很高时往往带给实体经济较大的冲击，但系统性风险较小时对宏观经济却影响甚微，因此采用分位数回归，即对回归方程中不同的离差赋予不同权重，可以更好地评估系统性风险和宏观经济之间存在的不对称非线性关系。此外，采用样本外预测的方法，即 t+1 期的宏观经济变量将基于 t 以前的信息预测，从而评估系统性风险度量指标对未来经济冲击分布的预测能力。参考何青等（2018）的研究方法，设定如下回归方程：

$$Q_\tau(y_{t+1} \mid \mathcal{I}_t) = \beta_{\tau,0} + \beta'_\tau x_t \tag{20}$$

其中，y 是宏观经济冲击；x 是系统性风险度量指标；$\mathcal{I}_t$ 代表 t 时刻已知的信息，在 t 时刻，仅根据已知信息来预测 t+1 时刻的宏观经济冲击；τ 为分位数。分位数回归要求回归系数 β 使得最小绝对差值的加权值最小，即：

$$\min\left[\sum_{y_{t+1}\geqslant\beta_{\tau,0}+\beta'_{\tau}x_t}\tau\,|\,y_{t+1}-\beta_{\tau,0}-\beta'_{\tau}x_t\,|+\sum_{y_{t+1}<\beta_{\tau,0}+\beta'_{\tau}x_t}(1-\tau)\,|\,y_{t+1}-\beta_{\tau,0}-\beta'_{\tau}x_t\,|\right]\quad(21)$$

预测的准确性判断标准是：条件分位数回归是否比无条件分位数回归更准确地预测宏观经济冲击的分布情况。可以用分位数回归的拟合优度 R^2 来表示：

$$R^2=1-\frac{\sum_t[\rho_\tau(y_{t+1}-\beta_{\tau,0}-\beta'_\tau x_t)]}{\sum_t[\rho_\tau(y_{t+1}-q_\tau)]}\quad(22)$$

其中，ρ_τ 为分位数 τ 的损失函数：

$$\rho_\tau(x)=\begin{cases}\tau & x<0\\1-\tau & x\geqslant0\end{cases}\quad(23)$$

其中，q_τ 为被解释变量 y_{t+1} 的 τ 分位数，$y_{t+1}-q_\tau$ 也即宏观经济自身历史数据提供的分位数分布信息。当基于系统性风险度量指标 x_t 的预测效果好于无条件分位数回归时，拟合优度 R^2 为正。

与普通的最小二乘估计相比，这种估计更多关注了偏离均值的观测值。参数 $\beta_{\tau,0}$、β_τ 的估计值会随着分位数 τ 的变化而改变，为不同的偏离方向设定的权重不同，可以得到关于目标变量分布更全面的信息。本文的模型设定中，分位数 τ 的取值分别为 0.25、0.5 和 0.75。当 τ 取值为 0.25 时，从式（21）可以看出，我们在宏观经济冲击变量 y_{t+1} 较低的时候，赋予了较大的权重，因此回归方程更能反映出经济形势较差时，系统性风险度量指标对实体经济的预测。反之，τ 取值为 0.75，则更能反映出经济形势较好时，系统性风险度量指标的预测。τ 取值为 0.5 时则反映了经济形势位于中位数时的情形。

2. 数据选择与处理

选择工业增加值的实际增速作为代表宏观经济冲击的变量。实际增速为名义同比增速减去当月的同比 CPI。样本区间与前文一致，即 2007 年 8 月到 2018 年 6 月的月度数据。工业增加值的实际增速受春节因素影响较大，春节所在月份的工业增加值较其他月份会有明显减小。在连续两年的春节月份不同时，1 月和 2 月的同比增速数据有较大偏误。这里对 1 月和 2 月的同比数据进行几何平均处理。

3. 回归结果

表 4 分位数值分别为 25、50 和 75 时的回归结果。可以看出，首先，系统性风险度量指标的回归系数为正，且在 25 分位数和 50 分位数下，回归系数在 1%的显著性水平下显著，在 75 分位数下，回归系数在 10%的显著性水平下显著，表明了系统性风险度量指标对实体经济冲击有较强的解释能力；其次，每个系统性风险度量指标的样本外预测拟合优度均为正，这说明我们构造的系统性风险度量指标对实体经济冲击分布的刻画可以提供比宏观经济自身历史数据更为丰富的信息；最后，在 25 分位数回归中的拟合优度大于中位数回归的拟合优度，但两者数值相差不大；而中位数回归的拟合优度大幅超过了 75 分位数回归的结果。这一趋势说明系统性风险度量指标对宏观经济冲击的下尾分布预测能力最好，中间趋势预测能力次之，上尾分布预测能力最弱，进一步验证了前文系统性风险度量指标在经济形势较差时有较好的预警能力观点，也验证了系统性金融风险与宏观经济之间非对称的关系。

表 4   系统性风险与实体经济的分位数回归

	25 分位数	50 分位数	75 分位数
系统性风险度量指标	1.7710***	1.9899***	1.0181*
	(0.1515)	(0.1735)	(0.6066)
Cons	7.6120***	8.4408***	11.8700***
	(0.1362)	(0.2353)	(1.1279)
Pseudo R^2	0.2741	0.2250	0.0308

注：*、***分别表示在 10%与 1%的显著性水平下拒绝原假设。

图 5 展示了使用系统性风险度量指标样本外预测与实际宏观经济冲击，即工业增加值增速的拟合情况。这里需要采用递归的样本外预测来进行分位数回归，即 t+1 期的被解释变量是由 1 到 t 期的解释变量估计出来的，期限每增加 1，可用于回归的样本就增加一组，以此类推到最后一期。我们预留了前 50 期的样本用于回归，因此最早的预测从 2011 年 10 月开始。图 5 中，实线表示真实的宏观经济冲击，即工业增加值实际增长率；虚线是系统性风险度量指标的样本外预测值。在预测初期，由于回归样本较少，样本外预测值与实际冲击的

差异较大，但是随着可用于回归的样本区间加长，预测结果也越来越精确。但仍然可以明显看出，系统性风险度量指标准确地预测了 2012~2015 年我国经济的下行趋势，且在 2015 年股灾爆发期间达到最低点，与我国实体经济实际状况的变动趋势相吻合。

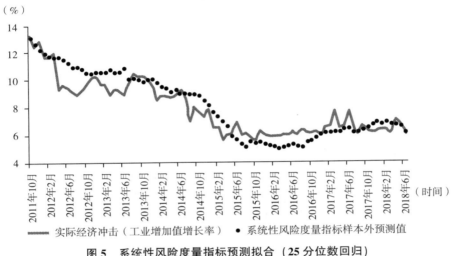

（%）

（时间）

—— 实际经济冲击（工业增加值增长率） ● 系统性风险度量指标样本外预测值

图 5　系统性风险度量指标预测拟合（25 分位数回归）

六、结论和政策建议

本文以金融周期理论为基础，以危机发生历史为视角，对金融危机形成机制进行了分析，认为近 40 年来，世界经济周期波动中最显著的特征，在于金融因素对实体经济的影响程度日益增强，且金融与经济之间存在顺周期性交互影响。结合经济金融周期理论和真实危机历史，我们提出：信贷快速扩张、资产价格泡沫、过度负债、传染性等金融因素是影响实体经济周期波动、引发各国金融危机和经济危机的重要根源。

守住不发生系统性风险的底线是我国当前所面临的一项重要的金融工作。对系统性风险的测度等风险预警应用研究尤为必要。为了准确把握我国金融周期的变化、对我国系统性风险进行合理估计，我们设计了一个全面反映系统性风险的指标体系，包含银行业、债券市场、股票市场、汇率市场、宏观数据和银行业监管数据，并通过混频数据动态因子模型提取出系统性风险度量指标。该指标与实体经济状况的一致性较高，指标的当前水平表明：我国当前仍面临较高的系统性风险。与实体经济冲击的分位数回归验证了该指标对实体经济冲击有较高的预测能力，且在经济下行，即系统性风险放大期间的预警效果更好。

随着金融业的不断发展，金融因素将在经济周期中起到越来越重要的作用，金融周期波动对经济增长的影响也将逐渐增大，在打好防范系统性重大风险攻坚战的政策响应中，需重视金融周期影响，尤其是金融周期与经济周期叠加的风险。结合我国的具体情况，提出以下几点启示和建议：

一是宏观经济基本面的稳定健康是不发生危机的根本保障。应对危机根本上需要练好稳定经济增长的"内功"，发展好国内经济，从而使杠杆率的分母增速快于分子增速，逐渐降低杠杆率。金融机构应将金融服务供给与实体经济有效需求对接，将推动经济结构调整与自身发展转型有机结合，根据经济结构优化升级进程推进业务结构和经营模式转型，提高资金配置效率，优化资金投向，拓展金融服务覆盖面，有效增强我国经济抵御危机的能力。

二是做好指标的预警并充分发挥前瞻性指引作用。危机的发生，除实体经济因素外，市场波动也是重要的驱动因素。Aghion 等（1999）指出，由于预期不同，同一经济基本面上可以有多个不同的、好和不好的均衡点。通过金融放大器效应，一个悲观的、恐慌的预期完全可以自我实现。前瞻性指引对于各国稳定金融市场、有效引导市场预期发挥了重要作用。对我国而言，应不断加强中央银行沟通和预期管理，增加中央银行信息披露的频率，提高信息明确性和准确性，通过多种渠道表达中央银行对经济金融的判断和政策意图，并推动该工作的常规化和制度化。切实增加政策透明度与可信性，在此基础上有效管理和监测市场风险，利用市场自身的风险化解功能，维护国家经济金融安全。

三是进一步完善健全货币政策和宏观审慎政策双支柱调控框架，深化利率和汇率市场化改革，引导提升金融业全面风险管理能力。研究表明，宏观审慎政策和工具能有效提高国内金融体系稳定性，要在借鉴国际先进做法的基础上结合我国实际，建立适合我国国情的微观审慎与宏观审慎有机结合的逆周期调节政策框架，抑制市场主体的顺周期性、恐慌性、集中性的资产负债调整行为，有针对性地开发设计逆周期调控工具，防范危机的发生，不断提高风险管理水平，促进经济平稳增长。

四是健全多层次资本市场体系，扩展市场主体融资渠道。金融加速器效应是金融周期作用于实体经济的核心机制，主要通过信贷渠道发挥作用。因此，应提高直接融资比重，健全多层次资本市场体系，使市场在资源配置中起决定性作用，不仅有利于发挥资本市场引导创新创业的功能优势和机制优势，激发各类经济主体的创新活力，促进经济结构转型升级，也能够降低实体经济对信贷资源的依赖，以弱化其顺周期性，促进金融更好地服务实体经济。

参考文献

[1] Aghion P., Banerjee A., Piketty T. Dualism and Macroeconomic Volatility [J]. The Quarterly Journal of Economics, 1999, 114 (4): 1359-1397.

[2] Allen L., Bali T. G., Tang Y. Does Systemic Risk in the Financial Sector Predict Future Economic Downturns? [J]. The Review of Financial Studies, 2012, 25 (10): 3000-3036.

[3] Aruoba S. B., Diebold F. X., Chiara Scotti. Real-Time Measurement of Business Conditions [J]. Journal of Business and Economic Statistics, 2009, 27 (4): 417-427.

[4] Bernanke B., Gertler M., Gilchris S. The Financial Accelerator and the Flight to Quality [J]. Review of Economics and Statistics, 1996, 78 (1): 1-15.

[5] Bernanke B., Gertler M., Gilchrist S. The Financial Accelerator in a Quantitative Business Cycle Framework [A] //Taylor J., Woodford, et al. Handbook of Macroeconomics [J]. Amsterdam, Elsevier, 1999 (1): 1341-1393.

[6] Bernanke B., Gertler M. Agency Costs, Net Worth, and Business Fluctuations [J]. American Economic Review, 1989, 79 (1): 14-31.

[7] Billio M., Getmansky M., Lo A. W., et al. Econometric Measures of Connectedness and Systemic Risk in the Finance and Insurance Sectors [J]. Journal of Financial Economics, 2012, 104 (3): 535-559.

[8] Camacho M., Perez-Quiros G. Introducing the Euro-sting: Short-term Indicator of Euro Area Growth [J]. Journal of Applied Econometrics, 2010, 25 (4): 663-694.

[9] Catao L., Sutton B. Sovereign Defaults: The Role of Volatility [R]. IMF Working Paper, 2002.

[10] Durbin J., Koopman S. J. An Efficient and Simple Simulation Smoother for State Space

Time Series analysis [J]. Computing in Economics and Finance, 2001.

[11] Elekdag S., Wu Y. Rapid Credit Growth in Emerging Markets: Boon or Boom-Bust? [J]. Emerging Markets Finance and Trade, 2013, 49 (5): 45-62.

[12] European Central Bank, Financial Networks and Financial Stability [R]. Financial Stability Review, 2010.

[13] Fisher I. The Debt-Deflation Theory of Great Depressions [J]. Econometrica: Journal of the Econometic Societis, 1933, 1 (4): 337-357.

[14] FSB, IMF, BIS. Macroprudential Policy Tools and Frameworks [R]. Progress Report to G20, 2011.

[15] FSB. Guidance to Assess the Systemic Importance of Financial Institutions, Markets and Instruments: Initial Considerations [R]. Report to G20 Finance Ministers and Governors, 2009.

[16] Gertler M., Karadi P. A Model of Unconventional Monetary Policy [J]. Journal of Monetary Economics, 2011 (58): 17-34.

[17] Gertler M., Kiyotaki N. Financial Intermediation and Credit Policy in Business Cycle Analysis [M]. Handbook of Monetary Economics, Elserier, 2010: 547-599.

[18] Ghysels E., Santa-Clara P., Valkanov R. The MIDAS Touch: Mixed Data Sampling Regression Models [R]. Working Paper, 2004.

[19] Giglio S., Kelly B., Pruitt S. Systemic Risk and the Macroeconomy: An Empirical Evaluation [J]. Journal of the Finconcial Economics, 2016, 119 (3): 457-471.

[20] Hart O., Zingales L. A New Capital Regulation for Large Financial Institutions [J]. Americal Law and Economics Review, 2011, 13 (2): 453-490.

[21] Kiyotaki N., Moore J. Credit Cycles [J]. Journal of Political Economy, 1997, 105 (2): 211-248.

[22] Mariano R. S., Murasawa Y. A Coincident Index, Common Factors, and Monthly Real GDP [J]. Oxford Bulletin of Economics and Statistics, 2010, 72 (1): 27-46.

[23] Mariano R. S., Murasawa Y. A New Coincident Index of Business Cycles Based on Monthly and Quarterly Series [J]. Journal of Applied Econometrics, 2003, 18 (4): 427-443.

[24] Mendoza E. G., Terrones M. E. An Anatomy of Credit Booms: Evidence from Macro Aggregates and Micro Data [J]. International Finance Discussion Papers, 2008, 8 (226): 1-50.

[25] Minsky H. P. The Financial Instability Hypothesis [C]. The Jerome Levy Economics Institute, 1992: 74.

［26］Reinhart C., Rogoff K. This Time is Different: Eight Centuries of Financial Folly ［M］. Princeton: Princeton University Press, 2009.

［27］Schularick M., Taylor M. Credit Booms Gone Bust: Monetary Policy, Leverage Cycles and Financial Crises, 1870-2008 ［J］. CEPR Discussion Paper, 2009, 102 (2): 1029-1061.

［28］Stock J. H., Watson M. W. New Indexes of Coincident and Leading Economic Indicators ［J］. NBER Macroeconomics Annual, 1989, 4 (4): 351-394.

［29］陈雨露，马勇，阮卓阳. 金融周期和金融波动如何影响经济增长与金融稳定？［J］. 金融研究，2016 (2): 1-22.

［30］陈雨露，马勇. 泡沫、实体经济与金融危机——一个周期分析框架 ［J］. 金融监管研究，2012 (1): 1-19.

［31］范小云，袁梦怡，肖立晟. 理解中国的金融周期：理论、测算与分析 ［J］. 国际金融研究，2017, 357 (1): 28-38.

［32］何青，钱宗鑫，刘伟. 中国系统性金融风险的度量——基于实体经济的视角 ［J］. 金融研究，2018 (4): 53-70.

［33］刘汉，刘金全. 中国宏观经济总量的实时预报与短期预测——基于混频数据预测模型的实证研究 ［J］. 经济研究，2011 (3): 4-17.

［34］刘汉，印重. 中国宏观经济混频数据模型应用——基于 MIDAS 模型的实证研究 ［J］. 经济科学，2010, 32 (5): 23-34.

［35］马勇，张靖岚，陈雨露. 金融周期与货币政策 ［J］. 金融研究，2017 (3): 33-53.

［36］尚玉皇，郑挺国. 中国金融形势指数混频测度及其预警行为研究 ［J］. 金融研究，2018 (3): 21-35.

［37］王永钦，高鑫，袁志刚等. 金融发展、资产泡沫与实体经济：一个文献综述 ［J］. 金融研究，2016 (5): 191-206.

［38］郑挺国，尚玉皇. 基于金融指标对中国 GDP 的混频预测分析 ［J］. 金融研究，2013 (9): 16-29.

［39］郑挺国，王霞. 中国经济周期的混频数据测度及实时分析 ［J］. 经济研究，2013 (6): 43-50.

［40］周炎，陈昆亭. 金融经济周期理论研究动态 ［J］. 经济学动态，2014 (7): 128-138.

基于机制设计理论的全口径跨境融资宏观审慎政策研究

江娟等[*]

党的十九大报告指出要"健全货币政策和宏观审慎政策双支柱调控框架",在货币政策之外建立宏观审慎政策框架,防范系统性金融风险。目前国内对于该政策的理论研究较少,尚无理论和实证模型论证宏观审慎管理的政策调节机制和实施效果。本文梳理了宏观审慎政策理论沿革和我国近年宏观审慎政策改革的历史。通过构建基于机制设计理论的委托代理模型和基于实证的VAR模型,从跨境融资宏观审慎管理政策的调节机制入手,分析政策调节机制和传导路径,为央行跨境融资宏观审慎政策改革和实践提供理论论证和政策建议。

一、文献综述和国际经验

(一) 宏观审慎政策

1. 宏观审慎政策发展历史

"宏观审慎"一词最早出现在 20 世纪 70 年代末库克委员会(Cooke Committee, 巴塞尔委员会的前身) 的会议纪要中。2000 年初, 时任国际清算银行总经理的 Crockett 在演讲中定义了 "宏观审慎" 的概念。2009 年 6 月, 国际清算银行发布年报, 呼吁各国及国际组织实行宏观审慎政策, 减轻经济体系的

---

　* 江娟:中国人民银行营业管理部外汇检查处处长。参与执笔人:方晨曦、梁少锋、李峥、吕晶、李晓闻。其中,方晨曦、梁少锋、李峥、吕晶供职于中国人民银行营业管理部外汇检查处;李晓闻供职于中国人民银行营业管理部货币信贷管理处。

亲周期性特征造成的负面影响。美国、欧盟等国家和地区也宣布成立类似组织负责本国和地区的宏观审慎监管。2008 年国际金融危机后，我国也宣布启动宏观审慎监管。

2. 宏观审慎文献综述

国内外学者对宏观审慎的概念进行了较多探讨。

Crockett（2000）指出，宏观审慎性监管着眼于金融体系整体，目标是限制金融危机的成本。White（2004）将宏观审慎管理的内涵分为狭义和广义两个层次，狭义的宏观审慎管理特指宏观审慎监管，广义的宏观审慎管理则是指包括宏观审慎监管、货币政策和财政政策统一协调的整体框架。

Kashyap 和 Stein（2004）认为宏观调控的最佳方案是建立逆周期资本缓冲。Herring 和 Carmassi（2010）从宏观审慎管理角度研究了联合金融监管在加强金融系统稳定性方面的效果，提出了管理机构之间需要相互协调。李文泓（2009）认为，实施宏观审慎监管的重要任务是要针对金融体系的顺周期性，并引入逆周期政策工具，在金融体系中建立适当的逆周期机制，最终实现维护金融稳定的目标。

3. 货币政策、微观审慎政策及宏观审慎政策

传统上，各国央行使用货币政策来应对经济的周期性波动。从政策功能看，货币政策主要是通过各种货币政策工具调节宏观经济运行；从目标看，货币政策的主要目标是物价稳定和经济增长。传统的货币政策框架并未把资产价格稳定考虑在内，但实际上，资产价格的大幅波动也将影响经济增长，甚至引发危机。因此，只靠盯住物价稳定的货币政策是无法有效防范金融体系风险及经济危机的。

微观审慎政策主要是针对个体金融机构业务的监管政策，其政策目标是保证单个金融机构的稳健运行。仅从微观视角对个别金融机构进行监管，而忽视金融机构之间风险的相互传染是监管体制的一个重大缺陷和漏洞。一方面，微观审慎政策不具备控制整个金融体系顺周期性的机制；另一方面，微观审慎政策的视角只盯住个体金融机构，却无法控制金融风险的跨机构、跨市场传染。

宏观审慎政策的作用主体正是金融市场和房地产市场，其主要目标是通过宏观、逆周期视角控制金融系统的跨市场、跨期限风险，从而防范系统性金融风险和维护资产价格稳定。因而能够有效克服单纯依靠货币政策和微观审慎政

策的不足。

（二）机制设计理论及金融监管理论中的应用

机制设计理论由 Hurwitz 于 1960 年提出，其所讨论的问题是：对于任意的一个想要达到的既定目标，在自由选择、自愿交换的分散化决策条件下，能否制定方式、法则、政策条令、资源配置等规则使得经济活动参与者的个人利益和设计者既定的目标一致（田国强，2003）。

机制设计理论中激励相容理论往往为金融监管者所用，在金融政策中强调的是在统一的政策框架内，被监管金融机构经营目标、内部约束与金融监管监督检查、市场约束相结合。目前，机制设计理论及其分析方法已经在国内各个领域广泛应用。如存款保险制度，由纯事后偿付存款人的"付款箱"模式转变为权责对称的"风险最小化"模式，基于风险的差别费率，风险较低的投保机构定以较低费率，风险较高的投保机构定以较高的费率，构成正向激励模式，同时在风险发生前存款保险实施机构有权利监督检查、尽早干预风险。国内学者应用该理论讨论如何建立与农民融资需求相适应的农村金融体系（洪正、王万峰、周轶海，2010）。江曙霞和郑亚伍（2012）将机制设计理论应用于金融监管治理问题的研究。由于宏观审慎政策在中国起步较晚，因此，国内将机制设计理论应用于宏观审慎政策设计中的应用相对较少。

二、我国跨境融资宏观审慎政策改革

20 世纪 90 年代以来，国际资本的跨境流动日益成为影响全球经济的重要不稳定因素。部分新兴经济体实施了放任跨境资本自由流动的政策措施，短期债务总量或比例处于较高水平，导致跨境资本流入大规模增长，本币大幅升值、通货膨胀高涨、出口急剧恶化，实体经济受到严重冲击，最终爆发金融危机，并向全球市场传导。

智利、韩国、巴西、马来西亚等新兴经济体根据本国国情积极探索对跨境融资进行宏观审慎管理，取得了有益经验。如智利央行在 20 世纪 90 年代初期就实施了无息准备金制度（URR），有效减少短期投资资本流入，引导长期资本流入。韩国为避免由于跨境资本流动失控而带来的困境，将跨境资本流动纳入其宏观经济调控框架中，主要措施包括外汇头寸限制、预扣税和宏观审慎稳定税。韩国的一系列宏观审慎措施使其外债期限结构优化，贸易和金融市场运行的顺周期性明显下降。在吸收各国跨境融资管理经验的基础上，我国在跨境融资领域运用宏观审慎政策的思路推进了一系列改革。

（一）我国的宏观审慎管理政策改革

中共十七届五中全会明确提出"构建逆周期的金融宏观审慎管理制度框架"，中共十八届三中全会提出"有序提高跨境资本和金融交易可兑换程度，建立健全宏观审慎管理框架下的外债和资本流动管理体系"，党的十九届三中全会报告要求"健全货币政策与宏观审慎政策双支柱调控框架"。

中国人民银行认真贯彻落实党中央国务院的指示精神，积极在具体实践中落实推进货币政策与宏观审慎政策双支柱调控框架建设：一是将差别准备金动态调整升级为宏观审慎管理（MPA）；二是积极探索资本流动宏观审慎管理，通过外债和外汇两个维度，对资本流动进行主动管理；三是合理运用 LTV（首付比）等工具，形成住房金融宏观审慎政策框架。

结合国内国情和国外实践经验，初步建立了跨境资本流动宏观审慎政策框架。主要包括：一是实施全口径跨境融资宏观审慎管理，即本外币一体化的全口径跨境融资宏观审慎管理；二是加强人民币跨境资本流动的宏观审慎管理，如对境外金融机构在境内金融机构存放执行正常存款准备金率等；三是完善外汇流动宏观审慎政策，如征收外汇风险准备金等。由于跨境融资领域的宏观审慎政策实施已经逐渐成熟，就成为我们分析宏观审慎政策逻辑和实施效果的重要窗口。

（二）全口径跨境融资宏观审慎管理政策改革

2016 年 1 月中国人民银行面向 27 家金融机构和注册在上海、广东、天津、福建四个自贸区的企业发布《中国人民银行关于扩大全口径跨境融资宏观审慎管理试点的通知》（银发〔2016〕18 号，以下简称"18 号文"），该文件中首次定义了跨境融资为境内机构从非居民融入本、外币资金的行为，涵盖表内融资和表外融资。随后经过 4 个月试点，中国人民银行将试点扩大至全国范围内的金融机构和企业，发布了《关于在全国范围内实施全口径跨境融资宏观审慎管理的通知》（银发〔2016〕132 号，以下简称"132 号文"）。2017 年 1 月，中国人民银行发布《中国人民银行关于全口径跨境融资宏观审慎管理有关事宜的通知》（银发〔2017〕9 号，以下简称"9 号文"），进一步完善了全口径跨境融资宏观审慎政策，扩大了企业和金融机构跨境融资的空间。拓宽了市场主体的融资渠道，在审慎经营的基础上提高跨境融资的自主性和资金利用效率。

自此，外债从单一的投注差、额度核定管理方式〔即《国家外汇管理局关于发布〈外债登记管理办法〉的通知》（汇发〔2013〕19 号，以下简称"19 号文"）〕转变为跨境宏观审慎管理，将跨境融资余额以及汇率、期限、表内外类别因素纳入宏观审慎管理，赋予企业和金融机构更加灵活的跨境融资政策，便于监管部门根据宏观经济适时调节跨境融资总额度。外债与宏观审慎政策对比见表 1。

表 1　外债与宏观审慎政策对比

机构类型		19 号文（2013 年）	132 号文（2016 年）	9 号文（2017 年）
金融机构	中资银行	短期外债（期限小于 1 年）：外汇局每年核定余额 中长期外债（期限大于 1 年）：发改委会同有关部门审核报国务院审批	跨境融资按风险加权计算余额，不得超过上限，跨境融资风险加权余额上限＝资本或净资产×跨境融资杠杆率×宏观审慎调节参数（为1） 跨境融资风险加权余额＝Σ 本外币跨境融资余额×期限风险转换因子（1 年以上为 1，1 年期以上为 1.5）×类别风险转换因子（表内、表外均为 1）+Σ 外币跨境融资余额×汇率风险折算因子（为 0.5） 跨境融资杠杆率：0.8	借款主体将外资银行境内分行纳入跨境融资杠杆率：银行类法人金融机构和外国银行境内分行为 0.8
	外资银行	短期外债：外汇局每年核定余额 中长期外债：发改委每年核定发生额		
	非银行金融机构	同内资企业	跨境融资杠杆率：1	与 132 号文一致
企业	内资企业	短期外债：外汇局核定余额（有额度企业较少） 中长期外债：发改委备案登记	跨境融资按风险加权计算余额，计算公式同上 资本或净资产：企业按净资产计 跨境融资杠杆率：1	跨境融资按风险加权计算余额，计算公式与 132 号文一致 资本或净资产与 132 号文一致 跨境融资杠杆率改为 2
	外商投资企业（除特殊类型外）	短期外债：按投资总额与注册资本差额计算 中长期外债：按累计发生额计算		

三、基于机制设计理论的全口径跨境融资模型

本文主要基于机制设计理论和 9 号文构建跨境融资监管模型。为便于分析，我们将央行（外汇局）、企业等主体纳入该模型之中。通过构建委托代理模型，研究基于激励相容约束条件下，在存在不确定性的情况下，央行的全口径跨境融资政策如何因应宏观形势配合必要的监管手段，来化解潜在的金融风险并促进经济增长。

（一）模型的设定

1. 央行（外汇局）

我们将央行（外汇局）实施宏观审慎政策管理跨境融资的政策目标设定为市场主体的杠杆率控制在合理的范围内，维持汇率稳定，促使降低融资成本并以此来促进经济增长。央行的政策手段包括调节跨境融资宏观审慎调节参数，对于不同的机构央行（外汇局）可以调节企业和银行的跨境融资杠杆率；对于银行或企业超上限跨境融资的违规行为进行打击，以增加银行和企业的违规成本[①]。从而管控由企业、银行超出跨境融资规模上限的融资行为。

我们可以将央行（外汇局）的效用函数设定为如下形式：

$$maxU^c(e,g,l) = min\sigma(e) + g(R) - l(l_e, l_b)$$

其中，e 表示直接标价法下的汇率，$\sigma(e)$ 汇率的方差用于衡量汇率的波动率；g 表示经济增长率，l 表示宏观杠杆率，R 表示跨境融资可以得到的获益。

央行（外汇局）的两种管理手段可以用以下形式表示，其一是直接调控企业，银行跨境融资的上限，分别由 L_e、L_b 表示央行对企业和银行跨境融资规模上限的设定。其二是发现并查处超限额跨境融资。

---

① 银发〔2017〕9 号第十二条规定，发现超上限开展跨境融资的，或融入资金使用与国家、自贸实验区的产业宏观调控方向不符的，中国人民银行、国家外汇管理局可责令其立即纠正，并可根据实际情况依据《中华人民共和国中国人民银行法》和《中华人民共和国外汇管理条例》等有关规定对借款主体进行处罚；情节严重的，可暂停其跨境融资业务。中国人民银行将金融机构的跨境融资行为纳入宏观审慎评估体系考核，对情节严重的，中国人民银行还可视情况向其征收定向风险准备金。对于办理超上限跨境融资结算的金融机构，中国人民银行、国家外汇管理局将责令整改；对于多次发生办理超上限跨境融资结算的金融机构，中国人民银行、国家外汇管理局将暂停其跨境融资结算业务。

央行（外汇局）发现超限额跨境融资的概率 π，一般来看监管机构为维护国际收支平衡，当人民币汇率呈现升值的态势时将提高对超限额跨境融资的查处力度。因此发现超限额跨境融资的概率与直接标价法表示的汇率 e 呈负相关：

$$\pi = \pi(e) , \partial\pi/\partial e \geqslant 0$$

2. 银行

商业银行的跨境融资行为主要包括境外发债、与境外银行之间的同业拆借、贸易信贷中的海外代付和远期信用证等形式的对外负债。商业银行的融资动机主要包括两个方面：一是如贸易融资，其作为商业银行代客融通资金的行为具有一定的被动性；二是作为商业银行流动性和负债管理工具用以应对流动性风险和降低融资成本。

3. 企业

在跨境融资的宏观审慎委托代理模型中，可以将企业视作是被委托人。企业的跨境融资主要包括向境外关联机构的借款、向境外进行的发债等方式。

根据利率平价理论，一种货币对另一种货币的升值（贬值），必将被利率差异的变动所抵消。因此我们假定企业对远期汇率的预期满足上述条件：

$$i_f = i_d + (e-e^e)/e$$

$$e^e - e = (i_f - i_d) e$$

其中，i_d 表示境内的利率水平，i_f 表示境外的利率水平。e^e 表示直接标价法下境内企业对远期汇率的预期，e 表示即期汇率。

由于央行（外汇局）对企业是否超限额进行跨境融资掌握的信息并不完全。所以，企业可以通过伪造企业净资产等方式，突破央行对跨境融资规模上限的限制。

企业的收益主要包括因境内外利差形成的获益 $R_1 = R_1(i_d - i_f, l'_e)$，如跨境融资为外币负债，其可以通过预期长期汇率的波动而获得预期收益 $R_2 = R_2(e^e - e, l'_e)$。

根据最优融资理论，企业杠杆率的升高会增加企业债的债务违约风险。我们可以将企业的跨境融资产生的杠杆率过高的风险表示为 $C_1 = C_1(l'_e)$，企业跨境融资需要承担的利息成本可以表示为 $C_2 = C_2(i_f)$，企业预期的超限额融资被发现后接受处罚的成本，可以表示为 $C_3 = C_3(\pi, p)$。其中，π 为违法行为被发现的概率，p 为超限额融资被处罚的金额。

综上所述，企业进行跨境融资收益可以表示为：

$$R_e = R_1(i_d - i_f, l'_e) + R_2(e^e - e, l'_e) - C_1(l'_e) - C_2(i_f) - C_3(\pi, p)。$$

4. 委托代理模型的构建

以央行（外汇局）作为委托人，企业银行作为代理人

$$\max U^c(e, g, l) = \min \sigma(e) + g(R) - l(l_e, l_b) \tag{1}$$

$$\text{s. t. } R_1(i_d - i_f, l'_e) + R_2(e^e - e, l'_e) - C_1(l'_e) - C_2(i_f) - C_3(\pi, p) > u_0 \tag{2}$$

$$R_1(i_d - i_f, l_e) + R_2(e^e - e, l_e) - C_1(l_e) - C_2(i_f, l_e) \geqslant R_1(i_d - i_f, l'_e) + R_2(e^e - e, l'_e) - $$
$$C_1(l'_e) - C_2(i_f, l'_e) - C_3(\pi, p) \tag{3}$$

式（1）为委托人即央行（外汇局）的效用函数；式（2）为参与约束条件，其中，u_0 表示企业开展跨境融资的条件；式（3）为激励相容的约束条件。

（二）模型分析

我们假设激励相容的约束是比参与约束更强的条件，由于本文意在企业的跨境融资决策机制，因此，重点分析激励相容的约束条件。基于企业追求利益最大化的假设，企业的激励相容条件满足式（3）的条件，即需要其在跨境融资上限以下开展跨境融资的收益大于其突破上限开展借款的收益。

假设企业的收益满足：$R_1 = (i_f - i_d) \times l'_e$，$R_2 = (e^e - e) \times l'_e$，$R_3 = (e^e - e) \times (l'_e - l_e)$，$C_1 = \alpha l'_e$，$C_2 = i_f l'_e$，$C_3 = \pi p$。

我们假设企业实际的杠杆率 l'_e，其满足 $l'_e > l_e$，在此时，企业如选择按照法规要求则其选择的杠杆率为 l_e，如果选择违规借贷，则可以选择合意的任意 l'_e，所以式（3）所代表的激励相容的约束为：

$$(i_d - i_f) \times l_e + (e^e - e) \times l_e - \alpha l_e - i_f l_e > (i_d - i_f) \times l'_e + (e^e - e) \times l'_e - \alpha l'_e - i_f l'_e - \pi p$$
$$\Leftrightarrow [(i_d - i_f)(1 - e) - \alpha - i_f](l'_e - l_e) < \pi p \tag{4}$$

当式（4）成立时，企业会选择按照政策要求进行跨境融资。下文将使用放松或固定其他变量，对目标变量的变化对企业合规开展跨境融资进行分析。

1. 企业预期的违规成本

当 $(i_f - i_d)(1 + e) - \alpha - i_f > 0$，即境外相较境内的利差扩大且人民币汇率贬值使企业获得的收益大于企业因增加债务杠杆率而升高的风险和境外融资成本两方面的成本时，企业可以通过提高跨境融资规模从而提升其获益，一旦收益大于被处罚产生的成本，企业将"铤而走险"。

因此，作为监管机构，央行（外汇局）为规范企业的跨境融资行为，应采取以下措施：

一是提升处罚信息公开透明度。央行（外汇局）对违法行为的定性和查处应及时向公众公开，提升相关信息的透明度，从而消除监管机构和企业之间的信息不对称。因此，处罚信息的及时公开是监管产生威慑力的基石。

二是密切关注收支形势，保持适当执法力度。通过上述模型分析，当境外主要经济体降息，人民币汇率发生升值时，企业违规进行跨境融资的动机将增强。在此情况下，为遏制违规势头，央行（外汇局）应密切关注收支形势对企业跨境融资的影响，加强对企业跨境融资的行为真实性、合规性审核，加大对跨境融资业务查处力度。严防企业超上限跨境融资造成的宏观杠杆率升高影响我国金融安全。

三是定性量罚应具有足够的威慑力。对大金额跨境融资行为的真实性合规性审核，加强对企业违法行为执法力度的同时应加强对违法行为的处罚力度。应按照超限额的金额按比例进行处罚，避免设定相同的标准造成企业倾向于提升违规金额来获益。

2. 跨境融资杠杆率的调节

由式（2），即企业跨境融资的参与约束条件，可以知道企业在正常情况下参与约束为：

$$(i_d-i_f) \times l_e+(e^e-e) \times l_e-\alpha l_e-i_f l_e>u_0 \Leftrightarrow [(i_d-i_f)(1-e)-\alpha-i_f] l_e>u_0 \quad (5)$$

式（5）的企业参与跨境融资的临界条件可以表示为：

$$l_e=\frac{u_0}{[(i_d-i_f)(1-e)-\alpha-i_f]} \quad (6)$$

由式（6）可知，企业参与跨境融资活动的动机随着境内外利差的增加以及汇率的升值而升高。

$$\max U^c(e,l_e)=\min\sigma(e)+g(R)-l(l_e,l_b)$$

$$\frac{\partial U^c(e,l_e)}{\partial l_e}=\frac{\partial g(R)}{\partial R} \times \frac{\partial R}{\partial l_e}-\frac{\partial l(l_e,l_b)}{\partial l_e} \quad (7)$$

当$(i_d-i_f)(1-e)-\alpha-i_f>0$，$\frac{\partial R}{\partial l_e}>0$时，在此情况下，企业存在扩大跨境融资规模的动机，故央行（外汇局）对企业跨境融资杠杆率的调控需要权衡跨境融资对经济增长的拉动作用和跨境融资带来的杠杆率升高的消极影响。由于资本的边际生产效率的递减规律，跨境融资杠杆率提升所带来的收益会逐渐减少，由此产生对杠杆率升高所带来的负面影响时，所对应的企业跨境融资杠杆率即是央行合意的跨境融资杠杆率。

从以上分析可以得知，跨境融资规模上限的调控应由央行（外汇局）根据收支形势进行调节并权衡收益和损失，对企业跨境融资规模上限的调控应符合以下原则：

一是境内利率高于境外时，人民币出现升值趋势，央行（外汇局）应顺应形势，在控制宏观杠杆率的情况下，提高企业跨境融资规模上限，从而促进经济增长。

二是境内利率与境外利率之差收窄时，则由于此时提升杠杆率对经济的拉动作用较小，央行（外汇局）应侧重于控制宏观风险，调低跨境融资杠杆率。

四、基于 VAR 模型的全口径跨境融资宏观审慎管理实证分析

结合上文的理论分析，本文将通过向量自回归模型（VAR）对全口径跨境融资规模的影响因素和政策效应及传导路径进行分析。VAR 模型可用来估计联合内生变量的动态关系，而不带有任何事先约束条件，可以避免因变量无法穷尽的制约，也可最大限度地消除变量间的共线性影响，故可被用于分析跨境融资规模及多因素间的相关性。

（一）模型的构建

1. 变量选取

MG：宏观审慎管理，虚拟变量。根据前文分析，在 19 号文、132 号文以及 9 号文实施宏观审慎管理时，取值为 1，其余取值为 0。

FLOW：跨境融资规模。因全口径外债数据采集时间较短，且为季度数据，为避免样本数量过少，本文以境内居民向境外融入的贷款、票据等作为统计口径，采用月度数据，并以当月汇价为基准汇率进行了转换。

EX：人民币汇率与离岸汇率差异。

INS：一年期人民币贷款利率与美元贷款利率差。

Trade：进出口贸易量。

GDP：克强发展指数，因 GDP 无月度数据，以克强发展指数作为国内经济发展指标。

变量采集数据来源见表 2。

表 2 变量采集数据来源

变量名称	英文名称	单位	来源
跨境融资规模	FLOW	亿元	Wind 数据库
利差	INS	%	Wind 数据库
人民币汇率	EX	%	Wind 数据库
进出口贸易量	Trade	亿元	Wind 数据库
克强发展指数	GDP	%	Wind 数据库

2. 变量稳定性检验

为检验变量稳定性，避免伪回归，对所有变量进行 ADF 稳定性检验，结果显示跨境融资规模、汇差、克强发展指数为不平稳变量，但其一阶差分均平稳（见表 3）。使用差分后的数列，根据 AIC 规则选择最佳滞后期，建立 VAR（1）模型（见表 4）。

表 3 稳定性检验结果—平稳性

向量代码	向量名称	T 统计量	相伴概率	平稳性
FLOW	跨境融资规模	1.818579	0.9812	不平稳
D(FLOW)	跨境融资规模增量	-7.298547476	0.00	平稳
INS	利差	-3.778968360	0.0306	平稳
EX	汇差	-2.267529680	0.4367	不平稳
D(EX)	汇差变动率	-2.075783405	0.0384	平稳
Trade	进出口贸易量	-3.815373825	0.0283	平稳
GDP	克强发展指数量	-1.238905586	0.8836	不平稳
D(GDP)	克强发展指数变动率	-6.727962553	0.0000	平稳

表4　最佳滞后期返回结果

Lag	LogL	LR	FPE	AIC	SC	HQ
0	-397.6104	NA	133550.2	28.82931	29.11479*	28.91658
1	-346.3080	76.95352*	47761.70*	27.73629*	29.73459	28.34719*
2	-312.9718	35.71743	85904.81	27.92655	31.63770	29.06109

注：*、**、***分别表示10%、5%、1%的显著性。变量较少，滞后期可选范围较少，只支持最大二阶滞后。

对VAR(1)模型稳定性进行检验，结果显示模型共有12个单位根，均处于单位元内，证明该模型为稳定模型，可进行格兰杰因果关系检验及脉冲相应分析（见图1）。

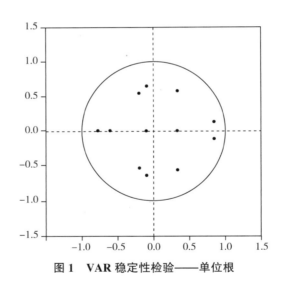

图1　VAR稳定性检验——单位根

（二）格兰杰因果关系检验

表5显示，宏观审慎监管政策与汇差是跨境融资规模变动的单方面格兰杰原因，同时宏观审慎监管政策也是汇差的单方面格兰杰原因，但反过来均不成立。利差是进出口贸易的单方面格兰杰原因。值得注意的是，结果显示汇差与克强发展指数互为格兰杰因果关系原因。

表 5　格兰杰因果关系检验结果

原假设	F 统计量	相伴概率	是否接受原假设
D(GDP)不是 D(FLOW)的格兰杰原因	0.578589821	0.453709101	接受
D(FLOW)不是 D(GDP)的格兰杰原因	0.733436356	0.399596136	接受
EX 不是 D(FLOW)的格兰杰原因	8.951583213	0.005611137	不接受
D(FLOW)不是 EX 的格兰杰原因	0.058463377	0.810642975	接受
INS 不是 D(FLOW)的格兰杰原因	0.117253815	0.734501721	接受
D(FLOW)不是 INS 的格兰杰原因	0.871858556	0.358151217	接受
MG 不是 D(FLOW)的格兰杰原因	6.792513672	0.014302728	不接受
D(FLOW)不是 MG 的格兰杰原因	1.001387467	0.325252197	接受
TRADE 不是 D(FLOW)的格兰杰原因	0.004281839	0.948276066	接受
D(FLOW)不是 TRADE 的格兰杰原因	0.173606537	0.679994246	接受
EX 不是 D(GDP)的格兰杰原因	4.64430361	0.040594547	不接受
D(GDP)不是 EX 的格兰杰原因	4.395087232	0.045921173	不接受
INS 不是 D(GDP)的格兰杰原因	0.220369562	0.642671531	接受
D(GDP)不是 INS 的格兰杰原因	0.000253072	0.987429038	接受
MG 不是 D(GDP)的格兰杰原因	0.070329817	0.792948494	接受
D(GDP)不是 MG 的格兰杰原因	0.044178504	0.835160319	接受
TRADE 不是 D(GDP)的格兰杰原因	0.285022982	0.597963082	接受
D(GDP)不是 TRADE 的格兰杰原因	0.13186038	0.719446547	接受
INS 不是 EX 的格兰杰原因	0.220583323	0.642108256	接受
EX 不是 INS 的格兰杰原因	0.747451575	0.394379556	接受
MG 不是 EX 的格兰杰原因	4.100563383	0.051848104	不接受
EX 不是 MG 的格兰杰原因	0.165369535	0.687146942	接受
TRADE 不是 EX 的格兰杰原因	0.096415455	0.758321462	接受
EX 不是 TRADE 的格兰杰原因	1.080025847	0.306995617	接受
MG 不是 INS 的格兰杰原因	0.591927014	0.447896433	接受
INS 不是 MG 的格兰杰原因	2.283027892	0.141617238	接受
TRADE 不是 INS 的格兰杰原因	1.748514155	0.196398449	接受
INS 不是 TRADE 的格兰杰原因	2.94453267	0.096834999	不接受
TRADE 不是 MG 的格兰杰原因	1.523852871	0.22661982	接受
MG 不是 TRADE 的格兰杰原因	0.721135533	0.402497546	接受

分析结论：

（1）我国的宏观审慎监管政策对跨境融资规模变动的调节是有效的，它可以直接通过对跨境融资规模产生作用，也可以先通过影响汇差，再通过汇差对跨境融资规模产生作用，但并无明显证据说明跨境融资规模会对宏观审慎政策的实施产生影响，即跨境融资规模并非宏观审慎或汇差的格兰杰原因。

（2）因汇差与克强发展指数互为因果关系，宏观审慎监管政策可以通过影响汇差对国内经济发展产生影响。

（3）当前利差的主要影响偏重于贸易部分，对跨境融资活动而言并非主要影响因素。

（三）脉冲响应函数

脉冲响应函数显示（见图 2），当受到宏观审慎调控政策（MG）一个标准差的正向冲击时，跨境融资规模（FLOW）、汇差（EX）、利差（INS）、克强发展指数（GDP）、进出口贸易（TRADE）均于同期产生同向脉冲相应，后收敛于稳态，20 个周期内影响消失。

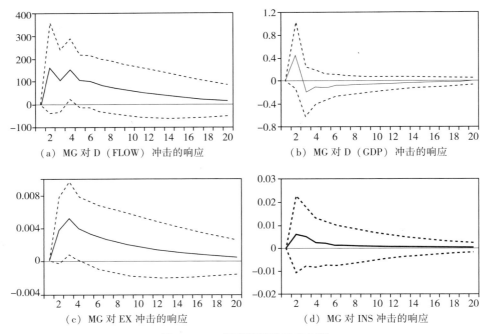

（a）MG 对 D（FLOW）冲击的响应

（b）MG 对 D（GDP）冲击的响应

（c）MG 对 EX 冲击的响应

（d）MG 对 INS 冲击的响应

图 2　VAR 模型的脉冲响应函数

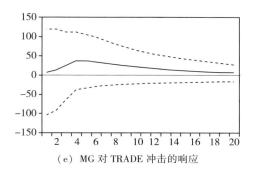

(e) MG 对 TRADE 冲击的响应

图 2　VAR 模型的脉冲响应函数 （续图）

注：图 2（a）～图 2（e）也可写为"宏观审慎调控政策对 $\begin{cases} \text{a. 跨境融资规模一阶差分} \\ \text{b. 克强发展指数一阶差分} \\ \text{c. 汇差} \\ \text{d. 利差} \\ \text{e. 进出口贸易} \end{cases}$

冲击的响应"。

　　值得注意的是，当跨境融资规模产生同向脉冲响应后，于 3～4 期产生反弹效应，第 5 期开始逐步趋于平稳。因而，当宏观审慎政策实施后，需关注短期内的反弹效应。

五、政策建议

（一）构建与宏观经济形势相匹配兼顾风险和效率的宏观审慎调节机制
　　央行应探索建立与宏观经济形势相结合的宏观审慎政策调节机制，这种调节机制既要纳入传统的宏观经济指标，又要包括衡量宏观经济风险的政策指标；既要关注对经济增长的促进效应，又要管控宏观风险。在进行宏观审慎调节时及时了解政策执行情况和其中出现的问题，关注汇差等中介指标，对可能出现的反弹效应进行有效预判，并及时进行逆周期调节。提高政策执行力度和效率，真正做到促增长、控风险。

（二）构建监管与宏观调控相协调的宏观审慎政策架构
　　跨境融资宏观审慎政策目标的实现离不开宏观调控和相应的监管政策的协

调配合。例如，在央行调高跨境融资规模上限的情况下如果离开了监管配合将给整个金融系统带来系统性的金融风险。另外，监管与宏观调控政策的实施同样需要关注经济形势和政策的执行情况。因此，作为全口径跨境融资政策的调控者和监管者央行（外汇局）应就跨境融资宏观审慎政策的制定建立良好的沟通协调机制，监管和调控共同配合。

（三）在对违法行为保持高压态势的同时应建立与非法获利相匹配的量罚机制

目前，据外汇局 19 号文规定，对于企业未按规定提交有效单证或提交的单证不真实，按照《外汇管理条例》第四十八条处罚。依据该条最高对机构仅能处罚 30 万元。由于相关量罚较轻，难以对企业伪造编造财务报表违规借债的行为进行有效遏制。建议相关部门制定与违规金额或者非法获利金额相匹配的处罚标准，并及时进行信息公开。正向引导企业预期，促使企业依法合规开展跨境融资。

参考文献

［1］Crockett A. Marrying the micro- and macro-prudential dimensions of financial stability ［M］. BIS Review, 2000: 76.

［2］Herring R., Carmassi J. The structure of cross-sector financial supervision ［J］. Financial Market Institutions & Instruments, 2010, 17 (1): 51-76.

［3］Kashyap A. K., Stein J. C. Cyclical implications of the Basel-Ⅱ capital standards ［J］. Economic Perspectives, 2004 (28): 18-31.

［4］White W. R. Procyclicality in the financial system: Do we need a new macro-financial stabilization framework? ［R］. BIS Working Paper, 2006: 193.

［5］洪正，王万峰，周轶海. 道德风险、监督结构与农村融资机制设计——兼论我国农村金融体系改革 ［J］. 金融研究，2010（6）：189-206.

［6］江曙霞，郑亚伍. 金融监管治理的激励机制研究 ［J］. 厦门大学学报（哲学社会科学版），2012（6）：50-56.

［7］李文泓. 关于宏观审慎监管框架下逆周期政策的探讨 ［J］. 金融研究，2009（7）：7-24.

［8］田国强. 经济机制理论：信息效率与激励机制设计 ［J］. 经济学（季刊），2003（1）：271-308.

［9］王书朦. 我国跨境资本流动的宏观审慎监管研究——基于新型经济体的国际借鉴 ［J］. 金融发展研究，2015（11）：33-39.

从商业银行资产规模、结构、投向研究探讨对实体经济发展的支持

毛笑蓉等*

"经济兴则金融兴，金融活则经济活。"实体经济是金融的根基，金融是实体经济的血脉。然而近年来，随着金融创新不断涌现，实体经济投资回报率下降，资金大量涌向虚拟经济，金融"脱实向虚"问题突出，金融与服务实体经济脱节广为社会各界所诟病。随着我国经济发展进入新常态，供给侧改革持续深入，金融对实体经济发展的支撑作用越发突出。银行作为我国金融体系最重要的组成部分，始终是实体经济最主要的资金供应方。本文基于 2014～2017 年沪深股市 26 家上市银行年报数据，通过分析上市商业银行资产规模、结构、投向研究探讨近年来商业银行对实体经济的支持情况。

一、资产规模增长变缓、资产结构变化显著

2017 年，各上市银行加快由速度型效益向质量型效益转变，降增速，提转速，调结构，主动进行"缩表"，上市银行整体资产增速放缓，个别银行资产甚至出现负增长。其中，贷款类资产和证券投资类资产增速较 2016 年明显放缓，同业类资产继续呈现下降趋势，降幅较 2016 年更加突出（见图 1）。从资产占比看，贷款类资产占总资产比重过半，较上年末占比增加；投资类资产

* 毛笑蓉：中国人民银行营业管理部会计财务处处长。参与执笔人：王军只、和普霞、王婧、陈文、郝岸、王晓菲、郭田田、孙虹、张雪、任天然、樊帆、钱珍、盖静。其中，王军只、和普霞、王婧、陈文、郝岸、王晓菲、郭田田、孙虹、张雪、任天然、樊帆供职于中国人民银行营业管理部会计财务处；钱珍供职于中国人民银行营业管理部调查统计处；盖静供职于中国人民银行营业管理部支付结算处。

（包括以公允价值计量且其变动计入当期损益金融资产、持有至到期投资、可
供出售金融资产和应收款项类投资等金融资产）和同业类资产占比下降明显。

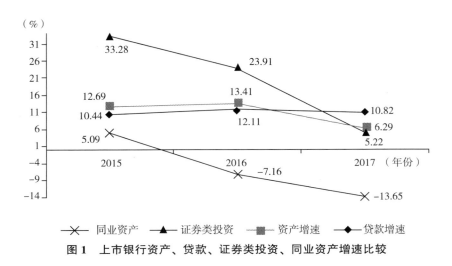

图 1　上市银行资产、贷款、证券类投资、同业资产增速比较

**（一）贷款和证券投资类资产构成商业银行最主要的资产品种，贷款仍占
据重要位置**

2017 年末，上市银行资产总额 148.45 万亿元，其中发放贷款及垫款、证
券类投资构成商业银行最主要的资产项目，占总资产比重分别为 50.81%、
28.28%（见图 2），贷款仍是目前商业银行最主要的经营业务。

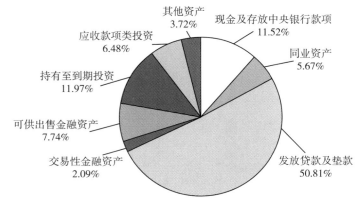

图 2　2017 年末上市银行资产结构

（二）贷款占比扭转连年下跌趋势，2017 年占总资产比重再次过半

综观 2014 年到 2017 年上市银行的资产结构，发放贷款及垫款一直都是商业银行最主要的资产项目，但其在商业银行资产总额中的比重在经历了 2015 年和 2016 年连续两年下降并跌破 50% 之后，2017 年再次回升至 50.81%，创近年来最高值。与之形成对比的是，证券类投资在经历了连续两年的快速上升后，2017 年占总资产比重小幅回落至 28.28%（见图 3）。

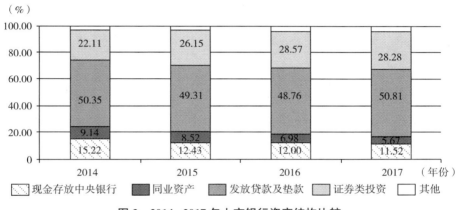

图 3 2014~2017 年上市银行资产结构比较

（三）资金配置呈多样化态势，证券类投资资产则日益成为上市银行尤其是中小银行最主要的资金运用形式

进一步分析可以看出，上市银行中无论是大型国有及全国性股份制商业银行还是中小型城市商业银行、农村商业银行，其各项资产构成历年变化趋势基本上与上市银行总体保持一致，但两类银行内部构成却存在显著不同。大型国有及全国性股份制商业银行最主要的资金运用形式仍为发放贷款及垫款，而证券类投资资产日益成为中小型城商行、农商行重要的占比最高的资产（见表 1）。以 2017 年各上市银行数据为例，13 家大型国有及全国性股份制商业银行中仅兴业银行证券类投资规模超过贷款；13 家中小型城市商业银行、农村商业银行中有 7 家证券类投资规模超过贷款，其中宁波银行、贵阳银行、杭州银行证券类投资占总资产比重超过 50%，贷款比重降低，投资类资产提升，越发凸显部分中小银行资产端配置的经营逻辑不再依赖贷款，而是逐步转向

"资产配置""资管化"的趋势。

表1   2014~2017年上市银行各类别银行资产构成比较

单位:%

资产项目	2014年		2015年		2016年		2017年	
	大型国有及全国性股份制银行	中小型银行	大型国有及全国性股份制银行	中小型银行	大型国有及全国性股份制银行	中小型银行	大型国有及全国性股份制银行	中小型银行
现金存放中央银行款	15.34	13.15	12.60	9.91	12.22	8.99	11.74	8.62
同业资产	8.84	14.10	8.20	13.42	6.79	9.52	5.57	6.96
发放贷款及垫款	50.87	41.68	50.03	38.56	49.69	35.94	51.78	37.89
证券类投资	21.68	29.20	25.48	36.21	27.50	43.31	27.11	43.78
其他资产	3.26	1.87	3.70	1.89	3.80	2.24	3.80	2.74

总体而言，虽然2014~2016年商业银行发放贷款及垫款连年增长，但其增速连续多年低于资产增速，占总资产比重逐年下降。2017年，各银行在MPA严监管、资本约束力度较大的背景下，主动加强资产负债表管理，资产扩张呈放缓趋势，同时受整体实体经济融资需求走强及政策引导的影响，贷款投放仍保持较高增速，三年来首次超过资产增速，贷款占总资产比止跌回升至50.81%，信贷资金"脱虚向实"，对实体经济的支持力度有所加强。但必须注意的是，信贷以外的资产尤其是证券类投资日益成为商业银行尤其是中小型银行资金配置的重要渠道，金融支持实体经济链条加长，金融风险需密切关注。

二、贷款增速稳定、个人贷款成增量主力军

2017年末，26家上市银行发放贷款合计77.62万亿元，其中，公司贷款合计46.93万亿元，占贷款余额60.47%；个人贷款余额28.94万亿元，占贷款余额37.29%；票据贴现1.75万亿元，占贷款余额2.24%。

（一）贷款增速近三年首次超过资产增速，公司类贷款增速提升，个人类贷款占比持续提升

在倡导金融回归本源、服务实体经济的大背景下，上市银行贷款保持了10.82%的增速，近三年首次超过资产增速（见图1）。从贷款类型来看，公司类贷款增速提升，从5.22%上升至9.32%；个人贷款增速虽有所回落，但仍保持高速增长态势，从25.40%下降至20.69%。个人贷款连续多年保持较高增速，使得其在上市银行中的贷款比重日益提升，由2014年的28.81%提升至2017年的37.29%（见图4）。

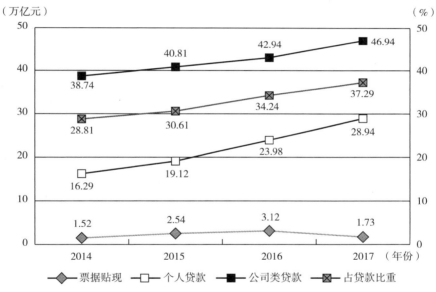

图4 上市银行各类别贷款发放情况

（二）主动对接国家产业政策、注重做好信贷"加减法"

从2017年贷款结构和投向来看，各上市银行能够依托自身优势，主动对接国家产业政策，围绕"三去一降一补"，优化信贷资源配置，持续加大对国家重点领域、重点项目和薄弱环节的信贷支持力度，不断减少压缩去产能领域的信贷规模。

（1）2017年上市银行对制造业贷款施行了差别化的信贷政策，对传统行业中的优质企业，继续给予信贷支持，对产能严重过剩行业和项目谨慎授信，对"僵尸企业"坚决压缩退出贷款，因此制造业贷款逐年下降，但其仍是公司类贷款投放的首要行业。2017 年信贷金额为 9.14 万亿元，占公司类贷款的 19.56%，其规模和占比连续四年下降。

（2）政府鼓励、引导加大对基础、能源设施的建设投入，交通运输、仓储和邮政业，租赁和商业服务业，电力、热力、燃气及水生产和供应业，水利、环境和公共设施管理业的贷款规模及比重连续四年稳步提升。

（3）房地产行业虽然发展迅速，但受到监管控制，贷款规模占比相对稳定，2017 年信贷投入资金 4.80 万亿元，占公司类贷款比重 10.25%。

（4）批发和零售业贷款进一步萎缩，2017 年占公司类贷款比重 7.69%，2014~2017 年占比连续下降 3.3 个百分点。

（5）2017 年金融业"去杠杆"明显，金融业贷款在经历了 2015 年、2016 年连续两年快速提升后，2017 年贷款总额及占比较 2016 年下跌明显，占比由 4.03% 下跌至 2.96%。

（6）采矿业由于不良率高，上市银行逐年压缩采矿业信贷规模，占比由 2014 年的 4.29% 下降至 2017 年的 3.49%。

2014~2017 年上市银行公司类贷款在各行业的分布情况具体如表 2 所示。

表 2　2014~2017 年上市银行公司类贷款在各行业分布情况

单位:%

行业	2014 年	2015 年	2016 年	2017 年
制造业	24.77	23.39	21.36	19.56
交通运输、仓储和邮政业	13.57	14.17	14.79	15.11
租赁和商务服务业	9.68	10.50	11.86	14.71
房地产业	10.76	10.81	10.07	10.25
电力、热力、燃气及水生产和供应业	7.30	7.60	7.95	8.47
批发和零售业	10.99	10.20	8.97	7.69
水利、环境和公共设施管理业	4.79	4.82	5.43	6.49
建筑业	4.51	4.44	4.14	4.06
采矿业	4.29	4.23	3.87	3.49
金融业	1.43	2.31	4.03	2.96
其他	7.89	7.53	7.52	7.21

（三）贷款增速与 GDP 增速之间差距缩小，整体上信贷对实体经济的拉动有所改善

2017 年国内生产总值 82.71 万亿元，比上年增长 6.9%，上市银行贷款存量增速高于 GDP 增速 3.92 个百分点，对比 2016 年上市银行贷款存量增速高于 GDP 增速 5.41 个百分点来看，两者差距在缩小，从一个侧面反映出 2017 年信贷投放对经济增长的贡献有所改善、提升。从各行业数据来看，贷款增速与行业产值增加值增速基本相匹配（见表 3）。

表 3　部分行业 2017 年末贷款与行业增加值增速比较

行业	贷款余额（万亿元）	贷款增速（%）	行业增加值增速（%）
制造业	9.15	-0.25	6.80
交通运输、仓储和邮政业	7.09	11.62	9.00
租赁和商务服务业	6.46	26.73	10.90
房地产业	4.81	11.12	5.60
批发和零售业	3.60	-6.55	7.10
建筑业	1.90	6.89	4.30
金融业	1.39	-19.71	4.50

（1）交通运输、仓储和邮政业，租赁和商务服务业贷款增速高于贷款平均增速，其行业产值增速也超过全年 GDP 增速。

（2）受供给侧结构改革、去产能、调结构等政策影响，信贷投放有所收紧的批发零售业、制造业，其行业增加值增速与全年 GDP 增速基本持平。

（3）金融业信贷大幅减少，其行业增加值增速低于全年 GDP 增速。

（4）受房地产市场影响，房地产业、建筑业 2017 年产业增加值增速低于全年 GDP 增速，但其贷款仍保持了较快的增速。

（四）个人贷款连续多年保持高位增速，住房贷款和信用卡贷款占比逐年增大

目前，消费已成为拉动中国经济增长的第一动力，居民消费需求升级对多样化的金融产品和服务有着巨大的需求空间。各上市商业银行积极做大、做强个人零售业务，个人贷款连续多年保持高速增长，截至 2017 年末个人贷款余额达 28.94 万亿元，增速 20.69% 较去年减少 4.71 个百分点，但仍远高于同期

公司类贷款 9.32% 的增速（见图 5）。

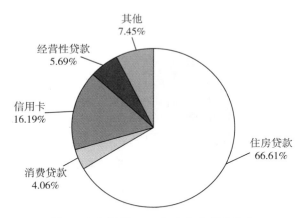

图 5　上市银行 2017 年末个人贷款结构

（1）受房地产调控的影响，个人住房贷款增速下降，但在个人贷款中仍是绝对主力。2017 年个人贷款中 66.61% 为住房贷款，信贷金额为 19.28 万亿元，增速 19.14% 较 2016 年 34.45% 回落明显。

（2）各银行越发重视信用卡业务，加大信用卡发卡量，推出丰富多样的刷卡活动，大大提高了零售新用户的开卡量及信用卡的活跃度，2017 年信用卡贷款余额 4.69 万亿元，增速 34.16%，连续三年实现快速增长。

（3）各银行积极发展个人经营性贷款业务，满足小微企业经营和居民个人创新创业的金融需求。2017 年个人经营性贷款 1.64 万亿元，扭转了连续两年下降的态势，实现 9.16% 的增长。

（4）各银行竞相扩大消费信贷业务，消费信贷呈井喷态势，投放信贷资金由 2016 年的 0.75 亿元迅速提升至 1.17 亿元，增速达 57.06%。

三、金融监管"严"字当头，证券类投资增速断崖式下跌

2017 年末，各上市银行证券类资产投资总额 41.98 万亿元，增速 5.22%，较 2015 年的 33.28%、2016 年的 23.91% 增速大幅回落，且远低于贷款 10.82% 的增速。就各家银行来说，除中国银行等五家银行投资类资产增速有所提升

外，其余 21 家上市银行增速均大幅回落，其中中信银行等六家银行证券类投资总额下降。2017 年，各上市银行受严峻的市场利率环境和不断加压的监管影响，主动优化资产结构，支持实体经济"脱虚向实"，大幅减少同业及他行理财类资产，应收款项类投资大幅减少，导致证券类投资增长整体回落。

（一）持有至到期投资仍保持较快增速，政府类债券投资比重逐年上升，公司及金融机构债券规模萎缩

2017 年末，26 家上市银行持有至到期投资总金额 17.77 万亿元，较 2016 年增加 16.04%，占全部证券类投资的 42.32%。从其构成来看，上市银行持有的政府债券、中央银行和公共实体等准政府债券仍保持了 26.62% 的较快增速，占持有至到期投资比重达 70.81%；政策性银行债券保持 6.67% 的小幅增加，2017 年占持有至到期投资比重 19.11%；其他公司类债券、金融机构债券、同业存单等投资总额较 2016 年均有不同程度的下降，主要是因为近几年公司债券信用风险持续发酵，同业监管日趋严格，上市银行资产配置逐渐向信用风险较低的政府债券和央票倾斜。

（二）可供出售金融资产小幅增长，其中理财产品、同业存单、资产管理计划等投资项目大幅缩减

可供出售金融资产是商业银行持有的第二大类投资类资产，与持有至到期投资相比，资金投向更为丰富，主要包括债权类投资和权益类投资两大类别。2017 年末，可供出售类金融资产规模 11.34 万亿元，占证券类投资 27.01%，增速 6.17% 较 2016 年实现小幅增长。从其构成来看，各项目增减不一。一是债券类投资占绝对比重，2017 年末上市银行持有各类可供出售债券 9.21 万亿元，占可供出售类金融资产比重为 81.22%。其中，政府类债券、政策性银行债券继续保持增长态势，增速分别为 11.77%、3.28%，占可供出售金融资产比重分别为 36.81%、11.77%。受宏观经济形势影响，金融机构及公司类债券较 2016 年下降 12.47%，占该类资产比重亦随之减少。二是股权和基金类投资由于总体规模较小等，2017 年保持高速增长态势，规模分别为 0.44 万亿元、0.98 万亿元，增速分别为 45.17%、33.40%，仅占可供出售类金融资产的 2.68%、6.37%。三是理财产品、同业存单、资产管理计划等投资项目大幅缩减，规模为 0.70 万亿元，降速达 44.58%。

（三）应收类款项投资扭转连续快速增长的态势，2017 年投资整体规模呈收缩态势

2017 年末，26 家上市银行应收款项类投资余额合计 9.62 万亿元，降幅 7.86%，占证券类投资 22.92% 较 2016 年下降 3.25 个百分点，占总资产的 6.48%，较 2016 年下降 1 个百分点。该类资产规模下降主要是由于占应收类投资款项较大比重的非标类投资，如资产管理信托计划、理财产品等减少所致（见表 4）。2017 年以来，各监管部门基于规范业务运作、防止风险交叉传染、消除套利空间服务于实体经济，频发监管新规，投资结构化主体业务面临趋严监管形势，各银行主动调整资产业务结构、压降该类投资规模，导致应收款项类投资整体呈现收缩态势。

表 4　应收类投资款项主要构成项目变化

单位：百万元

项目	2016 年	2017 年	变化	增速（%）
债券（含国债、政策性银行、金融机构及公司债券）	2269538.09	2860186.38	590648.29	26.03
票据资产	736496.00	446993.00	289503.00	-39.31
贷款类资产	826629.00	867985.00	41356.00	5.00
同业存款	486526.00	153510.00	333016.00	-68.45
理财产品	1393331.95	303171.29	1090160.65	-78.24
资产管理、信托计划	5747632.74	5506297.91	241334.83	-4.20

（四）以公允价值计量且其变动计入损益的金融资产仍保持较快增速，但总体体量规模较小

2017 年末，以公允价值计量且其变动计入损益的资产总额 3.10 万亿元，增速 19.40%，占总资产比重仅为 2.09%，债券仍为主要投资方向，占该类资产的 49.33%，其中，政府类债券、政策性银行债券、企业债券仍保持增长的态势，金融机构同业债券规模有所减少。

总体来看，上市银行投资方式仍是以债券类投资为主，2017 年虽然证券类投资增速大幅下跌，但债券类等标准类投资尤其是收益稳定、风险较小的政府类债券仍保持了较快的增速，权益类投资和非标类投资规模萎缩明显。证券类投资规模扩张速度与投资方向的调整，反映出在"强监管"的环境下，各上市银行能够积极调整投资结构，将业务资源、财务资源着力用于推动构建表内贷款、债券等标准化资产，大力压缩资产管理计划等非标资产投资项目，引导资金"脱虚向实"，进一步增强服务实体经济的直接性和有效性。

四、金融同业"去杠杆"明显，同业资产降幅明显

2017 年，国内货币市场利率持续处于高位，金融同业业务利差面临较大下行压力，同时监管部门出台一系列监管政策，对金融同业业务发展作出了进一步规范，引导同业业务回归本源。各上市银行主动压缩同业资产和负债规模，有效调整同业资产结构，表 5 为 26 家上市商业银行披露的 2014~2017 年存放同业、拆出资金、买入返售等项目的年末余额，2017 年同业规模在 2016 年下降的基础上，下降幅度由 2016 年的 7.16% 进一步下降至 2017 年的 13.65%（见图 1），同业资产占总资产比重也进一步下降，从 2014 年的 9.14% 下降至 2017 年的 5.67%。

表5 上市银行同业资产各项目余额变化情况

单位：万亿元

同业资产	2014 年	2015 年	2016 年	2017 年
存放同业和其他金融机构款项	3.10	3.18	3.98	2.33
拆出资金	2.39	3.16	3.46	3.36
买入返售金融资产	4.49	4.15	2.30	2.73
合计	9.99	10.50	9.74	8.41

五、总结与建议

本书以 2014~2017 年 26 家沪深股市上市银行的数据为样本，从商业银行资产规模、资产结构、资金流向三个方面分析了其对实体经济的支持情况。综

合研究各银行历年年报数据可以发现，在 2017 年"史上最严"的强监管背景下，商业银行能够积极调整经营策略，主动缩表，资产规模增速明显放缓。围绕服务实体经济、助力供给侧结构性改革，优化信贷结构和规模，认真做好信贷投放的"加减法"，信贷投放规模及增速基本保持稳定。坚持银行业"回归本源"推动资管业务回归代客本源，同业业务回归流动性调节本位，证券类非标投资及同业资产减少，传统信贷业务比重回升，资金脱实向虚情况得到初步遏制。但值得注意的是，个别银行尤其中小城市商业银行、农村商业银行短期内资产结构调整能力有限，应收款项类非标投资仍占据最主要位置，需要持续关注和改善。

当前，我国经济已由高速增长阶段转向高质量发展阶段，正处在转变发展方式、优化经济结构、转换增长动力的攻关期，同时金融业将延续去杠杆、强监管的态势，银行业面临的风险依然复杂严峻。商业银行应以全国金融工作会议提出的"服务实体经济、防控金融风险、深化金融改革"为目标，以"回归本源、优化结构、强化监管、市场导向"为原则，主动对接国家经济发展战略，合理把握信贷增量与投放重点；围绕实体经济需求加快产品和服务创新，拓宽为实体经济服务的渠道和领域；持续加强风险防控，主动调整业务结构，以自身的安全运行保障实体经济平稳发展；积极创新服务模式，加强对国民经济薄弱环节的金融支持。

金融发展对经济增长的结构性影响

——基于门限回归方法的实证检验

韩芸等[*]

金融发展与经济增长相互关系的研究一直是经济理论与实证研究领域的重要问题之一。如果金融发展对经济增长有显著的促进作用，那么是否可以通过促进金融发展来带动经济增长？过去大量的研究结果证实了这样的结论。Levine（2004）认为，金融可以提供信息和分配资本，个人在做投资决策前评估企业、管理者及市场条件需要大量的成本，可个人储户并没有能力去收集、加工和整理这些信息；金融机构可以监督企业并施加控制，可以分散风险，整合储蓄资源，通过降低交易成本推进分工专业化、技术创新及经济增长。2008 年的金融危机给全球的经济增长带来重创，学者们开始重新审视金融发展与经济增长之间的关系，思考在金融发展的不同阶段，金融发展对经济增长的作用是否会出现结构性的变化。近年来，我国金融领域出现资金脱实向虚、资金空转现象，实体经济也出现了杠杆率过高、资产价格过快上涨等问题，两者之间是否存在一定的联系，当前研究清楚金融发展与实体经济的关系具有重要的理论和现实意义。

一、文献综述

早期经济学家并不赞同金融发展对于经济增长的作用，Lucas（1988）甚

* 韩芸：中国人民银行营业管理部支付结算处处长。参与执笔人：盖静、王军只、王晓甜、周珺星、冯凤荻。其中，盖静供职于中国人民银行营业管理部支付结算国库处；王军只供职于中国人民银行营业管理部会计财务处；王晓甜供职于中国人民银行营业管理部办公室；周珺星供职于中国人民银行营业管理部反洗钱处；冯凤荻为北京大学在读博士。

至认为金融在经济增长中的作用是被过度强调（Over-addressed）的。Robinson（1952）指出，企业引领金融（Where Enterprise Leads Finance Follow），金融是实体经济的反馈。King 和 Levine（1993）针对金融发展与经济增长的关联进行了系统性的研究，他们通过研究发现，金融系统通过降低经济成本和消除信息不对称等问题来实现资源的优化配置。Muhammad 等（2010）指出，金融发展对经济增长具有显著的促进作用，但是 Gregorior 和 Guidotti（1995）指出，金融发展与经济增长的关系因国家而异，比如拉丁美洲国家金融发展并未对经济增长起到促进作用，反而制约了经济发展。Levine、Loayza 和 Beck（2000）研究发现，随着金融发展水平的不断提升，金融发展对经济增长的作用是不断下降的。Rioja 和 Valev（2004）发现，金融发展与经济增长的关系随着金融发展水平的高低而变化，在金融发展处于较低水平的国家，进一步改善金融市场对经济增长的影响是不确定的，在金融发展处于中等水平的国家，金融发展对经济增长具有较大影响，而在金融发展处于较高水平的国家，金融发展影响经济增长的系数，其符号虽然为正，但是其数值较小。

国内的研究中，谈儒勇（1999）研究了金融发展与经济增长的关联，他分别选取银行和股票市场作为金融发展的代理变量，发现当以存贷款为衡量指标时，金融发展与经济增长之间存在显著的正向关联，而当以股票市场为金融发展的代理变量时，金融发展与经济增长之间存在不显著的负相关关系。周立、王子明（2002）选取地区的年度数据研究了金融发展与经济增长之间的关系，认为金融发展与经济增长之间存在显著的正相关关系。赵振全等（2007）将金融发展指标作为门限变量，认为金融发展与经济增长之间存在显著的非线性关联。马轶群等（2012）研究发现，金融发展对经济增长的影响受到金融稳定水平的影响。刘金全、龙威（2016）以金融发展水平为门限值，发现当金融发展水平位于门限值以下时，金融发展对经济增长具有显著的正向影响；在门限值以上时，金融发展对经济增长的拉动作用并不显著。此外，收入增长对金融发展与经济增长之间的依存关系同样具有显著影响，当收入增长高于门限值时，金融发展对经济增长具有显著的正向影响。杨友才（2014）的研究结果表明，在不同的金融发展水平下，中国的金融发展对经济增长表现出门槛效应和边际效率递减的非线性特征。

国内外的研究出于样本选择及研究方法的不同而呈现不同的结论，但是总体上肯定了金融发展对经济增长的结构性作用。具体而言有如下几方面的结论：一是金融发展对经济增长的作用是非线性的，存在一个临界点，在临界点前后作用有所不同。二是对于临界点变量的选择并未达成一致意见，如 Rioja 和 Valev（2004）通过研究发现，金融发展对经济增长的正向促进作用会随着经济体经济发达程度的改变而发生变化。Huang 等（2010）选取通货膨胀作为门限变量，发现当通货膨胀率低于门限值时，金融发展与经济增长之间存在显著的正向关系；反之在高于门限值时，金融发展与经济增长之间不存在任何关联。部分研究认为金融发展的经济增长效应会随着金融发展程度的提高而呈现弱化的趋势，如 De Gregorio 和 Guidotti（1995）、Beck 等（2000）、Rousseau 和 Wachtel（2011），尤其是对那些金融过度发展的国家而言，金融发展对经济增长存在一定的负效应（Ductor and Grechyna，2015）。Rioja 和 Valev（2004）以金融发展程度为划分国家样本的重要依据，采用系统 GMM 方法分别对金融发展程度较低、中等、较高三个样本区域金融发展对经济增长的效应进行研究，结果显示在金融发展程度较低的国家，金融发展对经济增长的效应并不明显，在金融发展中等的国家，金融发展对经济增长具有显著的正向效应，而在金融发展程度较高的国家，金融发展对经济增长具有弱化的正向效应。三是对于金融发展的衡量指标，学者们观点不一。戈德史密斯（1969）使用的金融相关比率是某一时点上现存金融资产总额与国民财富（实物资产总额加上对外净资产）之比，通常可以简化为金融资产总量与 GDP 之比。麦金农（1973）在研究发展中国家的金融抑制与金融深化及衡量一国的金融增长时，主要将货币存量（M2）与国民生产总值的比重作为标尺，用于衡量一国的经济货币化程度。戈氏和麦氏两种指标都是从总体上去衡量一国的金融发展程度的，国内的研究学者通常将存贷款总额与国内生产总值的比重作为衡量指标，如黄智淋和董志勇（2013）、李强和徐康宁（2013）。

出于对稳健性的考虑，相对于过去的研究文献普遍使用存贷款总额与 GDP 的比率、股票市场融资总额与 GDP 的比重来衡量金融发展的水平，本书在梳理过去研究文献的基础上，增加金融领域的 GDP 与 GDP 总额的比值来衡量金融发展水平，这主要是考虑到随着金融发展程度的提升，大量的金融业务存在于表外，单纯使用存贷款这些表内数据不能反映金融行业表外业务的开展情况。在综合考虑数据可得性的基础上，我们采用金融领域的 GDP 总额占

GDP 的比重来衡量金融发展水平，通过门限回归方法，选取金融发展水平作为门限变量考察了金融发展对经济增长是否存在结构性影响，并给出政策建议。

二、研究方法及数据来源

（一）研究方法

门限回归是一种非线性模型，最早是由 Tong 和 Lim 在 1978 年提出。门限回归在拟合实际数据时具有较好的性质，但是由于建立门限回归模型的步骤比较复杂，直到 Tsay 提出了较为简易的建模和检验方法后，该模型才得到了广泛的应用。本文采用的门限回归方法是 Hansen（2000）的模型，根据门限值将样本分为两个部分，分别回归，该模型只适用于截面数据和时间序列数据：

$$y_i = \theta'_1 x_i + e_i, \quad q_i \leqslant \gamma$$
$$y_i = \theta'_2 x_i + e_i, \quad q_i > \gamma$$

其中，y 是被解释变量，x 是解释变量，q 是门限变量，γ 是门限值，模型自动确定门限变量的取值，并根据门限值来划分样本。

（二）数据来源

本文采用我国 1993 年第一季度到 2018 年第二季度的季度数据共计 102 个数据，数据来源于 CEIC 中国经济数据库。由于影响经济增长的因素较多，为了避免多重共线性问题，本文参考学者们过去的研究方法，选择相关系数不是很高的劳动力增长率、通货膨胀率、固定资产投资效率、外部需求依存度、金融发展指标、股票市场依存度，部分缺失的数据采用过去年度的增长率近似替代。

经济增长率，采用国内生产总值数据，通过以 1978 年为基期的价格指数进行 GDP 平减，将国内生产总值调整为以 1978 年价格为基期的国内生产总值，并计算同比增长率，来衡量经济增长水平。

劳动力增长率，考虑到数据的可得性，本书采用城镇非私营企业就业人口的季度数据，并计算同比增长率。由于该数据仅统计到 2016 年，后续数据采用工业企业就业人数同比增速来近似计算。

通货膨胀率，选择居民消费者价格指数每季度三个月的月度数据的平均值作为季度数据，并计算百分比增长率。

固定资产投资效率，采用固定资产投资额与国内生产总值的比重来衡量，该指标反映了社会新增固定资产的生成情况。固定资产投资对于经济增长有重要的推动作用，其经济发展的各个方面都需要大量新增固定资产的投入。本文采用固定资产投资的月度累计数据，并通过三个月的平均值来计算季度数据。

外部需求依存度，一般使用出口依存度来衡量，即本国出口贸易额与国内生产总值的比率，该指标充分反映了外部对本国经济的需求，这种需求对本国经济增长具有促进作用。本文采用出口数据的月度数据，由于出口数据采用的是美元数据，我们采用期末人民币对美元汇率的月度数据将美元数据换算为人民币数据，并通过三个月数据加总获得季度数据，计算出口与国内生产总值的比值。

金融发展指标，采用三个指标，即金融机构人民币各项存贷款总额与当年国内生产总值之比、股票市场融资总额与当年国内生产总值之比、金融机构对当年国内生产总值的贡献与国内生产总值的比重，存贷款总额、股票市场融资额为月度数据，三个月月度数据加总为季度数据，金融机构对当年国内生产总值的贡献为季度数据，数据来源于 CEIC 数据库。

股票市场依存度，采用股票市场筹资额占国内生产总值比重的百分数，反映了经济发展对股票市场融资的依赖，数据采用上海证券交易所的月度数据，并以三个月月度数据的总和计算季度数据。

三、门限回归结果

（一）平稳性检验

使用 EVIEW9 对数据的结果进行 ADF 单位根检验，结果发现，所有的变量在5%的显著性水平下均存在单位根，为了避免伪回归现象，我们对所有的结果进行协整关系检验，结果如表1所示，在使用三个不同的衡量金融发展水平的指标时，均存在协整关系，说明变量之间存在稳定的相关关系，不存在伪回归问题。

表1　金融发展不同衡量指标的协整关系检验

	金融机构对国内生产总值贡献值		存贷款总和		股票融资总额	
	迹统计量	P值	迹统计量	P值	迹统计量	P值
不存在协整	120.3328	0.0004	123.7461	0.0002	106.4805	0.0075
存在一个协整	73.73655	0.0235	77.05320	0.0118	66.63357	0.0874
存在两个协整	40.89818	0.1919	43.34771	0.1243	43.14327	0.1291
存在三个协整	21.71651	0.3145	26.23246	0.1219	23.18504	0.2371
存在四个协整	11.82232	0.1657	13.21875	0.1070	10.83442	0.2219

（二）门限回归结果

使用门限回归方法，以金融发展水平为门限变量，经济增长率为因变量，分别选择三个不同的指标来衡量金融发展水平，回归结果如表2所示。

表2　金融发展对经济增长结构性影响实证结果

	使用存贷款数据		使用金融行业GDP		使用股票市场筹资额	
	小于等于12.31	大于12.31	小于等于6.32	大于6.32	小于等于1.21	大于1.21
常数	−0.009920	0.821564	−0.011483	0.194250	0.014569	0.021223
固定资产增长率	−0.006229	−0.009381	−0.008964	−0.021377	−0.010154	−0.001833
消费者价格指数	0.013330	−0.027574	0.010486	0.012387	0.011114	0.011959
金融发展指标	0.000252	−0.017525	0.004471	−0.017641	−0.010634	−0.013168
出口依存度	0.474474	−2.254515	0.442509	0.228135	0.409911	0.511811
人口增长率	−0.001553	0.001797	0.000273	−0.002305	−0.000624	−0.000824

从回归结果来看，采用存贷款总额、金融行业GDP和股票市场融资额来衡量金融发展水平均存在结构性影响，并且前两者还存在超过了临界值之后出现负相关作用的情况，说明就本书的样本和研究方法而言，的确存在金融发展对经济增长的结构性影响，并且在金融发展水平较低时，金融发展对经济增长具有促进作用，在金融发展水平较高时，存在反向的阻碍作用。

从存贷款总额与GDP的比重来看，当存贷款总额与GDP的比重高于12.31时，金融发展对经济增长会产生阻碍作用。从实际数据来看，2015年第一季度，我国的存贷款总额与GDP的比重超过了12.31，这与我们国家金融领域出现资金脱实向虚的时间段基本一致。在此阶段，金融发展对经济增长确实存在负作用，并且存贷款总额与 GDP 的比值每增加 1，经济增速就会下降 1.75%。

将金融领域的 GDP 作为金融发展的衡量指标，当金融领域产生的 GDP 超过了 GDP 总额的 6.32% 时，金融发展会对经济增长产生阻碍作用。从实际数据来看，我国 2013 年第一季度，金融领域产生的 GDP 与国内生产总值的比重超过了 6.32%，金融发展对经济增长具有负作用，并且金融领域产生的 GDP 与国内生产总值的比重每提升 1%，经济增速就会下降 1.76%。

从股票市场融资额与 GDP 的比重来看，2014 年第四季度，股票市场的融资额占 GDP 的比重高于 1.21%，此时金融发展对经济增长的负作用有所增强，并且股票市场的融资额占 GDP 的比重每增加 1%，经济增速就会下降 1.3%。

四、研究结论和政策建议

从样本回归结果中我们可以看到，在使用存贷款总和占 GDP 比重和金融行业 GDP 占 GDP 比重衡量金融发展水平时，均可以看到金融发展对经济增长比较明显的结构性效应，在金融发展程度较低时，金融发展对经济增长具有促进作用，在金融发展程度较高时，金融发展对经济增长具有阻碍作用，从作用的大小来看，阻碍作用相较于促进作用更强。

总体看来，就我们的样本数据而言，在门限值以下金融发展对经济增长的促进作用是有限的，但是在跨越门限值之后，金融发展对经济增长的阻碍作用更强。这说明，在我国通过发展金融来促进经济增长风险较大，如果控制不好节奏和力度反而会对经济增长产生阻碍作用：一方面，金融领域的过度发展如果超出了实体经济的需要，会产生资金空转；另一方面，金融的过度发展也会带来过度创新，在金融创新与金融监管力度不匹配时，会累积金融风险，并可能带来金融危机，进而对经济增长起到阻碍作用。

五、本次研究的不足

本文的研究存在如下不足：一是内生性问题。可能是经济增长越快的地方，越能为金融的发展提供更好的条件，也可能是金融增长较快的地区，越能为经济增长提供更好的金融服务，如果模型本身存在内生性问题，而我们置之不理，那么我们所估计的结果就可能是有偏颇的。当前用来解决内生性问题的方法是工具变量方法，但是工具变量非常难以选择，既要与原模型的内生解释变量相关，又要与随机误差项不相关，而实际上计量经济学中很难找到这样的变量。文献中最常使用的变量就是原模型内生解释变量滞后一期的值，但是实际上模型中的数据通常使用的是季度数据，我们难以相信上一季度的金融发展不会对本期的经济增长产生影响，相反，由于政策的滞后性影响，当期的政策可能到后期才会有所反映。二是本文中使用的是总量数据，未考虑地域性问题，中国地区间的不平衡显著，深入到地区层面或许能更深入地了解基本事实。另外，对中国地区间经济金融差距的分析，类似于跨国研究，以后可以分析经济发展不同阶段下金融发展对经济增长的影响。

参考文献

[1] Beck T., Levine R., Loayza N. Finance and the sources of growth [J]. Journal of Financial Economics, 2000, 58 (1): 261-300.

[2] De Gregorio J., Guidotti P. Financial development and economic growth [J]. World Development, 1995, 23 (3): 433-448.

[3] Ductor L., Grechyna D. Financial development real sector and economic growth [J]. International Review of Economics and Finance, 2015, 37 (5): 393-405.

[4] Hansen B. Sample splitting and threshold estimation [J]. Econometrica, 2000, 68 (3): 5.

[5] Huang H. C., S. C. Lin, D. H. Kim, C. C. Yeh. Inflation and the finance-growth nexus [J]. Economic Modelling, 2010, 27 (1): 283-315.

[6] King R. G., Levine. Finance, entrepreneurship, and growth: Theory and evidence [J]. Journal of Monetary Economics, 1993 (32): 513-542.

[7] Levine R. Finance and growth: Theory and evidence [J]. Social Science Electronic Publishing, 2004, 1 (5): 37-40.

[8] Levine R., N. Loayza, T. Beck. Financial intermediation and growth: Causality and causes [J]. Journal of Monetary Economics, 2000, 46 (1): 31-77.

[9] Lucas. On the mechanics of economic development [R]. Quantitative Macroeconomics

Working Papers，1999，22（1）：3-42.

[10] Rioja F. , N. Valev. Does one size fit all? A reexamination of the finance and growth relationship [J]. Journal of Development Economics，2004，74（2）：429-447.

[11] Robinson J. The generalization of the general theory [M]. London：Masmillan，1952.

[12] Sulaiman D. , Muhammad, Muhammad Umer. The bound testing approach for causality between financial development and economic growth in case of pakistan [J]. European Journal of Social Science，2010，13（4）：525-531.

[13] 戈德史密斯. 金融结构与金融发展 [M]. 上海：上海人民出版社，1996.

[14] 黄智淋，董志勇. 我国金融发展与经济增长的非线性关系研究——来自动态面板数据门限模型的经验证据 [J]. 金融研究，2013（7）：74-86.

[15] 李强，徐康宁. 金融发展、实体经济与经济增长——基于省级面板数据的经验分析 [J]. 上海经济研究，2013（9）：3-11，57.

[16] 刘金全，龙威. 我国金融发展对经济增长的非线性影响机制研究 [J]. 当代经济研究，2016，247（3）：71-80.

[17] 罗纳德·麦金农. 经济发展中的货币与资本 [M]. 上海：上海人民出版社，1997.

[18] 马轶群，史安娜. 金融发展对中国经济增长质量的影响研究——基于 VAR 模型的实证分析 [J]. 国际金融研究，2012（11）：30-39.

[19] 谈儒勇. 中国金融发展和经济增长关系的实证研究 [J]. 经济研究，1999（10）：53-61.

[20] 杨友才. 金融发展与经济增长——基于我国金融发展门槛变量的分析 [J]. 金融研究，2014（2）：59-71.

[21] 赵振全，于震，杨东亮. 金融发展与经济增长的非线性关联研究——基于门限模型的实证检验 [J]. 数量经济技术经济研究，2007（7）：54-62.

[22] 周立，王子明. 中国各地区金融发展与经济增长实证分析：1978-2000 [J]. 金融研究，2002（10）：1-13.

新零售时代下汽车金融创新与监管趋势研究

于勇等*

近年来，在我国大力推进供给侧结构性改革的大背景下，随着互联网技术的发展，消费者的购买行为及消费需求发生了根本性的改变，传统的商业模式已无法满足市场需求，线下零售与线上零售冰火两重天的局面更凸显出传统零售业的末路和新零售业发展的端倪，传统零售业面临着转型的考验。基于大数据、云计算等新兴科技，以数据为驱动，以满足个性化需求为目的，借助体验式服务完成点对点商业行为的新零售时代已经到来，作为新零售核心内容的"推动实体店销售和网购融合发展"更是被写入 2017 年政府工作报告。汽车产业作为传统制造业的代表，在各个国家的产业经济结构中一直占据着较高比重，对一个国家的经济发展起到不容忽视的作用，也亟须在新零售时代更好地完成产业升级和加入新零售这种全新的商业模式。尤其是在我国当前经济增长乏力，亟须进行经济结构调整升级、提高经济增长质效的情况下汽车产业进行产业升级并适应新零售模式的紧迫性显得更为突出。

国民购买力的增强、消费需求的不断升级，以及不同区域、不同消费者消费意愿的不同，推动了汽车销售领域的创新和消费场景的重构，汽车消费已经不再属于奢侈消费。发达国家的经验表明，金融业对汽车市场的培育和发展至

---

* 于勇：中国人民银行营业管理部国库处副处长。参与执笔人：刘斌、谭任杰、袁江、张钟元、宋雪、熊玉琨、李映根、张骁。其中，刘斌供职于中国人民银行营业管理部国库处；谭任杰供职于中国人民银行营业管理部征信管理处；袁江供职于中国人民银行营业管理部宣传群工部；张钟元供职于中国人民银行营业管理部反洗钱处；宋雪供职于中国人民银行营业管理部资本项目管理处；熊玉琨、李映根供职于中国人民银行营业管理部货币金银处；张骁供职于中国人民银行营业管理部清算中心。

关重要，当金融业与汽车产业的发展程度足够时，两者必定会互相交融，汽车金融正是汽车产业中金融资金在融通中对盈利模式、融资结构、信用管理、金融产品的调动与采用，是汽车制造业、流通业、服务业与金融业相互结合渗透的必然结果，为汽车产业的发展提供了新的契机。我国的汽车金融行业相对于欧美发达国家起步较晚，在加入 WTO、开放汽车信贷业务后，从引入国际知名车企金融服务机构开始缓慢探索，目前仍存在着市场环境不成熟、参与主体经验不足、业务创新不够及汽车金融监管体系不完整不科学等问题。因而，在金融支持供给侧改革这样的大背景下，结合新零售概念，研究汽车金融的创新及监管发展趋势既有理论意义，也有现实意义。

一、概念研究综述

(一) 汽车金融理论性研究

汽车金融本质上是一种产业金融，是资金在汽车生产、流通、消费等环节的融通方式与路径的体现，即资金在汽车领域是如何流动的，是汽车金融机构 (资金供应者) 应用汽车金融工具 (融通媒介)，通过汽车金融市场 (融通场所) 向汽车供应者及汽车需求者提供资金服务的过程。这个过程包括了汽车消费信贷融资问题，汽车生产、销售企业资金融通问题，汽车金融创新与衍生等金融工程问题，汽车产业与金融产业相互转化的问题等。汽车金融是汽车产业经济社会化大生产的必然产物，在欧美发达国家是伴随着汽车产业的发展逐步成熟起来的，至今已有100多年的历史。从发达国家的实践情况看，汽车金融通常是指汽车销售环节上为消费者和经销商所提供的融资及其他金融服务，典型的汽车金融产品包括经销商库存融资、汽车消费贷款、汽车融资租赁与汽车保险等。

国外学者对汽车金融的研究较为深入。从最早的汽车金融机构的规范性立法问题研究开始，国外学者在各个维度对汽车金融进行了深入的研究和探讨，如在汽车金融的发展历史中哪些因素起到了较大的推动作用、需要健全哪些制度才能避免各参与方采用不遵守诚实信用的手段来谋取不法收益、在开展汽车金融业务过程中的定价问题、相关市场的市场壁垒问题、保险市场对汽车金融发展的作用、在经销商对汽车厂商有着较高依存度的情况下如何最大限度地满足消费者的需求等一系列问题。Sydeny（1998）通过研究汽车金融产业方面的数据，指出货币政策会显著影响汽车金融参与者的参与方式，且经销商是对政策异动最敏感的参与者；Orazio、Pinelopi 和 Ekaterini（2003）利用汽车贷款的消费问卷调查数据估算出了消费贷款利率的需求弹性与消费贷款还款期的需求弹性之间的关系，并指出只要市场调节有效，汽车金融机构必然会控制好信用风险敞口，在规范信贷约束的条件下获得最大的流动性收益；Zukerman 和 Whitehouse（2005）统计了美国汽车金融机构市场份额相关数据，发现汽车金融市场存在较普遍的进入壁垒，其中汽车制造企业旗下的汽车金融机构对自身品牌的市场控制能力最强；Mark（2008）通过问卷调查的形式研究了歧视性定价问题，发现汽车经销商会倾向于采取歧视性的措施来配置消费信贷资源；Ramsay（2009）研究了保险市场在汽车金融发展历史中的作用，并指出如果没有健全制度加以规定，会存在经销商采用不遵守诚实信用的方法来谋取不法收益的可能。

国内学者对汽车金融的研究主要是在对我国汽车金融行业当前的发展情况、发展缓慢的原因和对策等方面进行分析，如对汽车金融市场的外资比例较高、国有企业的发展空间有限等情况的分析；探讨汽车金融业发展中潜在的风险点及防范策略；部分学者以我国汽车金融公司的运作模式为基础，分析如何借鉴他国的先进经验来促进我国汽车金融行业的发展，如借鉴他国的管理政策、信用制度、信贷模式、风险控制措施、金融创新的培育方式等。其中，王再祥、贾永轩（2006）对我国汽车金融的概念进行界定，分析了汽车金融战略未来的发展方向，对汽车信用管理体系、汽车融资、金融要素应用、营销模式建立等，都有较为全面、深入、系统的研究；刘清涛（2006）指出相较于国外，我国的汽车金融市场同质化较严重，各产品没有明显的区分点，我国需要注重对金融创新的培育；李江天（2007）分析了汽车金融公司的融资渠道、主营业务构成及我国在个人征信体系构建方面存在的问题；王传宝（2008）从利益诉求的局限性、销售服务专业性不足、融资渠道狭窄和缺乏信用惩罚机制等方面分析了我国汽车金融中存在的问题；王爱晶（2009）认为，汽车金融的业务、融资机构、汽车金融信用制度体系及风险管理都与国外发达工业国家有较大差异，我国车贷市场面临的最大问题是社会信用体系缺失；唐群杰、罗凯波（2009）通过演化博弈相关理论，分析了重复博弈能够降低消费信贷道德风险，使信贷者与金融机构实现"合作和双赢"，从而论证了在我国发展专业的汽车金融机构的可行性；吕伟昌（2009）针对汽车金融公司的融资问题，指出应借鉴国外的运作经验，建议从业务创新、丰富参与主体、加强证券资产流动性等途径来降低融资成本、实现风险分担；魏福权（2010）比较国内外汽车金融的发展情况后，从外部环境和金融公司两个层面分析，认为我国居民收入水平低、信用发展滞后、融资问题突出、高端人才不足等因素制约了汽车金融业务的拓展，并提出了促进汽车金融业务拓展的针对性建议。

（二）传统零售业理论研究与新零售概念的提出

新零售顾名思义是在传统零售业基础上进行革新。传统零售业在我国国民经济行业分类（GB/T 4754—2017）中被定义为百货商店、超级市场、专门零售商店、品牌专卖店、售货摊等主要面向最终消费者（如居民等）的销售活动，以互联网、邮政、电话、售货机等方式的销售活动，还包括在同一地点，后面加工生产，前面销售的店铺，零售业按销售渠道分为有店铺零售和无店铺零售，其中有店铺零售又分为综合零售和专门零售。该定义强调了不同的零售业态，以不同的媒介向消费者提供产品及服务，满足消费者需求，实现商品价值的过程。

新零售概念可以看作是互联网电子商务的迭代演化，这个概念最早是在2016年10月阿里云栖大会上，阿里巴巴集团董事局主席马云提出的，目的是为了将线上与线下零售方式融合，更好地服务消费者，进一步拉动零售经济增长。2017年3月阿里研究院发布了《新零售研究报告》，将新零售定义为：以消费者体验为中心的数据驱动的泛零售形态。新零售业态具备三种特征：一是销售全渠道，同服务。无论是通过线上PC端、手机端，还是线下实体店，商品都能提供相同质量的服务，各销售环节透明清晰，线上线下实现深度融合。二是店铺数字化和智能化。通过互联网大数据手段，了解客户潜在需求，以物联网智能设备延展店铺时空，构建多样的零售场景。三是新型店铺。线下实体店以体验、教育、展示等方式与客户建立互动，线上完成交易，既削减了库存成本又增强了客户黏性。

二、我国汽车金融行业发展情况

（一）汽车金融行业发展概况

随着汽车消费尤其是私家车消费的持续走高，我国自 2009 年成为全球第一大汽车消费市场，汽车产业的快速发展在一定程度上也推动了汽车金融行业的发展。但作为我国汽车金融行业主要产品的汽车消费信贷目前只是少数消费者的选择，占比不到40%，与发达国家的数据对比差距明显。2015 年有近九成的美国消费者采用财务杠杆方式进行车辆购置，其他发达国家如德国和英国的贷款购车比例也都在八成以上。

目前，参与我国汽车金融市场的主体有数百个，其数量呈不断增长的趋势，主要包括汽车金融公司、汽车租赁公司、汽车企业集团的财务公司以及商业银行。其中从业务量上看，商业银行在整个市场上是最主要的服务提供方，占比一直稳定地保持在50%以上，而本应作为汽车金融服务主要供给者的汽车金融公司虽然经过十几年的发展已经有了 25 家，但整体却表现得不尽如人意。汽车金融公司整体在 2007 年才扭亏为盈，且当年全行业仅盈利 1647 万元，目前全行业的贷款余额也远低于商业银行的汽车消费贷款余额。与发达国家相比，我国的汽车金融公司无论是在汽车企业的销售促进、利润贡献，还是在客户服务上，远未发挥出应有的作用。

（二）经营模式

目前，我国汽车金融产品主要是汽车消费信贷，按照各汽车金融机构在信贷业务中所承担的职责及与消费者的关联程度不同，现有的汽车消费信贷业务可大致分为商业银行模式、经销商模式和汽车金融公司模式。

1. 商业银行模式

由于我国商业银行网点分布广泛、非银行金融机构参与汽车金融相关业务受限制较多等，商业银行模式是目前业务量最大的经营模式。该模式下，商业银行作为各个业务的运作中心，直接面向客户开展业务，如商业银行委托律师进行用户资信调查与评价，直接与用户签订信贷协议，要求用户到指定的保险公司买保险、到指定的经销商处买车等。与此相对应，相关风险主要由商业银行和保险公司承担。该模式可以充分发挥商业银行资金雄厚、网络广泛、资金成本较低的优势，但商业银行不仅需要面临由于直接面对客户导致的工作量大幅增加，还要去做其本身并不擅长的资金运作之外的很多工作，如全面、及时地了解汽车产品本身的性能、配置、价格、经销商及其服务等方面的情况，进一步增加了人力财力的投入。另外，商业银行对汽车市场的快速变化及汽车企业竞争策略、市场策略调整的反应往往滞后，会影响金融产品的灵活性和适应性，该模式会随着汽车信贷业务量的不断增加而受到挑战。

2. 经销商模式

该模式指经销商作为汽车金融服务主体，负责调查与评价消费者的信用状况，调查无误后与消费者签订购车协议，为消费者向商业银行申请贷款、代商业银行向用户收取还款、办理有关保险和登记手续，并以经销商自身资产为消费者承担保证责任。与此相对应，信贷风险主要由经销商和保险公司承担。该模式以经销商为业务核心，不仅能最大程度地方便消费者，实现对消费者的一站式服务，并且经销商由于对市场有准确了解和对汽车产品和服务有最直接、最及时的反应，能够及时根据市场的变化推出更合适的金融服务，有利于扩大贷款范围，从而起到培育市场、稳定销售网络、锁定用户群体的作用。但该模式下，经销商的资金来源和自身资产规模有限导致资金成本较高，而且经销商在信贷业务上经验相对缺乏，本模式的贷款成本较高。

3. 汽车金融公司模式

该模式下，汽车金融公司作为主体向消费者提供融资服务，负责消费者信用调查和贷款审批。汽车金融公司一般附属于某汽车品牌，其不仅对本品牌车辆和本品牌汽车经销商具有深入了解，还对违约收回车辆有更多的处置方式，能够有效确保抵押资产的安全。汽车金融公司模式是世界上通行的运作模式，能够有效地连接汽车厂商、经销商和消费者，并实现金融创新。目前出现的零利率消费信贷产品，正是汽车金融公司、汽车厂商和经销商双方或三方合作的产物，汽车厂商和经销商通过补贴汽车金融公司的利率损失促进销售。汽车金融公司模式能够有效保证生产资金、交易资金和消费资金的各自充足，有助于实现汽车集团公司的战略目标，显著促进汽车产业的整体发展。

（三）存在的主要问题

1. 市场信用环境不完善

目前，我国的征信机构尚处于信息征集、信息积累和提供简单查询的初始阶段，征信产品应用程度不深，由此造成不同主体之间的信息不对称，导致逆向选择、道德风险和信贷配给等问题，增加了汽车金融机构的信贷风险。同时，由于专业的信用评估机构缺失，汽车金融机构对消费者的资信状况和偿债能力难以及时准确掌握，只能对每个消费者进行细致严密的资信调查，往往要求消费者出具大量证明，造成信贷手续繁杂、信贷管理成本增加。此外，与成熟的汽车金融行业配套的个人信息披露制度及信息共享制度还未建立，市场信用环境还远达不到能够有效促进汽车金融行业健康发展所要求的水平。

2. 法律环境和金融环境不完善

尽管目前我国现行的法律法规和相关的政策文件为汽车消费信贷业务的开展提供了基本的法律、政策框架，使之具备了基本的可操作性，但其缜密性和完备性不足，在一定程度上阻碍了汽车金融业的发展。如与汽车金融业务息息相关的《中华人民共和国担保法》不仅对一些与保障金融债权密切相关的担保方式没有给予法律认可，部分规定还造成汽车信贷的担保抵押，如房产抵押、票据质押、第三者保证，以所购车辆抵押适用范围有限，可操作性不强。《中华人民共和国担保法》规定，若以汽车为贷款抵押物，应在主管部门办理抵押登记，但我国尚未建立健全汽车抵押登记和产权证制度。

由于利率受中央银行控制，所以无论是汽车金融机构还是消费者都不能自主设计和选择市场化的利率产品，导致汽车金融机构提供给每个客户的汽车信贷产品严重趋同，都是在一定首付后分期付款，贷款期限、利率也相对缺乏弹性。此外，由于我国的金融创新受到政策的限制颇多，金融机构不能随意进行金融创新，更不能交易规定之外的金融工具，我国汽车金融产品创新不足、乏善可陈，严重阻碍了汽车金融行业的健康发展。

3. 汽车金融产品较为单一，集中于向消费者提供汽车消费信贷

目前，我国的汽车金融业务主要包括针对最终消费者的传统汽车消费信贷业务和针对经销商的融资业务，其中消费信贷业务作为零售汽车金融业务是我国汽车金融业务的主要运作形式，针对经销商的融资业务也主要是库存周转融资，经销商建店融资等金融业务在我国很少开展，发达国家汽车金融产品中常见的融资租赁、购车储蓄、汽车消费保险、担保、汽车应收账款保理、汽车应收账款证券化等汽车消费过程中的其他金融服务在我国并没有开展。对制造商而言，单一的汽车金融产品无法让制造商的生产资金与销售资金分离，也就无

法延伸汽车产业的价值链，对扩大汽车产业的投资和生产方面作用不大；对经销商而言，仅有的库存周转融资并不能有效实现扩大销量、增加资金运行效率。

4. 商业银行作为主要供给主体，限制了汽车金融的长足发展

目前，商业银行的消费信贷规模在整个市场中处于主导地位，成为我国提供汽车金融产品的主要机构，而汽车金融公司等专业的汽车金融机构的业务量则相形见绌。商业银行作为汽车金融业的主要供给主体，限制了汽车金融的长足发展。一方面，由于商业银行与汽车制造商之间缺乏直接的利益关联，使其不能像汽车制造商附属的汽车金融公司一样能够在扩大汽车生产、流通和消费规模、实现汽车产业的规模经济方面产生积极作用。另一方面，商业银行由于在违约车辆处理方面缺乏经验和专家，导致商业银行为尽量降低违约率制定了较为严苛的贷款条件，使其推出的汽车金融业务对消费者来说既不方便也不经济，在扩大汽车销量、缓解供需矛盾方面很难起到应有的作用。

三、汽车金融创新研究

（一）汽车信贷的跨期消费创新

传统的消费模式是完全通过自身积累达到生活目标，往往造成人生前阶段物质生活贫苦而后阶段宽松，生活落差过大，且在社会经济发展到一定阶段后，因为社会消费力不足，容易阻碍市场经济的发展。通常情况下，年轻人的流动财富少、人力资本很高，而老年人的情况却正好相反。总之，一个人未来收入越高，其人力资本则越高，但问题在于人力资本不可随时变现，当金融证券业不够发达时，人们只能花费流动财富，而不能花费人力资本。

我们把所有保证在未来某个时间或某种条件下支付现金的契约称为证券，包括贷款、保险合同等，这些不同的金融产品其作用都是帮助居民对一生中不同年龄阶段的收入进行配置，即要么把未来的收入提前消费，要么把今天的收入推迟到未来消费，以期让居民一生中不同年龄阶段的消费尽量合理平均安排。这些靠未来收入支付的贷款在一定意义上可看成是人力资本的证券化。

汽车信贷就是汽车金融行业中将消费者人力资本变现的创新工具，它是消费者人力资本证券化的过程，允许消费者提前进行汽车消费，减少了消费者储

蓄的必要性，助长了消费需求，带动了汽车行业整体的经济发展。

经济增长的内在动力不仅取决于合理的制度安排，也取决于金融创新的程度。因为在整个经济增长链的最基本环节上，金融创新不仅决定了企业的融资途径、融资程度和融资成本，而且决定了个人的消费行为。金融创新对个人消费行为的重要性既在于它可能释放出居民的消费潜力，也在于可为民众的投资提供多元化的选择。汽车信贷的跨期消费就是让消费者更好地配置一生中不同年龄阶段的消费水平。无论是从市场经济发达的美国，还是从市场正在形成中的中国来说都是如此。在今天，看上去美国人的储蓄率只有3%，处于一个相当低的水平上，但在"二战"之前美国人的人均储蓄是十分高的，当时平均水平在20%以上，从1943年开始的一系列金融创新使美国人储蓄率逐年下降，从而使美国的消费力飞速提高。以我国的房地产发展为例，其成为我国国内经济增长的支柱产业就是一系列跨期消费的金融创新结果。可以说，这些金融创新不仅创造了新的需求，形成国内经济增长的新产业，而且解决了民众可支配财富不足的问题，同时增加了个人消费倾向，而个人内需的扩大、经济增长自然也就会步入良性循环的轨道。

（二）票据市场在汽车金融中的创新应用

票据市场是我国货币市场的重要组成部分，是主要从事短期交易或融资业务的场所，在我国发展迅速，已经成为银行、非银行金融机构及企业资金流动的重要纽带。企业可利用票据融资缓解购货和付款面临的资金压力，相对于资本市场资金融资和银行贷款而言，票据融资是企业最为便捷的方式。

近年来，在汽车金融服务方面，除了汽车消费贷款，银行还积极为汽车经销商的票据融资提供服务。汽车经销商存货占用的流动资金贷款呈现票据化趋势，银行承兑汇票替代现金作为结算手段，已普遍被企业所接受，企业持有大量的银行承兑汇票，为办理贴现提供了充足的票源，企业通过银行承兑汇票来回笼汽车销售货款的方式变得越来越普遍。

具体操作中，汽车生产商、经销商与银行之间达成三方合作协议，经销商向当地银行的分支机构交付一定比例的保证金，申请签发银行承兑汇票，专门用于向汽车生产商支付购车款项，汽车生产商获得票据后向经销商发出全部车辆，并负责将上述车辆对应的汽车合格证交由银行控制，银行与经销商就所购车辆签订抵押合同，并根据经销商交存保证金的情况陆续发放汽车合格证，如此循环操作，直到经销商在汇票到期前交存足额保证金为止。经销商到期不能交存足额保证金的，由生产商对经销商未销售的车辆进行回购，回购价款用于弥补保证金的差额部分。通过此种模式，一方面可以缓解经销商自有流动资金的不足，促进汽车销售量的增长；另一方面不仅可使生产商提前获得生产资金，保证其产品的正常生产，而且能够帮助生产商增加销售渠道，锁定市场销售终端，扩大市场份额。

（三）基于线上交易的业务创新

在"新零售"的大环境下，消费者习惯逐渐发生改变，汽车服务的交易逐渐由线下转为线上，其中二手车交易和共享汽车租赁是汽车金融在新零售背景下的创新亮点。

1. 二手车线上交易

二手车在汽车产业中具有重要地位，其流通速度对汽车产业的更新换代有积极促进作用，对整个汽车产业链发展具有带动作用。我国汽车销售市场日趋完善，新车销售增长速度趋缓，汽车保有量大，为二手车市场提供了良好的发展环境。

传统二手车交易主要依靠二手车市场，随着互联网电子商务的不断发展，二手汽车销售逐渐由线下交易转变为线上，对二手车的评估认证在线下完成，线上完成交易，最终通过物流渠道进行寄售，使客户足不出户就能完成二手车交易。线上二手车销售平台扩大了二手车销售范围，让更多的客户了解到二手车，二手车原车主也避免了传统市场的层层压价，使二手车交易能以相对公允的价格进行。目前，优信二手车、瓜子二手车、人人车、平安好车主等一大批二手车交易平台如雨后春笋般进入这个市场。

2. 共享汽车租赁

共享汽车是介于私家车和公共交通之间的交通方式，最早起源于欧洲的德国和瑞士。共享汽车是汽车租赁与互联网技术有效创新融合的结果。共享汽车的推出提高了城市汽车的使用率，缓解了路面交通压力，降低了大气污染。共享汽车目前在市场上多以电动车为主，通过移动手机注册认证，缴纳押金后就能够正常使用了。对比传统的汽车租赁，共享汽车的优势在于全天 24 小时运营，无办公时间限制。车辆的预订、取车、还车等环节都可以通过手机自助完成，使用费中已包含保险和燃油费用。

通过互联网技术建立车载信息终端，使车辆行驶的轨迹信息通过网络传输到系统后台，车载信息终端处理数据的准确性与稳定性对汽车租赁客户有很大影响，处理能力强的车载信息终端可以准确发送汽车位置、剩余能源情况、驾驶用户信息等，帮助系统后台了解汽车的行驶状态。

（四）汽车金融公司开展资产证券化进行融资

资产证券化融资方式常常是汽车金融公司为盘活现金流采取的一种融资手段。当汽车金融公司积累了大量金融债券时就可采取资产证券化的方式进行打包处理。资产证券化是结构化金融产品的创新品种，这一模式与汽车金融公司的融资需求最为契合，在许多发达国家应用较广。这种模式一般由汽车金融公司作为产品发起人，通过特设机构 SPV，对自身存量汽车信贷资产进行特定化转让，从而筹集资金。在实际操作中，汽车金融公司往往扮演着贷款服务机构的角色，收取相关服务费。特设机构 SPV 通常由信托机构担任，主要职责是确定入池资产，并且在项目成立后，按期将投资本息支付给投资者。为了确保资产的质量，方便投资者了解资产信息，往往会聘请评级机构对资产质量进行评估，出具资产评估报告。若资产质量未能达到发行要求，汽车金融公司会选择相关增信机构开展合作。在项目搭建与实际产品发行中，通常会聘请承销方（一般由券商机构担任）进行各项工作的协调与申报。汽车金融机构可以利用信贷资产证券化的优势将公司内部的存量信贷资产转化为现金，信贷资产被转移后风险也随之转移，有利于汽车金融后续继续发展业务，为汽车金融提供了多元化的融资渠道。

四、监管趋势研究

（一）汽车金融的监管体系

汽车金融业是一个风险较大的行业，原因在于汽车金融体系和汽车金融资产内在价格的脆弱性，这将导致汽车金融行业面临信用风险、市场风险、经营管理风险以及金融业特有的利率风险和汇率风险。对汽车金融行业的监管涉及机构较多，分工细致。

汽车金融本身涉及的产业链较长，受到内部、外部、市场的共同监督，从监管机构设置方面来看包括金融市场管理、汽车制造与加工管理、汽车销售服务管理三个方面。在金融市场管理方面，商业银行、汽车金融公司、汽车企业集团财务公司这些服务汽车金融行业机构在 2018 年以前都会受到银行业监督管理委员会非银行金融机构监管部门管理。按照《汽车金融公司管理办法》的规定，汽车金融公司的设立、变更和终止必须经过银监会批准并接受其监管。根据《汽车贷款管理办法》的规定，商业银行、城乡信用社、汽车金融公司均可开展汽车贷款业务，但必须经过银监会审批并接受其监管。涉及汽车金融保险业务的保险公司由保险业监督委员会负责管理，2018 年银监会与保监会合并为银行保险监督委员会，为我国汽车金融产业实施联合监管提供了基础。在市场准入方面，外资性质或中外合作性质的汽车金融公司需要先经过商务部批准颁发相关许可证明资质才能设立经营。在汽车制造与加工管理方面，目前我国主要依托国有大型汽车制造厂进行汽车制造与加工，国有汽车厂商由国资委进行监管。汽车销售服务由经销商完成，这部分监管主要由国家市场监督管理部门负责。

（二）汽车金融业务监管由合规性监管向风险性监管的转变

汽车金融业务在我国主要包括汽车消费贷款、经销商贷款和机构汽车贷款。伴随着汽车金融产业的发展，汽车金融监管业经历了放松—管制—放松—监管四个阶段变化，经历了由中国人民银行向银监会监管过渡的过程。总体来看，是从业务合规向风险性监管转变的过程。

早期对汽车金融机构的业务检查主要侧重于制度审查、业务审批、内控检查等经营合规性方面，对其现场检查开展较少。随着我国汽车产业投资过热，汽车信贷市场暴露出一些风险问题，出于对宏观经济体系的整体调控，监管机构对各汽车金融公司开展了多次全国范围的专项检查，要求机构合理投放资金，有效控制贷后风险。以征信监管为例，在以往检查中，已发生贷款和拒贷客户查询信用报告授权书的合规性是检查的重点，近些年，检查更关注对事前风险的防范，获取信息主体授权书的有效性、查询信用报告前是否做到双人复核、内部是否对查询信用报告网络做到屏蔽等方面成为主要关注点，督导金融机构在信息查询前端规避信息泄露风险。

（三）对汽车金融公司实施更为严格的市场准入监管要求

在当前金融强监管的趋势要求下，汽车金融公司将受到更严格的市场准入要求。各地银监局在审核新成立的汽车金融公司时不仅对申请材料进行审核，而且以开展现场申请答辩会的形式进行考核，汽车金融公司适用于核准制的高级管理人员需要全部参加，董事长和总经理作为主答辩人。监管部门对汽车金融公司的申报材料和筹建过程中涉及公司治理、风险管理、内部信息控制和信息披露等的关键问题进行提问，采用这种方式可以更好地对申报资料信息的真实性和一致性进行考察，对高级管理人员是否具备稳健经营的理念及相应的应变素质能力进行考核。

在行业准入标准方面，2008 年调整后的《汽车金融公司管理办法》要求非金融机构的出资人金额由 40 亿元上调至 80 亿元，营业收入由 20 亿元上调至 50 亿元，同时还增加了"最近 1 年年末净资产不低于资产总额的 30%（合并会计报表口径）"的标准，对资产质量进行更高标准的要求；"入股资金来源真实合法，不得借贷资金入股，不得他人委托资金入股""承诺 3 年内不转让所持有的汽车金融公司股权（中国银监会依法责令转让的除外），并在拟设公司章程中详细载明"，这些相关规定提高了新设汽车金融公司的入场门槛。新《汽车金融公司管理办法》更强调汽车金融公司的专业性，指出汽车金融公司是与汽车产业发展密切相关的金融服务机构，要构建"融资—信贷—信用管理"三位一体的运营模式，应服务于汽车产业的各个环节。新的管理办法对汽车金融公司管理团队的专业性提出了更多要求，这也是符合对汽车金融公司专业化和风险性的考量的。

五、政策建议

（一）加强汽车金融信用风险管理体系建设

汽车金融行业的发展离不开信用体系的建设，我国的汽车金融行业起步晚，在信用风险管理方面较其他发达国家仍比较落后，信用体系建设仍处于基础阶段。要建立完善的汽车金融风险管理体系，首先应扩大信用信息来源，建立更全面反映客户信用画像的信息系统。目前，汽车金融行业仍主要依靠中国人民银行征信系统进行信用风险控制，中国人民银行征信系统全称为金融信用信息基础数据库，主要收录发生信贷业务客户的历史业务信息。由于汽车金融客户分布广泛，一些偏远城市的客户没有在银行或其他金融机构发生过信贷业务，因此征信系统对于这部分客户的信用风险评估效果就比较弱。建议建立更多的信息收集渠道，加大对客户的社保资料、违法违纪、出入境以及交通安全肇事和安全生产规章执行等方面的记录，这就要求全社会各监管部门协同建立统一的个人信息数据平台，形成全社会联网的信用信息记录机制。其次确保发生业务客户信息安全不泄露。对于使用客户信用信息的汽车金融机构应严格按照《征信业管理条例》中的要求，事先取得客户的有效授权，在客户同意且知晓办理汽车贷款业务的情况下开展客户信用信息查询。最后，在开展汽车金融业务时汽车金融公司或商业银行应根据自身的业务特点形成内部信用风险模型，对存在潜在信用风险的客户进行预警，防范潜在信用风险。

（二）完善汽车金融相关法律制度

目前，我国汽车金融业务以中国人民银行和银监会联合下发的《汽车贷款管理办法》为主要指导，该文件在 2004 年首次下发，2017 年 10 月进行了修订，主要是从商业银行及汽车金融公司的角度来规范汽车信贷业务的方向，但对汽车金融作为消费信贷业务的具体相关条款缺少扩充与细化。汽车金融发展较好的发达国家无一不建立了健全的消费信贷政策法规。日本专门制定了《分期付款销售法》，对汽车分期付款的操作规定十分细致。美国在构建消费信贷制度的基础上，努力加强消费信贷法制环境建设，颁布了《信贷机会平等法》，指明不同宗教、性别、年龄的客户平等享有消费贷款的权利，不得无故拒贷；《诚实借贷法》保障了信贷客户充分了解贷款内容的权利，同时也对开展信贷业务的金融机构提供了保护。这些法律法规对借贷双方利益进行了较好的保护，促进了消费信贷生态环境的平衡。

我国规范汽车消费信贷客户和汽车金融机构的行为可以借鉴以上国家的经验，建立适合我国国情的《汽车消费信贷条例》，进一步规范汽车金融市场秩序。建立完善的汽车金融法规，一方面是对汽车信贷客户进行保护，防止客户上当受骗，杜绝高利贷诈骗、暴力催收等不良行为；另一方面也是对汽车金融机构形成保护，明确汽车金融具体业务办理的规定，严惩失信贷款客户，维护金融机构的合法权益。

（三）优化汽车金融参与者各主体关系

目前，我国汽车金融市场中参与机构众多，商业银行、汽车金融公司是提供金融服务的两大主体，汽车厂商、汽车经销商进行辅助共同参与，而在发达国家汽车金融市场中，汽车金融公司一般占据市场主导地位，商业银行是汽车金融公司的有效补充，互补优势，对汽车金融产业的纵向发展起到了推动作用。

在我国未来汽车金融产业发展布局上应参考上述发达国家做法，同时汽车金融公司应处理好市场中各主体关系，积极协调好汽车厂商与经销商的关系，拓展业务发展。汽车金融公司一般隶属于汽车厂商，是厂商利益的共同体，经销商在一定程度上受到汽车厂商的管理与控制，地位相对较弱。汽车金融公司可利用汽车厂商优势，对经销商提出要求，完成汽车金融信贷业务的开展。同时，汽车金融公司应加强与保险公司合作，通过前期建立的保险理赔合同对汽车抵押和残值减损进行锁定，对风险形成有效应对，保障既得利益。良好的沟通合作关系能够迅速处理问题，获得规模经济优势。

（四）完善汽车评估机制

目前，我国二手车市场不断活跃，亟须建立一套科学公正的评估制度，保障二手车市场积极健康发展。在现实情况中，银行对抵押处置的车辆也需要通过二手车市场进行变现，因此建立完善的二手车市场评估系统对汽车金融产业发展具有重要意义。对抵押车辆价值的合理评估，能够帮助汽车金融机构有效控制风险，提高二手车的变现流通速度。政府应针对二手车流通鼓励组建专门的评估公司，丰富汽车产业链条的发展，加快汽车流通速度，通过更细致的产业分工使汽车金融业得到一个良性的发展。

（五）扩大汽车金融公司融资范围

与发达国家相比，我国的汽车金融公司融资渠道仍很有限，2009年8月汽车金融公司获准发行金融债券，这标志着我国对汽车金融的融资渠道有拓宽趋势，国内汽车金融公司应继续积极探索多种融资渠道，还应借助股票、债券、基金、信托等新兴金融工具作为有效拓展。目前，我国资本市场中游资充斥，拥有较多资金的群众往往面临投资渠道较少的问题，如果汽车金融公司能够有效对接这两部分资源，有利于促进市场资金进行有效配置。

汽车金融公司的资产具备可靠现金流和清晰的预期收益，政府应积极鼓励汽车金融公司开展应收账款质押方式向银行进行融资，使其在核心业务不受到影响的前提下，获得新的流入资金，使资金运用风险处于可控范围。同时，应积极推动汽车金融公司利用优质短期应收账款作为抵押，开展商业票据融资。此外，完善我国金融市场建设，优化资本市场资金配置，都能够有效解决汽车金融公司的资金来源问题。

参考文献

[1] 程月璋. 大众汽车金融(中国)有限公司发展战略研究 [D]. 北京：北方工业大学，2017.

[2] 刘清涛. 汽车金融服务业的比较研究及借鉴 [J]. 北京汽车，2006 (3)：6-11，29.

[3] 吕伟昌. 汽车金融公司资产证券化问题探讨 [J]. 中国证券期货，2009 (3)：44-48.

[4] 石静. 我国汽车金融发展现状与对策研究 [D]. 成都：西南交通大学，2014.

[5] 唐群杰，罗凯波. 汽车信贷风险的演化博弈分析 [J]. 金融理论与实践，2009 (10)：119-120.

[6] 王爱晶. 国外汽车金融经营管理模式对我国的启示 [J]. 金融与经济，2009 (4)：37-40.

[7] 王再祥. 利国利民　中国汽车金融前途光明 [N]. 中国商报，2006-11-17 (B20).

[8] 习近平. 决胜全面建成小康社会夺取新时代中国特色社会主义伟大胜利——在中国共产党第十九次全国代表大会上的报告 [N]. 人民日报，2017-10-28.

[9] 许华. 互联网汽车金融风险控制研究 [D]. 南京：南京邮电大学，2017.

[10] 张曙. 中国汽车消费信贷的影响因素研究 [D]. 杭州：浙江大学，2013.

[11] 张晓明. 中国汽车金融产业的机理、运作及对策 [D]. 杭州：浙江大学，2017.

我国企业债务融资如何"走出去"

毛钢锤等[*]

在我国深化金融体制改革过程中，随着金融市场不断开放，人民币国际化稳步推进，企业[①]融资方式更趋多样化，其中债务性融资[②]的杠杆性特点易造成宏观金融环境的不稳定，需要密切关注。本文全面梳理了我国企业利用境内外两个市场开展债务性融资的特点、相关政策、资金使用便利度等。在分析2015~2018年整体规模及结构变动趋势的基础上，得出境外债务性融资规模相对较小、市场仍有较大利用空间的结论，进而结合典型个案分析，剖析如何从微观层面引导企业合理有效利用境外融资资源，降低融资成本并提升融资可得性并在宏观层面评估企业境外债务性融资变动的影响因素。

一、境内外债务性融资特点及监管框架分析

（一）境内外债务性融资主要类型没有实质差异

境内外主要融资类型没有实质性差异，主要包括间接融资项下银行贷款，直接融资项下发行债务凭证、商业信用（跨境项下为贸易信贷）以及实物项

---

* 毛钢锤：中国人民银行营业管理部外汇综合处处长。参与执笔人：陈莉莉、梁少锋、吕晶。其中，陈莉莉供职于中国人民银行营业管理部外汇综合处；梁少锋、吕晶供职于中国人民银行营业管理部外汇检查处。

① 本课题主要研究实体经济融资情况，企业特指非金融机构。

② 债务性融资，主要指的是企业通过银行贷款、企业发债、融资租赁、商业信用等形成债权债务关系的方式进行融资。未将企业从境外国际金融组织和外国政府融资业务纳入研究范围，主要是考虑国际金融组织和外国政府贷款的贷款对象，往往限定于一国政府财政或金融当局以及其担保的企业，总规模有限，且贷款的程序复杂、有一定的附加条件。

下融资租赁等。随着人民币国际化进程不断推进，目前境内外融资均可使用人民币和外币，但实际操作中，境内融资以人民币为主，境外融资以外币为主。

（二）境内外债务性融资所承受的风险类型不同

境内融资一般只需考虑商业风险，而境外融资还需考虑国家风险、货币风险等。适用法律也存在较大差异，境内融资往往仅受境内法律管辖，而跨境融资适用法律可能是借方、贷方所在国法律，也有可能是第三国法律。按照国际惯例，适用法律应当由借贷双方事先商定并予以说明，以应对可能产生的纠纷及诉讼。

（三）境内外债务性融资监管主体分工原则不同

企业境内融资监管主要为机构型监管模式，即银行贷款监管主体为银保监会和中国人民银行，发债则是根据企业债、公司债和非金融企业债务融资工具等类型区分，监管主体分别为发改委、证监会和中国人民银行等。境外融资监管则主要根据融资期限长短进行区分，主要由发改委负责总体统筹及中长期外债审批（备案），而中国人民银行、外汇局负责全口径外债额度和汇兑管理及统计监测等。

（四）境内外债务性融资监管对象不同

境外融资监管对象往往只涉及境内债务人，而境内融资则往往涉及债权人和债务人双方。由于境外融资所涉债权人为非居民，我国监管当局主要是对境内债务人进行规范管理，涉及资格管理、融资规模上限、用途、管理手段和方式等。境内融资由于债权人、债务人均在境内，监管往往涵盖债权人和债务人双方。对于银行贷款，监管对象主要是作为债权方的金融机构。中国人民银行根据国家宏观经济调控及产业政策等要求，通过货币政策和信贷政策引导、调控金融机构信贷总量和结构，实现信贷资金优化配置并促进经济结构调整，进而影响微观债务人的可融资金规模和成本。

（五）境内外融资统计体系相对独立

目前，从官方公布的数据中尚无法提取出非金融企业境内外债务性融资规模，主要是由于境内外融资统计体系相对独立，存在统计口径、频率等方面差异。较为接近的企业境内外债务性融资统计指标分别为社会融资（剔除股票融资部分）和全口径外债统计（剔除政府、央行、接受存款公司部分），分别由中国人民银行和外汇局对外公布。中国人民银行自 2012 年开始通过官网按月公布社会融资指标，统计一定时期内实体经济从境内金融体系获得的资金总规模的存量和增量。外汇局则自 2015 年起，改按国际货币基金组织（IMF）数据公布特殊标准调整外债统计口径，并按季公布全口径外债存量数据。全口径外债数据按债务人主体分类统计，涉及政府、央行、接受存款公司、其他部门以及直接境外投资项下公司间贷款等类型。其中，其他部门以及直接境外投资项下公司间贷款合计部分较为接近企业境外债务性融资口径。

（六） 我国境外融资限制呈逐渐放宽趋势

我国境外融资长期以来实行严格的双轨制审批制度，但近年来逐渐调整管理思路，整体呈放宽趋势。

一是构建并不断完善以"统一管理、自主举债、意愿结汇、负面清单"为主要特点的全口径本外币一体化跨境融资宏观审慎管理框架。2017 年 1 月发布的《中国人民银行关于全口径跨境融资宏观审慎管理有关事宜的通知》（银发〔2017〕9 号），对在 2016 年 5 月全国推广实施的全口径跨境融资宏观审慎管理政策进行了进一步完善和优化。中、外资企业采取统一标准举借外债，且举借外债不再需要事前核准，可在跨境融资风险加权余额上限内自行举借外债。

二是改革企业中长期境外发债审批管理。发改委发布《关于推进企业发行外债备案登记制管理改革的通知》（发改外资〔2015〕2044 号），将发债由审批管理改为备案登记制，支持重点领域和产业转型升级。

三是放宽外债资金调入境内使用限制并可以意愿方式结汇。发改外资〔2015〕2044 号文原则性允许外债资金回流。《国家外汇管理局关于改革和规范资本项目结汇管理政策的通知》（汇发〔2016〕16 号）规定，外债资金可根据境内机构的实际经营需要在银行办理结汇。《国家外汇管理局关于进一步推进外汇管理改革完善真实合规性审核的通知》（汇发〔2017〕3 号）进一步允许内保外贷项下资金调回境内使用。中国人民银行发布的《关于进一步完善人民币跨境业务政策促进贸易投资便利化的通知》（银发〔2018〕3 号），针对境内企业在境外发行人民币债券，规定按全口径跨境融资宏观审慎管理规定办理相关手续后，可根据实际需要将募集资金汇入境内使用。

二、我国境内外债务性融资趋势与影响因素分析

综合考虑数据可得性、可比性及风险评估重要性等因素，本文中境内债务性融资口径采用中国人民银行社会融资存量口径剔除股票融资部分，境外债务性融资口径①采用外汇局全口径外债数据剔除政府、央行和接受存款公司等主体融资部分。

（一）境内外债务性融资整体规模分析

2015~2018 年境内外债务性融资规模如图 1 所示。

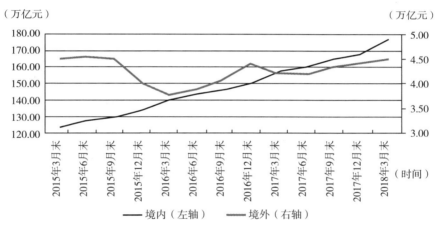

（万亿元）   （万亿元）

图 1　2015~2018 年境内外债务性融资走势

资料来源：根据中国人民银行、外汇局官方网站数据加工而得。

从图 1 可以看出境内外债务性融资的两个显著特点：一是境内融资仍是企业的主要债务性融资来源。2017 年末境外融资仅占融资总规模的 2.5%②。二

---

① 由于中国人民银行社会融资计价单位为人民币，而外汇局全口径外债计价单位为美元，我们采用各季度末中国人民银行公布的人民币对美元中间价进行折算。此外，由于外汇局全口径外债数据从 2014 年底开始统计季度存量数据，除特殊说明外，境内外融资数据口径均采用 2015 年第一季度末至 2018 年第一季度末季度存量数据。

② 此比例仅为粗略计算，因本文中境内外两个指标数据口径存在差异。如境内融资主体包含境内非金融企业和住户，不含应付款等商业信用部分；而境外融资主体只包含非金融企业，包含应付款等商业信用。

是境内融资规模呈稳步上升趋势，而境外融资规模则波动性较大。境外融资规模自2015年9月开始快速下跌，伴随2015年底跨境资本净流出增加，在2016年3月跌至谷值3.78万亿元后开始波动上升。

（二）境内融资结构分析

2015～2018年境内债务性融资存量如图2所示。

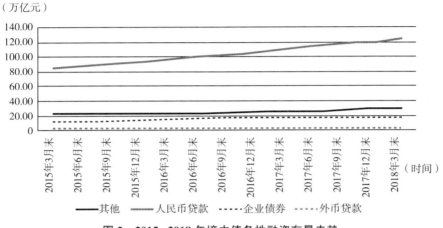

图2　2015～2018年境内债务性融资存量走势

资料来源：根据中国人民银行、外汇局官方网站数据加工而得。

境内各类型融资规模占比较为稳定，以人民币贷款为主。其中，人民币贷款和企业债券融资占比分别为70%和10%左右，均呈上升趋势；外币贷款仅占比1.4%～2%，且近年来逐月呈下降趋势，与境内同期外币贷款利率上升有关。

（三）境外融资结构分析

2015～2018年境外债务性融资存量如图3所示。

在境外各类型融资中，贸易信贷和关联公司间贷款占比最高且相对稳定，分别为42%和33%左右。一定程度说明，贸易或投资项下境内外双方建立的长期信用关系相对稳定，是境外融资的可靠来源；境外贷款融资整体规模不大，2015年9月快速下降后，2016～2017年基本持平，维持在1千亿美元左右。据了解，我国境外银行贷款主要来自境内银行的境外分支机构及主要采用

（亿美元）

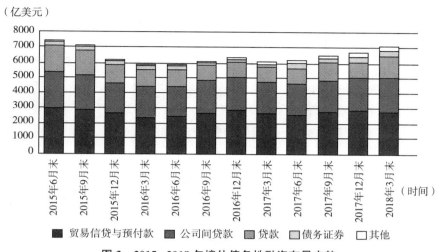

图 3   2015~2018 年境外债务性融资存量走势

资料来源：根据外汇局官方网站数据加工。

银团贷款等方式；由于境外银行对我国企业了解有限，由其直接提供的贷款规模不大。债务证券类融资规模显著低于其他类型融资，2018 年 3 月末占比升至近年来最高，也仅为 5.9%。2015~2018 年境外债券融资发展态势如图 4 所示。

（亿美元）

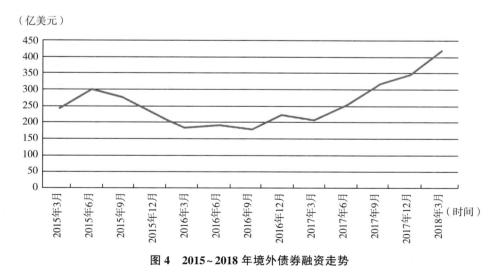

图 4   2015~2018 年境外债券融资走势

资料来源：根据外汇局官方网站数据加工而得。

境外债务证券投资规模波动较大。2015 年 6 月快速下降，2016 年 9 月降至低谷，主要受境内融资成本下降而人民币汇率贬值加速双重因素影响；2016 年 9 月至 2018 年 3 月呈快速上升趋势，一定程度和境内融资渠道收紧、美股持续低迷、境内外的较大利差持续存在，而发改委、中国人民银行和外汇局等多部门放宽境外融资管理措施相关。值得关注的是，2018 年上半年我国已有两家中资企业海外债券违约、规模约为 21.5 亿美元，远超 2017 年全年的 0.9 亿美元，为 2008~2018 年最高，且 2018 年以来，中资企业海外发债成本明显升高，5 月中资企业美元垃圾债收益率曾升至 2016 年 4 月以来最高水平的 8.06%，而相同地区其他美元债券收益率则仅为 7.4%，企业潜在违约风险上升。

（四）外债融资影响因素的计量分析

境外债务性融资规模相对较小，市场仍有较大利用空间。其中，贸易信贷、关联公司间贷款主要受贸易、投资规模影响；银行贷款、债务证券融资变动影响因素复杂。近年来，我国监管当局放松对外债相关限制，在此背景下，外债融资发展平缓，本书针对外债融资方式进一步进行计量分析，探究外债融资变动的影响因素，进而找到改善融资结构、充分利用资源的着手点，具有现实意义。

1. 变量选择与来源

债券投融资比较指数 CIFED：反映离岸与在岸人民币债券市场信用债券收益率的差异及变动情况的指数，反映企业和金融机构在境内外债券市场的运营环境；本文选定该指标为因变量，研究影响其变化的其他因素构成。鉴于数据的可得性，主要选定如表 1 所示的变量，且样本区间为 2015 年 1 月至 2018 年 3 月月度数据。

表 1　相关变量说明

变量名称	单位	说明
跨境融资规模（Flow）	亿元	
价格指数（Cpi）	%	反映通货膨胀水平
股市综合指数（Capi）	元	反映企业境内融资的难易
中美利差（Mi）	%	能够显示境内外债券的比较成本

变量名称	单位	说明
人民币汇率（Forex）	%	主要是人民币与美元间的兑换波动情况
进出口贸易（Goods）	亿元	进出口贸易规模，间接反映企业经营状况及资金需求
境内外债权融资比较指数（Cifed）	%	

资料来源：Wind 数据库。

宏观管理政策 MMC：由银监会、保监会、证监会主体准入，中国人民银行公开市场操作、常备借贷便利等指标构成。

2. 变量平稳性

为确保变量的稳定性，防止出现伪回归，对所有变量进行单位根检验，ADF 检验结果显示（见表 2），境内外债券投融资比较指数，股票市场指数，人民币汇率、利差均为不平稳数列，但其一阶差分均平稳，且满足同阶单整条件。

表 2 变量平稳性检验

向量代码	向量名称	T 统计量	相伴概率	平稳/不平稳
因变量				
Cifed	债券投融资比较指数	−2.374965	0.3852	不平稳
d（Cifed）	债券投融资比较指数变动量	−5.202154	0.0002***	平稳
自变量				
Cpi	物价指数	−4.087902	0.0138**	平稳
Capi	股票市场指数	0.049119	0.6912	不平稳
d（Capi）	股市指数变动量	−2.1102	0.0353**	平稳
Er	人民币汇率	0.232839	0.7483	不平稳
D（Er）	人民币汇率变动	−3.917429	0.0003***	平稳
Mi	人民币与美元利差	1.242401	0.9976	不平稳
d（Mi）	人民币与美元利差波动	−4.949889	0.0000***	平稳
Goods	进出口贸易	−5.387514	0.0000***	平稳
MMC	宏观审慎政策	−3.646872	0.0414**	平稳

注：**、*** 分别表示 5%、1%的显著性。

3. VAR 模型及其稳定性检验

使用差分后的数列，根据 AIC 规则选择最佳滞后期，建立 VAR（1）模型，并对模型稳定性进行单位根检验，结果显示模型共有七个单位根，均处于单位元内，该模型为稳定模型，可以进行格兰杰因果关系检验。

4. 格兰杰因果关系检验

检验结果显示，债券投融资比较指数与人民币汇率互为格兰杰因果关系；债券投融资比较指数为股票市场的单方面格兰杰原因，进出口贸易分别是消费者价格指数、宏观政策的单方面格兰杰原因；宏观经济政策是汇率的单方面格兰杰原因，消费者价格指数是债券投融资比较指数的单方面格兰杰原因。

5. 脉冲响应函数

根据格兰杰因果关系检验结果，为研究人民币汇率、消费者价格指数、进出口贸易、宏观经济政策对债券投融资比较指数的影响路径，本文分别对上述变量进行一个标准差的冲击，检测债券投融资比较指数的脉冲响应。结果表明，分别受消费者物价指数、人民币汇率、进出口贸易、宏观政策调整冲击后，债券投融资比较指数均于当期产生了同方向的响应，并于 4~6 期收敛于稳态。综上，短期内，境内外债券融资直接受汇率与物价影响，进出口贸易情况通过影响宏观政策、汇率与物价间接影响境内外债券融资。

三、案例分析

实践中，影响企业境内外债务性融资的因素更是复杂多样，还存在对融资行为产生影响但无法完全量化的变量。本文通过援引实践中的经典案例，试图对计量研究结果进行补充；同时，总结经验进一步在微观层面对企业进行有效境内外债券性融资，尤其是对利用空间较大、资源丰富的境外市场提供建议。

（一）通过银团贷款满足工程承包企业"走出去"需要

案例介绍：某机械设备公司（下文称 G 公司）作为工程总承包商，承包了巴基斯坦塔尔 2×330 兆瓦坑燃煤火电厂项目，该项目是中巴经济走廊项下首个使用本国燃煤发电和实施贷款发放的大型电站项目。2015 年 4 月在习主席访问巴基斯坦期间，中方银团与巴方签订《贷款条件书》，正式纳入高访成果清单。借款方 A 虽然是境外公司，但其第二大股东为总承包商 G 公司，持股 35%。该项目总投资约 11.08 亿美元，资本金占比 25%，融资比例为 75%。融资部分又分为美元银团（承贷 6.21 亿美元）和卢比银团（承贷等值 2.1 亿美元，为巴基斯坦当地银行提供的卢比贷款）两部分，涉及中外 16 家银行。

其中，美元银团部分银行参与方均为中资银行：国家开发银行（3.3 亿美元）、中国工商银行（1.455 亿美元）和建设银行（1.455 亿美元），由中国出口信用保险公司提供中长期买方信贷险，由巴基斯坦银行与美元银团签署风险分担协议、项目资产抵押担保等协议，从而将项目本身和中国出口信用保险公司不能有效覆盖的风险敞口部分，通过中远期回购等协议的方式较好地转移给当地金融机构。

启示与借鉴：通过与项目所在国金融机构共同组成银团支持中国企业"走出去"，有利于利用当地银行熟悉市场的优势，还有助于打消所在国政府顾虑。此外，通过投保出口保险公司、与当地银行签署风险分担协议等多种方式还能转移风险。

（二）境外发行债券成本与自身信用评级密切相关

案例介绍：2017 年 11 月，中国某矿业集团在境外成功发行 10 亿美元永续债券，年利率为 3.75%。此次发行创下中国境内企业首笔境外永续债发行、永续债与高级债成本溢价最低、同等规模永续债成本最低、2015 年以来单笔发行规模最大等纪录，其中来自欧美等亚洲以外地区订单比例达 26%。这主要是该矿业集团借助全球顶级评级机构——穆迪与惠誉分别发布了"Baa1""BBB+"的良好信用评级，提升了境外投资者对其所发行美元债的认可度。

启示与借鉴：在境外发债往往需要至少两家评级公司的评级来吸引投资者。有统计显示，较为优质的投资级企业通常发行利率低于 4%，而被三大评级机构评定为投机级别企业的发行利率可达 9% 以上。企业只有注重自身信用评级，增强境外投资者的信心，才能进一步保证融资成功。

（三）利用关联方担保为境外贷款增信

案例介绍：某房地产公司（以下简称 L 公司）2006 年在香港联交所上市，2014 年被中国某基建公司（以下简称 Z 公司）收购股权成为其第一大股东。2018 年 7 月，L 公司作为借款人与贷款人中国银行（香港）有限公司订立 6 亿美元的无抵押双边贷款协议。根据该协议，L 公司将获得一笔 3 亿美元 3 年期的定期贷款，年利率为 3 年期 LIBOR+2.8%，另一笔 3 亿美元 5 年期定期贷款，年利率为 5 年期 LIBOR+3.3%。此外，L 公司与汇丰银行牵头的 18 家香港主要银行签订 36 个月 8 亿美元低息无抵押银团贷款协议，用于境外债务再融资。

此笔贷款是目前同评级内房地产企业境外贷款中年期最长、利率最低的，连番获得香港主要银行的支持，除了香港资本市场对 L 公司发展前景看好等因素外，Z 公司作为 L 公司母公司，使用自身额度变相担保，对 L 公司获得此次贷款起到了关键作用。此前，2016 年 4 月，L 公司发行的 4 亿美元可赎回非上市高级永久资本证券，年利率 5.5%，Z 公司为其提供了维好协议及股权回购承诺协议进行支持。2015 年 8 月，L 公司发行的美元债，因为 Z 公司的背书，融资成本从 8.5% 下降到 5.875%。

启示与借鉴：我国企业尤其是民营企业在国际资本市场的认可度不高，单靠自身取得境外融资阻力较大，但是如果有较为优质、影响力较大的关联方为其提供担保等增信措施，融资会更加顺利。

（四）企业借助境外融资平台取得融资便利

案例介绍：某食品集团公司（以下简称 J 公司）为 1952 年成立于北京市的国有独资公司，是我国领先的农产品、食品领域多元化产品和服务供应商，旗下拥有开展农产品、食品、房地产和金融业务的子公司。2013 年，J 公司将一批总价值 18 亿美元的地产资产（其中包括北京华尔道夫酒店）注入一家在香港上市的壳公司——Q 企业，Q 企业能够以比内地低得多的成本进行债券融资等。J 公司通过上述交易打通更低廉的融资渠道，支持未来开发项目。

启示与借鉴：境外融资平台在境外资金取得渠道和成本方面都要优于企业"直接"境外融资，如房地产企业境外债券融资基本可借助香港等境外融资平台完成，凭借香港等资本市场的优势实现向境外发债。

（五）境外融资结合外汇衍生品交易规避风险

案例介绍：某钢铁集团为中国企业 500 强。该公司 2014 年设立租赁公司和保理公司，强化资金管理，积极拓展境内外融资业务，利用各种税收优惠政策和境外低成本资金，提升了集团公司的整体效益。除境内人民币贷款外，还从境外多元化融资，如通过跨境直贷（美元借款），由该公司担保，境外银行直接向其租赁或保理公司提供约 1.5 亿美元 3 年期贷款，并结合外汇衍生品交易进行汇率锁定。2017 年公司"去杠杆"效果明显，资产负债率比上年降低

4.79%，而归属于上市公司股东的净利润完成 46.2 亿元，比 2016 年增长 301.70%。

启示与借鉴：由于境外融资面临汇率、利率等多重风险，在签订境外融资合同时，可通过外汇衍生品锁定汇率风险。

（六）境外发债限制性条款增加潜在风险

案例介绍：2006 年 11 月，L 公司发行的 4 亿美元 7 年到期的高息债券（票据）在新加坡证券交易所上市，年利率 9%，每半年末支付，并在 2013 年 11 月 8 日前赎回。但债券合约中设立了多项苛刻的排他性条款，对项目公司债务比例、公司此后出售资产等事宜做出了多项限制内容。如果违约，高息债券承销机构及持有债券总金额 25% 以上的债权人均可要求 L 公司提前回购债券。

2009 年 4 月，L 公司一家全资房地产子公司某项信托协议的履行，导致 L 公司违背 2006 年高息债券合同中项目公司债务不得超过总负债 15% 等多项内容。2009 年 4 月，L 公司发布公告，称其拟以 85% 的价格，提前回购 2006 年发行的本应于 2013 年到期的 4 亿美元的高息债券，以消除违约因素。但根据高息债券发行时的规定，2009 年 11 月 8 日前，L 公司许诺的回购价格应为本金的 109%。如果 L 公司回购计划无法获得债权人的支持，持有债券总金额 25% 以上的债权人便有权要求对其资产进行清算，L 公司将进入破产清算程序。虽然最终债券持有人接受回购方案，但 2009 年后，L 公司开始更多使用国内信托融资的方式，尽管融资成本较高，但它没有高息债券违约可能带来的清算风险。

启示与借鉴：由于境外发债融资成本通常比境内低，很多企业选择在境外市场融资，但国际投资者认为新兴市场国家企业债务风险较高，在要求更高溢价的基础之上，会在债务合同中设定多项严格的排他性条款，企业一旦违背，将会面临现金流甚至清算等风险。

四、存在问题及政策建议

（一）加快构建企业境内外债务性融资统计监测体系

客观上需要尽快构建境内外统一的监测体系，加强对境内外债务性融资总规模和结构的统计监测分析。微观企业的债务并不必然导致系统性金融风险，事实上，适当的杠杆率有利于企业提升其盈利水平。问题的关键在于，在当前国际经济金融环境复杂、国内供给侧结构性改革不断推进等宏观背景下，境外融资限制不断放宽、便利化程度不断提升，其中的期限错配、货币错配等结构性问题需高度关注。

一是"说得清"，构建债务性融资项下境内外统一的统计口径，完善数据基础。建议以中国人民银行社会融资和总局全口径外债统计为基础，从存量和增量两方面，按非金融企业口径采集不同融资类型、币种、期限等多个层次结构数据。二是"理得明"，构建完善的宏观审慎全口径债务性融资预警监测体系，为防范系统性风险和提高监管效率提供有效保障。建议在全面评估各类融资对宏观风险影响程度的基础上，设计宏观审慎全口径债务性融资预警监测体系。三是"管得住"，设计相关审慎管理工具箱，一旦相关指标超出预警值，可有效、及时地进行逆周期调节。

（二）进一步促进企业境内外融资政策环境的协调

境内外融资虽然主要类型一致，但所涉风险不同，监管体系也存在诸多差异。为避免企业监管套利集聚带来系统性风险，建议综合考虑金融市场对外开放和宏观调控政策导向，进一步统筹协调境内外融资监管口径，必要时可将产业政策体现在境外融资管理政策中，营造国际化法治化便利化的营商环境，促进国际国内要素有序自由流动，使企业能够更好地利用两个市场，实现资源高效配置，达到境内境外市场深度融合。降低期限错配和货币错配的比例，加强外债管理和货币、信贷、汇率、财政等多项政策的配合协调，防范潜在偿债风险。

（三）加强对企业境外融资政策服务的支持

从数据粗略测算情况看，境外融资整体规模仍较小。建议在坚持外债服务实体经济的原则下，引导企业合理选择境内外融资方式，发挥境外融资低成本优势，实现资金优质筹划。一是借助政府部门和媒体等渠道，加大对企业各种融资方式政策和知识培训，使企业及时了解融资政策调整情况，以及国际融资市场理论和实践知识，拓展融资思路。二是引导企业自律组织、银行等为企业"走出去"融资提供专业服务，根据企业的特点，协助其综合评估各种融资方式利弊，并设计个性化增信安排，提升融资可能性，有效降低融资成本。

（四）提高企业境外融资能力与风险防范意识

企业境外债务性融资能力受企业信用等方面因素的影响，建议企业借鉴境外融资成功案例及可复制经验，利用自身经营等方面优势，积极寻找合适的增信措施，综合利用多种融资渠道。此外，由于境外融资涉及的风险种类更多，建议监管部门通过与银行等建立畅通、准确的信息传导机制，向市场释放理性信号，引导企业理性对待境外融资，如近期外汇局对外披露了境内企业在跨境融资时遭遇诈骗的典型案例，对及时提醒企业尤其是中小型民营企业不要因急于跨境融资而被不法分子利用，起到了积极作用。同时，推动套期保值衍生产品等配套市场发展，鼓励企业利用衍生工具等进行风险管理，增强市场预判能力。

参考文献

［1］邓冬冬．境内企业融资情况分析［J］．中国外汇，2017（9）：77-78.

［2］邓翊平．企业境外发债的思考［J］．金融理论与教学，2017（1）：49-59.

［3］方炜．浅谈中资企业境外发债及风险考量［J］．中国国际财经，2017（15）：162-163.

［4］郭松．构建跨境融资宏观审慎管理框架［J］．中国外汇，2018（1）：40-41.

［5］海岩．内地企业海外违约债增 半年逾143倍［N］．文汇报，2018-07-19.

［6］侯迎春．我国外债管理问题探讨［J］．金融与经济，2017（6）：68-71.

［7］季辉．审批制改为备案制 境内企业境外发债松绑［J］．上海经济，2015（12）：72-73.

［8］李超，马昀．中国的外债管理问题［J］．金融研究，2012（4）：84-97.

［9］李拉亚．宏观审慎管理的理论基础研究［M］．北京：经济科学出版社，2016.

［10］李研妮，冉茂盛．我国外债规模及其影响因素的实证分析［J］．预测，2011（3）：27-31.

［11］李扬，钱龙海．中国债券市场2017［M］．北京：社会科学文献出版社，2017.

［12］刘金波．国际信贷［M］．北京：中国工信出版社，人民邮电出版社，2017.

［13］刘丽萍．产融结合下的融资模式创新［J］．冶金财会，2017（6）：28-29.

［14］刘炜．境内机构境外发债后资金回流方式及存在问题研究［J］．当代经济，2017（11）：28-30.

［15］刘玉操，曹华．国际金融实务（第五版）［M］．大连：东北财经大学出版

社，2017.

[16] 王亚亚."全口径"跨境融资实践 [J]. 中国外汇，2016（20）：40-43.

[17] 叶麦穗. 境内融资成本降低 房地产海外发债锐减6成 [N]. 21世纪经济报道，2016-09-02（010）.

[18] 章晟. 企业债券融资的比较优势与实证分析 [J]. 中南财经政法大学学报，2006（4）：81-86.

[19] 中国五矿在境外成功发行 10亿美元永续债券 [EB/OL]. 搜狐新闻，2017-11-03.

O2O 企业融资情况及监管政策框架构建

贾蕾等*

随着 O2O 市场的不断壮大，O2O 企业融资需求也在不断增加，受制于国内风险投资发展不足及国内资本市场上市门槛高、手续复杂等不利因素，不少企业借助 VIE 架构从海外融资。企业融资模式的优化和创新是经济发展的有力支撑。研究 O2O 企业融资情况对于防范跨境资金流动风险，优化新经济常态下企业融资模式，提升企业发展和创新能力，有效促进"大众创业，万众创新"下企业健康发展具有重要意义。

一、文献综述

O2O 模式发展前景和优势方面。王晶、刘斌（2011）认为，O2O 模式的一个重点即是在线支付，在传统的线下交易模式下，引入线上支付方式，将流量与支付相结合。Kim（2012）定义 O2O 模式为商家通过网络为消费者提供产品和服务，将线下产品在线上推送，消费者线下体验和决定购买后再通过线上支付。董长红（2012）认为，O2O 模式结合了线上传播的方式，运用线上支付的便捷方式，为服务业进军网络新时代打开了大门。梁丰、程艳林（2014）认为，传统企业向电商转型是发展的必然结果，而 O2O 模式是电商升级转型探索出的一种充分发挥线上线下交互影响的全新模式，具有强大的优势，可帮助传统企业进行数字化转型。

---

* 贾蕾：中国人民银行营业管理部资本项目处副处长。参与执笔人：张涵宇、景洁、夏既明、宋谷予、曾晓曦、李浩举。其中，景洁、夏既明、曾晓曦、李浩举供职于中国人民银行营业管理部资本项目处；张涵宇、宋谷予供职于中国人民银行营业管理部中关村中心支行。

O2O 企业发展战略方面。张荣（2013）研究了 O2O 企业的发展模式，认为 O2O 企业面临的首要问题是资金，其次是运营能力，O2O 企业普遍存在短期盈利能力不足的问题，创业初期需投入大量资金，而运营能力是企业长期发展的重要因素。张燕清（2012）认为，O2O 的制胜方式是走出结合自身优势的创新道路。彭惠、吴利（2016）对 O2O 模式的前景进行了研究，通过对特定的两个行业的分析，得出 O2O 模式具有营销价值、节省成本和获消费者认可三方面的优势，同时建议企业优化服务，制定差异化和个性化产品，结合本地信息以形成 O2O 闭环。Jensen（2014）指出，O2O 企业在发展过程中需公布其不同阶段的筹资情况，加快财务管理信息化进程。陈澍（2016）分析了 O2O 的特点、运营模式、融资需求和融资方式，认为 O2O 的融资需求是一直存在的，且创业公司的融资需求更为迫切，在没有详尽的财务指标的情况下，企业的技术开发能力、产品设计能力、商务行为能力、组织文化能力和运营支撑能力将是决定公司融资能力的重要指标。

综合国内外的研究文献，学者们主要是对 O2O 商业模式、发展前景和筹资管理方面进行研究，更侧重于微观层面上 O2O 企业自身的发展问题及其解决方法，对 O2O 模式下企业融资的特点和难点，以及其融资方式与现行监管政策适应性等方面的研究较少，这也是本文研究的意义和价值。

本文通过对 8 家 O2O 企业进行调研，分析 O2O 企业当前融资的主要方式，探索对其的监管模式，以促进新经济的发展。

二、O2O 业务概况

O2O 是近年来新兴的电商模式，越来越多的 O2O 模式的企业出现在大众的视野中，腾讯、京东等互联网行业巨头均采用了该模式，投融资规模超过数千亿美元。

（一）O2O 模式内涵

O2O（Online to Offline），从广义上来讲，是指结合线上和线下的一种电子商务模式，网络平台将消费者从线上引入线下的实体店进行消费或体验。O2O 模式的基本商业逻辑为，用户通过线上平台预订或支付，在线下消费体验，同时可享受商家的售后服务，消费结束后消费者可通过线上平台对商家评价，为其他用户提供参考，而商家也可实时追踪营销效果，由此形成商业服务闭环。该种模式有效利用了网络无界限、传播快等特点，帮助线下企业进行推广和营销，从而促进了线下实体经济的发展。O2O 模式的交易流程大致如图 1 所示。

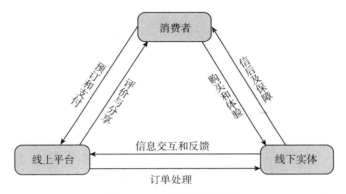

图 1　O2O 模式交易流程

（二）O2O 模式特点

O2O 企业随着近几年的不断发展，逐渐在国内呈现出以下三个特点：

1. 移动互联

区别于传统的电子商务，移动端互联网数据和用户在 O2O 模式中占了绝大多数。人们通过智能手机可随时随地进行商品购买或预订体验。中国互联网信息中心发布的报告显示，截至 2017 年 12 月，我国手机网民规模达 7.53 亿元，占全部网民的 97.5%，高于 2016 年的 95.1%。以手机为中心的智能设备已成为"万物互联"的基础，O2O 模式中移动互联网的场景不断丰富，规模也在不断扩大。

2. 互动体验

O2O 模式通过网络平台将线上和线下资源互联，拉近商家与消费者的距离。企业借助互联网宣传和推广信息，吸引线上消费者到线下实体店消费体验，消费者可再将消费体验反馈至互联网平台，促进实体商家提供更优的服务，同时好的口碑又能促进商家的宣传。这种线上线下的互动闭环也是 O2O 模式运行的关键。

3. 本地服务

O2O 重视用户的服务体验，这也势必要求 O2O 企业能够为用户提供便捷、高效的服务。因此，O2O 平台提供的服务与商品一般来自本地化的商业运营网点，且因地制宜，针对不同区域，O2O 公司也会对提供的服务内容做出适当的调整和适应，这种本地化的方案制定可以给消费者带来更优的用户体验。

三、O2O 企业情况

通过对辖内滴滴、美团、摩拜等 8 家企业的情况进行了解，发现公司在组织架构、资金运作等方面与传统行业有较大区别。O2O 是借助互联网发展出的一种新型商业模式，其在组织架构和融资模式上均承袭了互联网企业的特点，与传统行业差异较大。传统行业多采用直线制、事业部制、股权控股等组织形式，一般在境内进行融资，融资方式包括股权融资、债权融资及其组合，而 O2O 企业限于发展阶段多采用股权融资，资金一般来源于境外，受境内外商投资准入限制，组织架构多采用 VIE 模式。O2O 企业在组织架构和投融资、运营方面具有以下共性特点：

（一）多通过 VIE 架构进行融资

参与调研的 8 家 O2O 企业均采用 VIE 架构进行境外融资和使用。企业 VIE 模式（Variable Interest Entities，直译为可变利益实体）是指境外注册的融资实体与境内的业务运营实体相分离，境外实体通过协议的方式控制境内的业务实体，而此业务实体就是可变利益实体。VIE 模式一般由三部分架构组成，即境外特殊目的公司（SPV）、境内返程投资企业（WOFE）和境内可变利益实体（VIE）。实际控制人出于税收、注册便利等种种考虑，可能在开曼、香港等多地设立 SPV，SPV 返程投资设立 WOFE，再通过 WOFE 与 VIE 签署一套控制协议（即 VIE 协议）控制境内可变利益实体并将境内可变利益实体收益转移到 SPV。架构搭建完成后，一般由 SPV 进行境外融资，以 WOFE 为境内融资平台将境外融得资金调回，VIE 作为运营实体，实际使用资金。

（二）融资基本来源于境外风投、私募等股权融资

参与调研的 O2O 企业均经历了数轮融资，估值较高，增长前景良好，得到境外私募、风投等投资机构的青睐。除少数公司前两轮曾在境内融资，大多

数资金来源于境外股权投资，融资额从 1.5 亿美元到 160 亿美元不等。调研中企业反映，其自身融资需求强烈，也希望能获得银行信贷融资，扩展融资渠道，但 O2O 企业一般处于初创期，前期费用投入巨大，尚未进入盈利期，缺乏可抵押的资产，盈利模式与银行信贷评估要求不适配，难以直接获得银行信贷资金支持。

（三）资金回流渠道有限

O2O 企业业务均在境内开展，因此境内资金需求较大，需通过一定方式将境外融得资金调回境内。调研发现，企业一般按照实需原则安排资金入境，尚未汇入境外融得资金用于购买境外理财，少数处于成熟期的企业有境外投资需求。企业资金入境方式包括资本金、外债（含资金池）和外保内贷等。其中，绝大多数以资本金方式入境，部分以外债方式入境，自贸区企业借助人民币双向资金池的便利政策入境，小部分以外保内贷方式从境内金融机构融入资金。VIE 主体企业限于轻资产运营模式，与净资产挂钩的跨境融资额度较低，限制了其通过外债形式调回资金。资金融入方多为境内 WOFE，但是 WOFE 无实际运营，因此往往通过非规范方式实现资金的往来。

（四）处于高速发展期，费用性资金支出需求强烈

参与调研的企业多处于高速发展期，支出以运营资金、技术研发、人员工资、推广费、用户补贴、固定资产和设备采购等为主。以某教育行业 O2O 企业为例，其融资资金 40%用于市场拓展，30%用于劳务工资，技术投入、运营资金及其他用途各占 10%。在实际资金使用中，存在着支出与融资主体不一致的问题。境外融资多以 WOFE 为平台调回，而资金支出主体多为 VIE 主体。

从被调研企业看，当前我国 O2O 市场发展整体表现出以下特点：

1. 多行业渗透

目前，O2O 模式几乎覆盖了人们生活的方方面面，涵盖汽车、医疗、出行、旅行、餐饮、教育等多种行业。餐饮、出行和旅游渗透率最高，美团、滴滴和携程作为这三个领域的领军型 O2O 企业，已深深扎根于居民的日常生活。未来，O2O 的运作模式还将会渗透到更多的传统行业中。

2. 资本回归理性

O2O 概念在 2014 年受到众多资本青睐，大量资本涌入，吸引大批创业者进入该领域，造成了 O2O 领域的市场泡沫。2015 年，O2O 市场增速放缓，突

遇资本寒冬，不成熟的 O2O 企业逐渐退出该市场。从 2016 年开始，资本开始逐渐回归理性，O2O 企业也因资本的适度撤离而经历了一轮大筛选，存活下的企业也逐渐转变疯狂补贴的烧钱行为，开始理性考虑自身的发展和盈利模式。

3. VIE 模式受青睐

互联网企业的发展需要投入海量的资金。目前环境下，政府和国内 VC 基金无法完全满足当前 O2O 创业企业的发展融资需求，而境外的风投资金又看好中国的 O2O 市场发展，不少企业故而选择 VIE 架构来实现自身的融资发展需求，通过在境外设立壳公司募集境外的风投资金，发展境内的 O2O 创业实体。

4. 过度依赖资本

O2O 企业的发展虽已初具规模，但合理的线上线下设计与构建仍处于探索阶段。O2O 企业大多数属于轻资产重资本的企业，其融资方式往往过于单一地依赖 VC、PE 等创投基金的股权投资，部分企业也会将债权筹集资金作为辅助。从长远看，股权筹资可帮助企业降低财务风险，债权筹资可帮企业有效地降低资本成本，企业应适当选择股权债权相结合的融资方式，降低融资风险。同时，O2O 企业同质化较为严重，在初创期往往依赖补贴烧钱的方式吸引消费者，增加客户黏性，导致该类企业过度依赖资本，资本环境的变化将会对该类企业产生较大影响。

四、存在的问题

（一）VIE 架构处于政策模糊地带，架构复杂，风险较高

VIE 架构是境内企业为规避国内政策限制赴海外融资而设计的模式，它为中国企业在海外融资带来了新机遇，使得海外资本进入国内法律禁入的经营范围，但其也因特殊而复杂的架构关系存在法律风险、合规风险、纠纷风险、税务风险、外汇风险、反垄断风险、违约风险、控制权风险、操作风险等。使用 VIE 模式的行业较多，相应的行业管理部门也较多，现行法规对于其持不鼓励也不禁止的态度，但随着我国资本市场的发展和法律法规的完善，VIE 模式可能成为历史。2018 年 8 月 10 日，司法部发布了《民办教育促进法实施条例

（修订草案）（送审稿）》，明确提出禁止外资协议控制应用于义务教育机构和控制非营利性民办学校。《关于贯彻落实国务院（"三定"规定）和中央编办有关解释，进一步加强网络游戏前置审批管理的通知》（新出联〔2009〕13号）明确禁止 VIE 架构在网络游戏运营业务中应用。

（二）通过境内可变利益实体直接调回境外募集资金存在政策障碍

此次调研的 8 家初创期 O2O 企业，均是商务部门限制或禁止外商进入的行业，均采用 VIE 架构获取境外融资。因而企业境外募集的资金无法以外汇资本金方式直接对境内可变利益实体投资。全口径外债宏观审慎政策出台后，企业可以净资产为基数计算外债额度，但企业集团处于初创或成长阶段，净资产规模较小，外债额度有限，通过境内可变利益实体借入外债难以补足资金缺口。

（三）现行有关 WOFE 公司将境外募集资金结汇转由可变利益实体使用的外汇管理政策不明确

O2O 企业如采用 VIE 架构可通过 WOFE 调回境外募集资金，可由于 VIE 架构中可变利益实体往往是企业实际运营主体，WOFE 公司需将资本金或外债结汇所得人民币资金支付给境内可变利益实体，但按照现行资本项目结汇政策，上述资金运作存在较大限制。现行法规规定，外商投资企业可将资本金或外债结汇所得人民币通过委托贷款方式借给关联企业使用。由于 VIE 架构中 WOFE 与可变利益实体只存在"协议控制"的关系，不存在企业间的股权关系，能否界定为关联企业无明确定论。

（四）资金结汇手续复杂

O2O 企业日常经营小额资金使用频繁，且较多业务支付需要通过网上完成。银行在为其办理结汇、支付，审核业务的真实性时，多要求企业逐笔提供合同、发票等材料。企业普遍反映实现一笔资金结汇或支付需要提供的材料较多，审核时间也相对较长，极大地影响了企业资金的使用效率。

（五）初创期 O2O 企业获取境内融资较难

初创期 O2O 企业往往处于财务亏损或利润较少阶段，受资产规模和盈利状况的影响，境内融资来源较少。以中关村园区高新企业为例，数据显示，2017 年，中关村示范区收入规模在 5000 万元以下的科技企业数量约 14847 家，占比为 74.8%，但获得的境内贷款仅占园区企业总贷款规模的 15.82%。

不论从整体经济环境还是银行信贷偏好出发，信贷资源集中在大型优质企业的现象短期内难以改变，境内初创期 O2O 企业融资难问题值得关注。

五、政策建议

（一）协调部门监管，形成系统性 VIE 监管

VIE 模式盛行的根源在于创新企业境内融资渠道不畅，但是 VIE 模式搭建以后，则涉及发改委、商务部、工信部等行业准入部门、税务、外汇、证券监督管理等多监管部门，不同部门政策步调并不一致。随着我国法律法规的不断完善，对外开放步伐的不断迈进，急需各监管部门协调一致，形成合力，明确 VIE 架构的监管原则，弥补监管漏洞，促进创新企业更好地发展。

（二）整合境内外企业，将 VIE 主体和 WOFE 纳入关联企业管理

由于政策中没有明确 VIE 主体与 WOFE 企业是否能够被认定为关联企业，在实际操作中，有的企业认为最终股权持有人均为境内 VIE 主体的个人股东，属于关联关系，而通过委贷方式实现资金的共用。有些企业则通过一些技术服务费用支付等方式实现资金的转移。因此建议考虑实际情况，允许资本金、外债等资金在 VIE 主体和 WOFE 间进行委贷，纳入规范管理。

（三）引入第三方审计机构，监督资金使用

允许选择接受第三方审计机构的企业，在结汇、支付环节以承诺书方式替代真实性审核，后续由第三方审计机构对其资金结汇、支付的合规性、真实性进行审计，提高资金使用效率，完善资金使用合规监管。

（四）拓宽企业资金来源渠道，支持企业发展

一是对于企业在境外取得的股权性融资，尽可能地保证其资金入境渠道畅通，将资金调回境内支持企业发展。二是引导和培育民间资本市场，充分发挥民间资本作用，合理引导民间投资，规范民间投资市场，支持更多的 O2O 企业发展。

参考文献

［1］陈澍. O2O 模式下互联网创业公司的融资能力研究［D］. 济南：山东财经大学，2016.

［2］程艳林，梁丰．"雕爷牛腩"的 O2O 模式启示与传统企业转型的互联网思维［J］．互联网天地，2014，6（6）：68-72.

［3］董长红．警惕 O2O 野蛮生长［J］．资本市场，2012（3）：106-107.

［4］刘斌．O2O 模式将引发有史以来最大的商业价值迁移［N］．财会信报，2011-11-14（C0）.

［5］罗倩．O2O 电子商务企业发展现状、存在问题及政府对策研究——以江苏省为例［J］．科技视界，2018（13）：120-122.

［6］彭惠，吴利．O2O 电子商务：动力、模式与前景分析［J］．华南理工大学学报，2014（6）：10-17，98.

［7］王晶．O2O 的远大前程［J］．IT 经理世界，2011（15）：60-61.

［8］肖飒，任晔．O2O 盈利模式对企业价值的影响研究——以滴滴出行为例［J］．财会通讯，2017（32）：91-95.

［9］张荣．O2O 模式企业的发展现状［J］．物流工程与管理，2013，35（12）.

［10］张燕清．传统零售企业转型电商线上线下融合须破三道槛［N］．通信信息报，2012-02-15（A13）.

［11］郑畅．基于 O2O 模式的企业营运资金管理研究［D］．保定：河北大学，2017.

中国反洗钱反逃税体制框架研究

赵乃花等[*]

洗钱与逃税行为有着天然的联系，犯罪分子在逃税的同时必须对非法收益进行转移、隐瞒或掩饰，使得逃税和洗钱行为成为一个密不可分的整体。近年来洗钱行为的国际化更是加剧了各国国内的税收流失。按照 FATF 最新要求，将逃税罪列为洗钱罪上游犯罪，充分发挥反洗钱优势打击税收犯罪是履行反洗钱国际义务的需要，也是维护国家良好形象与声誉的需要。

本文针对我国反洗钱与反逃税工作实际特点，借鉴国际主要国家和经济体的同类经验，从客户逃税洗钱风险评级和逃税洗钱资金监测分析两个维度搭建我国的逃税洗钱风险识别模型，并从预期效用理论角度对该模型可行性进行了评估，最后从法律基础、部门协作、国际合作和人才培养等方面提出建立我国反洗钱反逃税框架的相关政策建议。

一、研究背景

（一）纳税遵从与逃税

税收是以实现国家公共财政职能为目的，基于政治权力和法律规定，由政府专门机构向居民和非居民就其财产或特定行为实施强制、非罚与不直接偿还的金钱或实物课征，是国家最主要的一种财政收入形式，具有强制性、无偿性和固定性。从单个纳税主体而言，缴纳税收意味着纳税人的可支配收入的减

---

　　* 赵乃花：中国人民银行营业管理部反洗钱处副处长。参与执笔人：王艳、周珺星、刘梦源、申力、盖静。其中，王艳、周珺星供职于中国人民银行营业管理部反洗钱处；刘梦源、申力供职于摩根大通银行；盖静供职于中国人民银行营业管理部支付结算处。

少，因此纳税人容易仅从经济利益的比较出发，出于减少直接支出的目的而产生偷逃税行为。

一般我们将纳税人遵守并服从税收法律，完成缴纳税收义务的行为，称为纳税遵从。具体包含及时报税、正确报税和按时缴税，而当纳税人和扣缴义务人不依法履行纳税、缴税义务，就被称为逃税。根据其直接侵害对象，可以将逃税犯罪分为两类：一类是直接涉及税款的犯罪，包括虚假纳税申报或者不申报、骗取出口退税犯罪、逃避追缴欠税犯罪及抗税犯罪；另一类是以发票为直接侵害对象的犯罪，包括虚开、非法制造、非法出售、非法购买、出售非法制造的专用发票（包括增值税专用发票和其他用于骗取出口退税、抵扣税款的发票）和普通发票犯罪。

如果纳税人没有履行纳税义务，必然会使得国家税收收入流失，从而引发税收负担不公平，影响社会直接投资，降低经济发展效率，因此如何降低逃税率成为各国政府研究的热点。西方对逃税的研究主要基于两大理论：一是预期效用理论，二是前景理论。

预期效用理论以理性经济人为基本假设，认为决策者在不确定条件下，会对信息进行全面判断和选择，并以自身效用最大化为目标做出最优选择。从纳税人角度来说，作为理性经济人，其之所以缴税主要是担心自己的逃税行为一旦被税务机关发现将面临被处罚的风险，因此在面对税务机关稽查和处罚不确定的前提下，如果逃税的预期收益高于成本，纳税人会进行逃税，反之则会选择如实纳税。

前景理论是将心理学因素引入经济学分析中，以有限理性为假设前提，解释了人在面对不确定情况下的决策问题。该理论认为人是"有限理性的"，因为当人在不确定情况下进行决策时，决策者的偏好会受到知识、能力、信息、心境等因素的影响，具体来说不同的纳税人面对同一个涉税问题，因为情景或问题表达的方法不同，其对风险的态度也不相同，进而会做出不同的选择。如果纳税人视结果为收益，则会倾向于厌恶风险，进而选择依法纳税；如果视结果为损失，则会倾向于偏好风险，从而选择逃税。

（二）反洗钱与反逃税

逃税行为与洗钱活动密不可分。由于税收行为的特殊性，犯罪分子在进行税收犯罪时，必然涉及对非法收益的转移、隐瞒及掩饰。以骗取出口退税为例，犯罪企业与境外公司签订购货合同将资金汇出，同时在境内外互相配合制作假单证，从而骗取国家的出口退税，同时通过"地下钱庄"等非法金融机构将非法资金转移回国内。这种犯罪行为将逃税和洗钱融合在一起，呈现出隐蔽性、复杂性和跨国性等特征。

反洗钱和反逃税总体目标趋同。从国际范围来讲，洗钱行为会给一个国家的经济发展带来一系列负面影响，包括威胁社会稳定，损害社会公平，滋生内部腐败，影响国家金融安全等。从财政体制上看，洗钱会引发财政收入的减少和税收的流失，造成税基侵蚀，而税收的流失则会进一步影响社会直接投资，降低经济发展效率。同时，税收流失还会迫使政府将财政负担转移到纳税人身上，如通过提高税率以弥补财政赤字，每个公民都可能成为逃税和洗钱行为的受害者。因此从维护国家经济稳定和社会公平正义上来说，打击洗钱犯罪、限制逃税行为是十分必要的。

反洗钱和反逃税调查手段重合。税法上强调实质重于形式的原则，即纳税主体的税负情况应与其实际经济活动一致，涉税调查必须持续深入对涉嫌违法违规的纳税主体发票、货物和资金的流转进行分析和追踪；反洗钱的重要基础是"了解你的客户"，通过对客户资金交易进行分析调查，判断其资金动向是否与其身份和实际经济活动保持一致。因此反洗钱和反逃税的重点都在于对资金流转的关注和追踪。总而言之，反洗钱和反逃税在具体调查中具备了合作协调的可能。

反洗钱和反逃税工作相互促进。一方面，税务部门在对纳税信息和资金信息长时间追踪过程中，通过对资金链条的监测分析，查找到交易的实际控制人，从而在发现和调查洗钱活动中发挥重要作用；另一方面，反洗钱机制搭建的金融情报体系，从分析资金异常流动入手，拓宽了发现和追踪税务犯罪线索的渠道，弥补了税收管理部门监管资源有限、手段不足等缺陷，对及时打击逃税行为有着重要的现实意义。

二、世界主要国家的反洗钱反逃税机制简介

金融行动特别工作组（FATF）在最新的《打击洗钱、资助恐怖活动、大规模杀伤性武器扩散活动的 40 项建议》中已明确将税务犯罪纳入了洗钱上游犯罪类型。从国际一般做法来看，将税务犯罪纳入监管是许多国家反洗钱措施中的一环。

（一）美国

美国作为世界经济强国，其资本输出名列世界前茅，巨大的海外经济利益使美国格外关心跨国投资逃税漏税以及国际避税的情况，由此美国在反逃税立法上做出了较多努力。早在 1970 年，美国就通过了《银行保密法》（*Currency and Foreign Transactions Reporting Act*），规定美国的银行等金融机构必须保存客户的现金购买可转让票据的记录，并且向政府报告任何人每天累计超过 1 万美元的交易以及其他有洗钱、逃税嫌疑的交易活动。

其后《银行保密法》经过多次修订，以适应打击洗钱、逃税和恐怖主义等行为的新形势和新需求。一般情况下，我们将其中关于海外账户报告义务的条款，以及有关部门据此制定的规章条例，统称《海外银行与金融账户报告规则》（*Report of Foreign Bank and Financial Account Rules*，FBAR），FBAR 要求税务意义上的美国人，即美国公民和永久居民、在美国成立的或按照美国法律建立的实体（公司、合伙企业和有限责任公司）、按照美国法律设立的遗产或者信托基金以及当年在美国居住 31 天以上或者含当年在内的 3 年内在美国居住的折算天数超过 183 天的居民等，如拥有海外账户，且在一年里的任何一个时间全部海外账户的金额加起来超过 1 万美元，需向美国财政部申报。同时，美国财政部下的国税局通过"合格中介计划"（Qualified Intermediary Program）吸引外国金融机构自愿承担信息收集和报告义务，并出台"离岸自愿披露计划"（Offshore Voluntary Disclosure Program）鼓励未如实申报的美国纳税人"坦白从宽"。

2010 年，美国政府通过《海外账户税收合规法》（*Foreign Account Tax Compliance Act*，FATCA），利用其强势地位，强制要求外国金融机构承担向美国税务当局报告美国纳税人相关税收信息的义务，从而达到打击海外偷税漏税或故意隐瞒申报税务等行为的目的。对于拒不提供相关信息的所谓"顽固账户持有人"，以及不与美国国税局签署协议的其他外国金融机构在支付任何过手付款时将被扣缴 30% 的预提税。该法案自 2011 年 1 月 1 日正式实施。随后，美国国税局（IRS）在 2014 年与全球大部分国家签订全面性政府间协议，进一步完善了 FATCA 制度。

（二）英国

在英国，早在 2002 年在《犯罪收益法案》（*Proceeds of Crime Act*）中，逃

税罪就被定义为上游犯罪之一。如果金融机构知晓或怀疑（或者应当知晓或怀疑）客户的资金是犯罪所得，但是故意隐瞒不上报或寻求同意持有或处理这些资金，都有可能违反《犯罪收益法案》。

2017 年 9 月 30 日，英国颁布了《2017 刑事金融法案》（*Criminal Finances Act* 2017），该法案确立了一项新的罪名，即未能防范逃税罪（The Failure to Prevent Tax Evasion Offense）。此新规指出的未能防范逃税罪将影响所有与英国有联系的公司，其中犯罪的主体可以是法人或合伙企业，包括法人企业或合伙企业员工，以其员工身份行事或代表其利益提供服务的人，如雇员、代理商、子公司和合伙企业中的任何自然人都在法律规定项下。犯罪行为主要包括两类：第一类是未能防范或帮助他们在英国逃税，第二类是未能防范或帮助他们在海外逃税。此法案还实施长臂原则，即英国相关实体（法人或者合伙企业）协助逃避英国税收或国外税收，或者外国机构（法人或合伙企业）协助逃避英国税收的行为，都会受到该法案的管辖，且罚款没有数量上限。

（三）欧盟

欧盟在 2015 年 5 月颁布了第四部反洗钱指令（Fourth Anti-Money Laundering Directive），对欧盟的反洗钱规定作出了许多修改，其中就包括把反逃税加入洗钱的上游犯罪中，并要求欧盟各成员国最迟要在 2017 年在当地执行此指令。在 2017 年底欧盟又公布了 2017 年不合作税收管辖地名单，又称避税天堂黑名单（Non-cooperative Jurisdictions in Taxation Matters），并要求对入选黑名单的避税天堂采取防御性措施，其中具体措施包括但不限于：加强对于"黑名单"国家或地区间往来的审查；严格审计在"黑名单"国家或地区有避税运作的纳税个人或实体；针对"黑名单"国家或地区出台反避税法规等。

（四）新加坡

新加坡自 2013 年 7 月 1 日在《贪污、毒品交易和其他严重犯罪（没收犯罪收益）法》（CDSA）中规定了本地逃税行为为洗钱上游犯罪之一，已将直接税务犯罪和间接税务犯罪分别列入所得税法中的"逃税"和"严重欺诈逃税"，以及货物和服务税法中的"逃税"和"不正当获得退款"等相关章节。随后在 2014 年 9 月 1 日，CDSA 中又重新修正其法律，将在新加坡境外的逃税行为也列入了上游犯罪的类型。新加坡对洗钱上游犯罪的定义范围非常大，适用范围也非常广，以反逃税为例，即便是仅有利用反逃税活动进行洗钱的意图亦是法律涵盖范围，且有可能导致对于个人 7～10 年拘役和高达 50 万新币的罚款，对于协助或参与逃税的机构会处罚高达 100 万新币的罚款以及没收所有涉及逃税的收益，所涉及逃税的金融机构还有可能被吊销营业执照。

在防范逃税犯罪方面，新加坡金融管理局要求各金融机构依据自身情况根据其具体的业务、产品、客户群、地域集中度等要素，在现有的反洗钱制度和流程基础之上，设立符合其自身情况的反逃税法规要求执行框架，确保能够及时上报各类疑似逃税、税收欺诈等案件、合理评估客户风险等级并实施相应风险缓释措施，从而能够有效识别、评估和降低逃税洗钱的风险。

三、我国反洗钱反逃税领域发展现状

（一）我国涉税犯罪类型分析

目前我国的涉税犯罪主要集中在虚开增值税专用发票和骗取出口退税两种案件类型中，且呈多发高发趋势。《中国洗钱和恐怖融资风险评估报告（2017）》指出，2016 年全国共立案虚开增值税专用发票犯罪 8864 起，占危害税收征管罪案件的 80.6%。从地域分布来看，虚开增值税专用发票涉及区域较广，多发于有招商引资项目及其他税收优惠政策的地区；骗取出口退税多发于沿海地区，且呈现向内陆蔓延的趋势。涉及行业领域多为服饰加工、纺机设备进出口、商业贸易、粮油贸易、农产品加工销售、能源贸易、有色金属批发零售、贵金属营销等特定行业或领域（见图 1）。

（二）反洗钱反逃税法律制度体系仍需完善

2017 年 9 月 13 日，国务院公布了国办函〔2017〕84 号《国务院办公厅关于完善反洗钱、反恐怖融资、反逃税监管体制机制的意见》，明确提出了要建立适合中国国情、符合国际标准的反洗钱反恐怖融资反逃税"三反"法律法规体系和监管协调机制。但从我国现行法律层面上来看，我国刑法并未将逃税罪纳入洗钱上游犯罪之列，因此在破获的逃税案件中，无法对为其提高资金周转账户的涉案分子以洗钱罪立案，不足以有效震慑犯罪分子。此外作为法定洗钱上游犯罪之一，"走私犯罪"实质上是逃避国家关税的行为，究其本质而言也是逃税犯罪的一种，而我国仅将逃避关税的犯罪行为作为洗钱犯罪的上游犯罪而排除了其他逃税行为，从法理上难以自圆其说。

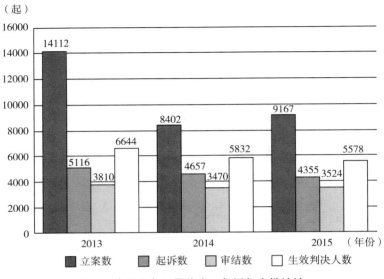

（起）

图1　我国税务犯罪侦查、起诉与审批统计

（三）反洗钱反逃税合作机制有待加强

鉴于逃税犯罪跨行业、跨地区、多环节等特点，对税收交易的监测分析需要结合税务、海关、工商等不同部门及金融机构、律师事务所、会计师事务所等不同行业的信息，但不同部门和行业之间的信息壁垒天然存在，信息交换渠道尚未建立。目前反洗钱反逃税机制建立在反洗钱部际联席会议整体框架下，对各成员单位的职责划分较为笼统，各成员单位虽然按照部门职能进行任务分配，但缺乏刚性约束机制，目前除了打击虚开增值税发票、骗取出口退税违法犯罪专项行动及专案要案外，并未建立高效的情报会商机制，相互间的信息披露浮于表面。司法机关在办理涉税案件时，出于办案便利、取证方便等因素，通常统一以涉税犯罪起诉，洗钱案件难以成案，直接降低了反洗钱反逃税参与主体的合作意愿。同时考虑到信息保密、个人隐私等因素，在涉税可疑交易线索移送后的反馈机制尚未建立，中国人民银行难以及时准确地评估涉税线索的有效性。

（四）可疑交易报告机制作用未充分发挥

由于逃税犯罪的隐蔽性和复杂性，金融机构在对异常交易进行监测分析时，受限于自身信息获取的有限性和分析水平的局限性，导致涉及逃税的可疑交易难以有效筛选、分析及报告。会计师事务所、律师事务所等特定非金融机构虽然已纳入反洗钱监管体系，要求其开展反洗钱数据报送工作，但由于其反洗钱报送主体资格和互联网报送数字证书尚未发放，大额交易和可疑交易报告具体格式和报送要求尚未规定，会计师事务所和律师事务所即使在为客户提供服务过程中发现客户存在逃税及洗钱行为，也无法及时履行可疑交易报告义务。同时，涉税可疑交易线索的移送、接收和会商机制并不明确，影响了可疑交易线索的使用效率。

四、我国逃税洗钱风险识别模型构建

借鉴国际主要发达经济体的反洗钱反逃税体制经验，结合我国逃税洗钱案例特点，本文试图搭建我国逃税洗钱风险识别模型，具体包括客户逃税洗钱风险评级和逃税洗钱资金监测分析。通过对客户的逃税洗钱风险评级和资金监测分析，不断调整对客户和业务的涉税洗钱风险识别，从而得到一个综合评估结果。逃税洗钱风险评估模型流程如图2所示。

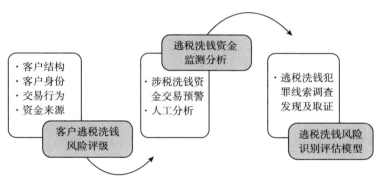

图 2　逃税洗钱风险评估模型流程

（一）客户逃税洗钱风险评级

客户逃税洗钱风险评级希望义务机构在客户层面和业务层面分别开展逃税风险评估，加权得出涉税客户的逃税风险分值，用以评估其资产的税收合法性并确定高风险账户，为逃税可疑交易监测分析提供信息支持。客户层面的逃税风险评估指标主要包括客户的结构、行业、地域等方面，而从业务层面来说，尽管逃税行为可能发生在义务机构的所有业务领域中或各种类型客户身上，但

逃税相关风险在私人银行、财富管理或企业银行业务中的可能性更高。逃税洗钱风险评估指标如表1所示。

表1　逃税洗钱风险评估指标

序号	指标内容
一、客户结构	
1	罕见或过于复杂的客户结构，且没有清晰合法的商业目的或合理缘由
2	客户结构便于隐藏信息或使义务机构很难从中获取信息，如受益所有人的信息（例如，将信托或基金设立在不需要披露受益人身份的司法管辖地）
3	客户名下拥有异常大量的私人投资公司且无正当理由
4	没有合理的商业目的，但在另一司法管辖地却使用相同的名称开立运营公司
5	使用无记名股票实体，但没有清晰合法的商业目的或合理缘由
6	使用提名董事/股东，但没有清晰合法的商业目的或合理缘由
7	税务结构相当复杂，但没有专业的税务咨询机构提供支持
二、客户身份	
1	有迹象显示客户有未披露的信息，例如：在不同司法管辖地的电话号码，护照签发地以及常用支付模式等
2	客户业务所在地与其居住地不同，且没有合理的商业目的
3	客户国籍或居住国家为税务风险较高的国家
4	曾经为中国居民，但已通知义务机构其已或即将移民至高税率司法管辖地；比如客户通知义务机构其通信地址已更换至新的司法管辖地
5	客户经营项目多涉及服饰加工、纺机设备进出口、商业贸易、粮油贸易、农产品加工销售、能源贸易等有税收优惠的行业和领域
三、客户行为	
1	客户坚持义务机构不得直接与其联系
2	客户拒绝义务机构以任何形式与其联络或沟通，但没有正当理由
3	客户开户行为发生在其短期访问某司法管辖地时，且客户在该司法管辖地没有任何明显的资产、负债或活动
4	账户关闭疑似与税收立法收紧等情势有关，或账户在义务机构要求其就税务相关事宜提供额外信息后关闭
5	客户的组织架构和/或交易与其备案文件记录不符
6	客户有意使用义务机构的产品和服务，用以向税务机关隐匿其收入和资产的实益所有权
7	客户表示不愿意接受义务机构有关税务申报要求的条款

序号	指标内容
8	通过对客户或关联人士的筛查，发现涉税负面新闻，如有关进行税务欺诈的指控或已判定税务犯罪
9	客户拒绝向义务机构提供其所要求的信息以履行义务机构的国际税收义务，包括税务状况
10	客户在义务机构的税务相关审核中被认定为税务违规
11	客户对涉税话题，或者对税务披露要求表现出异乎寻常的兴趣，但并非出于合法税务规划目的
12	客户被发现有一笔或多笔交易用于或试图避税，或在与客户的任何其他沟通过程中怀疑客户有未申报资金或逃税
四、资金来源	
1	客户无法或不愿披露其资金来源或财产来源
2	客户的资金来源无法充分解释，或并非源自长期投资、商业利得或家族财富，因此看起来不同寻常
3	客户无法证实其资金/财富来源已向税务机关作了正确申报

（二）逃税洗钱资金监测分析

逃税洗钱资金监测分析旨在建立涉税洗钱可疑交易监测分析模型，通过对交易账户的性质、数量以及交易资金量与单位账户注册资金匹配程度等量化指标筛选出涉及逃税洗钱犯罪的异常交易，同时结合客户身份信息和客户逃税洗钱风险评级结果，借助工商、税务等权威部门的信息平台，深挖客户身份信息及其关联账户客户信息，从而将交易监测结果同客户身份信息有效结合，最终完成对逃税洗钱的资金链条分析。具体资金交易和账户特征指标如表2所示。

表2 逃税洗钱资金交易及账户特征

序号	特征指标
1	交易所涉金额刚好低于申报门槛
2	将转账交易或取现交易拆分多次，金额恰好低于大额交易上报门槛
3	主要交易账户频繁且大量收到大额资金，资金到账后快速通过网上银行等途径转出，交易账户过渡性质明显，累计交易金额巨大
4	资金具有回流特点，呈"闭环交易"模式，及通过多次转账将资金转入其他公司或个人账户，然后通过迂回投资或连环交易再将资金全部回流到转出账户

序号	特征指标
5	平常资金流量较小的对公账户突然收到大量资金转入，资金到账后迅速转出，交易过渡性质明显
6	频繁发生公转私交易，且在多个账户中来回转账，刻意延长交易链条
7	对于大额现金收付的来源和用途无法充分解释或者根据客户留存的资料判断，与其开户目的不符
8	交易金额和频率与公司注册规模不符，交易对手经营范围与公司经营范围关联性不大，与地下钱庄高发地区的企业往来频繁
9	收汇地址与货物出口地不一致，货物出口地涉及多个国家和地区，但结汇地址往往为一个
10	所涉个人账户的交易规模与个人财务状况存在较大差异
11	账户频繁使用一段时间或达到一定金额后停止使用，更换为另一批新账户

一般来说，逃税犯罪的最终目的是获得违法收入，因此其交易最突出的风险识别点即其资金呈闭环回流结构，最终的收款账户即使不是初始账户，其账户的实际控制人也与初始账户的受益所有人存在关联关系，而在整个逃税洗钱的交易过程中，单位账户作用突出。建议在账户开立时加大对账户真实性、完整性的审核，全面了解公司受益所有人相关信息以及企业真实经营范围、贸易背景等信息，从而最大限度地发现、预防和打击逃税犯罪活动。逃税资金虚假交易闭环回流结构如图3所示。

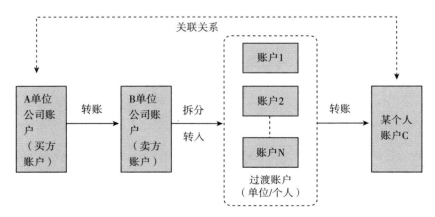

图3　逃税资金虚假交易闭环回流结构

五、逃税洗钱风险识别模型可行性评估

逃税洗钱风险识别模型构建的根本目的在于通过提升逃税可疑交易资金监测分析的准确性，提高逃税案件的查处概率和破获概率，从而增加纳税人的逃税成本，降低纳税人的逃税意愿，最终达到预防和控制逃税行为发生的目的。从维护国家经济稳定和社会公平正义的角度来讲，只有切实降低社会逃税犯罪概率，才能够肯定逃税洗钱风险识别模型是具有经济效益的。

从预期收益角度分析逃税洗钱风险识别模型的可行性和有效性。假设纳税人均为不存在道德是非观念的中性人，纳税人在逃税之前必然会权衡利弊，考虑其行为的违法性，估计税务机构的税收稽查率和稽查准确率（即执法查获概率），最终决定是否逃税以及逃税多少。从预期逃税收益角度，可以将纳税人的逃税收益模型总结如下：

$$E(Y) = Y + tX - pfX$$

其中，Y 为应纳税后的收入，t 为边际税率，X 为逃税收入，p 为执法查获概率，f 是罚款率，且 X 越大，逃税者被执法查获概率和罚款率越高。纳税人的边际成本 MC = pf，边际收益 MP = t。则边际收益与边际成本的关系如图 4 所示。

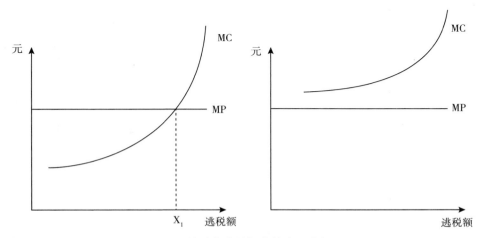

图 4　纳税人逃税行为的边际分析

当纳税人逃税的边际成本和边际收益的关系满足图4（左图）时，纳税人的最优逃税额为 X_1。在边际税率 t 不变的前提下，随着逃税的收入 X 增加，执法查获概率 p 和罚款率 f 也随之上升，当逃税额 $X>X_1$ 时，边际成本 MC>边际收益 MP，纳税人将选择如实纳税，而对小于 X_1 的收入，纳税人将选择逃税。当纳税人逃税的边际成本和边际收益的关系满足图4（右图）时，边际成本 MC 总是大于边际收益 MP，在收益最大化的前提下，纳税人将对所有收入选择诚实纳税。

综上所述，假设纳税人知道 t 和 f 的值，理性纳税人逃税的概率将与执法查获概率 p 成反比，即检查查获概率越高，纳税人选择逃税的可能性就越小。理论上来说，检查覆盖率越广、检查投入（包括人员、时间等）越大，检查查获概率就越高。但从实际角度出发，受限于人力成本和经济负担，税务部门不可能无限制加大检查投入，在这样的情况下检查查获概率更主要取决于两个方面：检查精准度和发现问题概率。

逃税洗钱风险识别模型的搭建，客户的逃税洗钱风险评级和资金监测分析，不断调整对客户和业务的涉税洗钱风险识别，从而精确发现逃税洗钱可疑交易情报线索，从源头上提升税务稽查的精准度和案件查出概率，提升纳税人的逃税边际成本，降低逃税发生的可能性。

六、我国反洗钱反逃税框架建议

（一）完善反洗钱法律框架，加强反洗钱反逃税外部环境建设

一方面扩大洗钱上游犯罪打击范围，尽快修订《刑法》中关于洗钱上游犯罪的定义，将逃税罪纳入洗钱上游犯罪类型中，为全面打击涉税类型洗钱犯罪提供法律支持，这也是我国作为 FATF 成员国积极执行《新40条》的要求所必须履行的义务；另一方面研究将上游犯罪本罪纳入洗钱罪的主体范围，为逃税罪洗钱罪的认定奠定法律基础，提高打击洗钱的效率。

（二）加强各部门协作，健全反洗钱反逃税合作机制

以打击虚开增值税发票、骗取出口退税违法犯罪专项行动为契机，加深中国人民银行与税务部门的合作机制，深化信息共享内容，包括但不限于共享各自在职权范围内收集的涉税洗钱活动情报信息、交换在各自职权范围内掌握的

涉税洗钱犯罪活动最新动向或风险提示信息、积极协助调查涉税洗钱犯罪主体的相关信息并及时反馈调查结果、及时通报涉税洗钱犯罪案件破获情况等。

（三） 加强国际合作，提高税收透明度和信息交换水平

洗钱犯罪具有极强的跨国性，国际间的交流合作对于打击洗钱犯罪的重要性不言而喻。应通过政府间合作方式，在反洗钱方面积极与有关国家签订司法互助协定，在涉外税务协定中增加有关反洗钱的内容。在打击逃税方面，努力与国际税收透明度标准接轨，与更多国家签订税收信息交换协议，提高信息透明度和信息交换水平。

（四） 加强对义务机构反洗钱反逃税方面的指导力度

义务机构是反洗钱反逃税体制框架的第一道防线，义务机构客户身份的辨识能力和对异常交易的人工分析能力直接关系到涉税可疑情报的准确性和及时性。对于预防与侦测逃税的有效管控制度来说，培训发挥着关键性的作用。建议加大对义务机构反洗钱专业知识的培训，提高反洗钱从业能力。可以针对逃税相关风险，组织单独培训，也可以将培训纳入更加广泛的反洗钱和反恐怖分子资金筹集以及金融犯罪培训中一并实施。重点指导义务机构了解其所担负的反逃税反洗钱相应义务、关注逃税风险预警标识和一般性的逃税行为特征等。

参考文献

［1］ HONG KONG MONETARY AUTHORITY. Guidance Paper on Anti-Money Laundering Controls over Tax Evasion ［R/OL］. (2015-03-31) ［2019-06-14］. https：//www. hkma. gov. hk/media/eng/doc/key-information/guidelines-and-circular/2015/20150331e1a1. pdf.

［2］ MONETARY AUTHORITY OF SINGAPORE. Designation of Tax Crimes as Money Laundering Predicate Offences in Singapore ［A/OL］. (2012-10-09) ［2019-06-14］. http：//www. mas. gov. sg/news-and-publications/media-releases/2012/mas-to-designate-tax-crimes-as-money-laundering-predicate-offences. aspx.

［3］ THE FINANCIAL ACTION TASK FORCE. International standards on combating money laundering and the financing of terrorism & proliferation：The FATF recommendations ［R/OL］. (2018-10) ［2019-06-14］. https：//www. fatf-gafi. org/media/fatf/documents/recommendations/pdfs/FATF%20Recommendation%202012. pdf.

［4］崔建英. 探析反洗钱机制在打击税收洗钱犯罪领域的应用 ［J］. 时代金融，2013 (14)：280-281.

［5］反洗钱工作部际联席会议. 中国洗钱和恐怖融资风险评估报告［R/OL］.（2017）［2019-06-14］. http：//www. hongyuanqh. com/download/20180904/2017%E4%B8%AD%E5%9B%BD%E6%B4%97%E9%92%B1%E5%92%8C%E6%81%90%E6%80%96%E8%9E%8D%E8%B5%84%E9%A3%8E%E9%99%A9%E8%AF%84%E4%BC%B0%E6%8A%A5%E5%91%8A. pdf.

［6］苗锦龙. 遏止、打击涉税洗钱犯罪的措施及建议［J］. 北方金融，2011（3）：65.

［7］谢卫平. 纳税遵从度评估模型实证研究［J］. 会计之友，2016（7）：98-102.

［8］俞光远. 反洗钱与反涉税犯罪［J］. 中国税务，2007（2）：25-26.

［9］中国人民银行海口中心支行课题组，张华强. 税收犯罪与反洗钱研究［J］. 金融金融，2013（7）：59-62.

区块链、分布式类征信与宏观审慎监管

王羽涵等*

本文分析了区块链的本质特征，进而从区块链的热点、法律定位、典型应用场景三个方面对区块链展开研究。研究认为：比特币和 ICO（Initial Coin Offering）是当前区块链的热点，比特币是一种全球化的虚拟商品，而 ICO 区分类型分别涉嫌非法发行证券和传销；在法律定位上，我国尚未明确区块链资产的法律性质，在刑事司法保护上也尚未认可区块链的财产属性；在应用场景上，已有企业创建了消耗 TOKEN 的分布式类征信项目，根据费雪方程，TOKEN 价格短期由效用预期决定，长期由交易频次决定，分布式类征信与《征信业管理条例》和欧盟《一般数据保护法案》的规定不相容。在此基础上，本文归纳了区块链资产的监管难点，在交易市场监管、履行反洗钱义务和发行法定数字纪念币方面给出了建议。

一、区块链的本质——分布式记账

（一）从李约瑟之谜透视区块链的本质

英国学者李约瑟（Joseph Needham）在其编著的《中国科学技术史》中提出"为什么资本主义和现代科学起源于西欧而不是中国或其他文明"？这就是著名的李约瑟之谜①。众多学者从政治、宗教、自然资源禀赋等诸多方面给出

---

* 王羽涵：中国人民银行营业管理部法律事务处（金融消费权益保护处）。参与执笔人：王琦、卢朋、杨小玄、曾晓曦。其中，王琦供职于中国人民银行营业管理部反洗钱处；卢朋供职于中国人民银行营业管理部货币信贷管理处；杨小玄供职于中国人民银行营业管理部金融研究处；曾晓曦供职于中国人民银行营业管理部资本项目管理处。

① 李约瑟. 中国科学技术史 [M]. 北京：科学出版社，2006.

了回答。然而，这些角度基于比较研究，忽视了资本主义突破小农经济的发展基石——记账方式的变革。

1494 年达·芬奇的数学老师伯乔尼（Luca Pacioli）出版了《算术、几何、比及比例概要》，该书系统地归纳了复式记账法及其用法。在此之前，古典的记账法就是流水账，无法进行复杂的运算，一旦经营方式复杂，货物多次倒手，就无法实际核算成本和盈利。伯乔尼提出了"借""贷"的符号，系统阐述了复式记账法的会计恒等式、财产清算方法、账目登记方法及平衡方法。"借""贷"分记体现了资本的流动。最早实践复式记账法的威尼斯和热那亚也一举成为了欧洲航海的贸易中心，经济的繁荣带动了文艺复兴，培育了资本主义萌芽。可见，正是记账方式的变革，带动了经济发展方式的变革。

复试记账法发展至今仍然无法突破其与生俱来的缺陷，这一"借贷"平衡的记账法，是以信息传递有效和记账人的公允为前提的，否则假账在所难免。现代学者提出了"两军问题"和"拜占庭将军问题"。"两军问题"及其无解性证明了 1975 年被 E. A. Akkoyunlu、K. Ekanadham 和 R. V. Huber 首次提出①，其实质阐述的是双主体信息传递的有效性无法实现，必须通过第三方（记账人）。"拜占庭将军问题"是 Leslie Lamport 于 1982 年为描述分布式系统的共识问题而抽象出来的著名例子，是对"两军问题"的扩展。"拜占庭将军问题"引入了存在欺诈者的情况，Lamport 在弱化假设的情况下（假设网络中没有不诚实的节点，即不会发送虚假消息，但允许出现网络不通或消息延迟）提出了解决方案，相关理论被实践于飞机导航的灾备系统等。

2008 年一个自称中本聪的人发布了 *Bitcoin：A Peer‐to‐Peer Electronic Cash System*，提出了一种分布式、去中心化、不需要信用中介的电子记账系统。中本聪提出了时间戳服务器、工作量证明、激励等机制和模式，在广义上破解了"拜占庭将军问题"，区块链也成为了记账方式新的发展方向。

（二）有币区块链与无币区块链的探索

中本聪在文章中专门提出了激励机制和隐私问题，其中激励是为区块链记账节点消耗算力提供的补偿机制，这种补偿可以是手续费或代币；隐私问题核

① E. A. Akkoyunlu, K. Ekanadham, R. V. Huber. Some Constraints and Tradeoffs in the Design of Network Communications [J]. Acm Sigops Operating Systems Review, 1975, 9 (5): 67-74.

心是利用密码学的公钥、私钥来保障信息传递的匿名，这本质是电子签名的密码化，只需将私钥和交易主体建立对应联系即可履行反洗钱 KYC 的义务。

从激励方式分类，区块链可以分为有币区块链和无币区块链。当前绝大多数区块链没有中心节点的法币投入，无法实现通过支付手续费进行激励，转而选择通过支付代币进行激励（挖矿）。以比特币为代表的区块链项目均为此类模式。

无币区块链需要直接消耗资金对各节点进行补贴。当前我国政府部门已经开始尝试利用区块链进行行政管理，如山东省财政厅基于区块链建立科技资金的使用监管系统，雄安新区基于区块链建立建筑业的供应链金融管理方案。2018 年 5 月，国内区块链不动产登记项目"四网互通"落地湖南娄底，"四网互通"将娄底市所有房产交易记录在区块上，房产过往交易信息得以被跟踪；涉及多个部门的同一业务，只需要具有相关权限即可，数据会同步即时送达相关部门。

（三）区块链与中国人民银行

记账制度是一国经济金融发展的基础性制度。中华人民共和国成立以前我国没有建立现代会计制度，中华人民共和国成立后师从苏联开始使用收付记账法。1965 年我国颁布了《企业会计工作改革钢要（试行草案)》，采用增减记账法。增减记账法通俗易懂，在特定历史时期发挥了重要作用。改革开放后，中国人民银行于 1993 年开始采用借贷记账法[①]，我国金融业率先与西方接轨。从历史的发展来看，记账技术的变革多引致了经济模式的变革。区块链作为一种分布式记账技术，虽并不专用于金融领域，但作为技术储备，中国人民银行应当积极研究区块链，在国家政策的大方针下，探索实践区块链，为可能到来的经济发展方式转变做好储备。

二、区块链的热点：比特币与 ICO

（一）TOKEN 与比特币的性质异同

中国人民银行等五部委 2013 年 12 月印发的《关于防范比特币风险的通

---

① 郝建平，靳天成. 浅谈人民银行恢复借贷记账法［J］. 会计之友，1992（5）：33.

知》（以下简称《通知》）中明确了比特币的性质，认为比特币不是由货币当局发行的，并不是真正意义的货币，而是一种特定的虚拟商品，不具有与货币等同的法律地位，不能且不应作为货币在市场上流通使用。比特币交易作为一种互联网上的商品买卖行为，普通民众在自担风险的前提下拥有参与的自由。时至今日，比特币等作为一种虚拟商品已经在诸多国内外互联网交易所实现了7×24不间断交易，并可兑换为美元、人民币等法定货币，某些境外地区已经开始实践比特币的交换媒介功能。可以认为，比特币已经发展成为具备一定国际认可度的全球化虚拟商品（或虚拟货币）。

代币TOKEN发源自以比特币为代表的区块链技术和共识机制，先后出现了ICO和IFO两类TOKEN主流代币。

ICO（Initial Coin Offering）代币作为ICO项目募集比特币等后发行的代币，其代码大多学习了ETH的基本原理，但与比特币具有本质的区别。比特币来源自矿机"挖矿"所得，因而持仓较为分散；ICO代币的发行完全由项目控制人等控制，一般由项目控制人等少数主体以项目基金会的名义控制大量代币，易于形成对ICO代币行为和价格的操纵。比特币的产生成本包含"挖矿机"的固定资产投入、高昂的电费成本和一定的人工投入等，目前比特币挖矿的电费支出已经成为电力充裕的内蒙古、四川、新疆辖内部分地区的收入来源，将比特币视为有价值的虚拟商品符合政治经济学经典的劳动价值论。反观ICO代币产生于ICO项目的直接发行，无任何生产成本，无内在价值。目前区块链技术处于发展期，ICO项目均处于萌芽阶段尚未形成产业化，可以认定除上交易平台进行交易外，ICO代币缺乏实际应用场景，持有ICO代币缺乏退出渠道。

IFO（Initial Fork Offering）代币的出现晚于ICO代币，是区块链项目以硬分叉方式产生新的区块链资产的别称。区别于软分叉的新旧节点相互兼容，硬分叉是指当区块链系统中出现了新版本的协议后，新节点能够接受分叉前旧节点产生的区块，但旧节点拒绝接受新节点产生的区块，导致同时出现两条链，原持币人以一定比例"免费"获得新链代币的情形。相较于广泛出现的ICO代币，IFO分叉产生的代币种类相对较少，较有代表性的有ETH硬分叉ETC、ETF，BTC硬分叉BCH、SBTC、BCD、BTG等。IFO代币脱胎对BTC和ETH代码的修改，聚焦于区块链公链的底层架构，不面向实际项目，市场认可度低。IFO 不涉及虚拟货币的直接募集，但大多存在一定比例的预挖，或有欺诈和变相营销的情形。

（二）ICO 各环节分析

一整套 ICO 的流程可以拆解为募币、发行代币和代币上平台交易三个相对独立环节。整套 ICO 流程与传统金融最大的区别在于 ICO 公司并非 ICO 募集、发行代币、代币交易的主体，隐藏在 ICO 项目背后的实际利益人是未经任何登记备案的所谓项目基金会及其控制人。

1. 募币环节

ICO 公司首先在网站等公开发布项目白皮书，向社会不特定公众公开募集比特币等，并介绍项目商业计划、代币发行计划等，如募币环节未达到自我设定的最低限额则本次 ICO 失败终止，反之成功。在这一环节中，ICO 公司向社会公开募币地址，公众参与者可向该电子地址中充入比特币等。鉴于比特币可以无障碍地转换为法定货币，参与者向 ICO 公司提供的地址充入比特币，应视为 ICO 公司向非特定公众公开募集资金。

必须注意的是，ICO 公司提供的募币地址并不包含电子签名，所得募币的权属与 ICO 公司关系不明。任何主体只要持有该电子地址的私钥，均可以实现对募集比特币的实际控制。调研发现，所募比特币的变卖所得并没有以投资款形式投入 ICO 公司账户，参与者与 ICO 公司间并未正式建立投资或借贷法律关系，风险极大。在我国现行法律体系下，应认定 ICO 公司及所募比特币的实际控制人（如项目基金会）按照《侵权责任法》第八条、第九条的规定对参与者承担连带责任。

2. 发行环节

这一环节中代币分配并未全额分配给实际充入比特币的参与人。以公信宝项目为例，其代币公信股拟发行总量 1 亿，其中公信宝基金会持有 51%，早期私募投资者持有 10%，公众 ICO 参与者总计持有 39%。具体 ICO 细则另规定，ICO 募集比特币总量上限为 3455 个 BTC，公信股兑换比例为充值 1BTC 兑换 11000 公信股。公众参与者为 ICO 项目提供了全部的资金支持，却仅获得少部分代币配额，而所谓的项目基金会零投入，一方面却利用公众参与者充入的比特币作为代币发行的"准备金"发行并占有大部分代币配额，另一方面除利用代币在交易平台上交易套现外，更可以直接处置参与者充入的比特币，使得参与者血本无归。

必须注意的是，这种代币发行机制对 ICO 参与者存在欺诈和显失公平的设计，同时因代币非由 ICO 公司而是由所谓项目社区直接发行且项目社区控制人构成缺乏透明性，极大可能造成参与者因无法锁定明确的侵权责任人而无法通过诉讼或仲裁追索损失。

3. 上平台交易环节

鉴于区块链目前的发展阶段，ICO 项目短期难以实现资金平衡，持有代币仍以上平台交易为退出方式。代币与比特币在交易环节的最大区别在于代币数量极大地集中于少数个体手中，在利益驱动下极易形成庄家操作价格的市场。同时，很多项目的 ICO 通过交易平台代为募集和发行，交易平台容易成为代币交易的"坐市商"，利用交易信息的不对称和自持代币，操纵代币价格。

必须注意的是，调研显示代币上市交易一方面可以由 ICO 公司或项目基金会等代币持有人推动，另一方面也可以由交易平台自主开展代币交易，具体表现为先开放公众向平台充入代币，后开始代币的撮合交易。整个代币交易过程完全可以脱离底层资产价值，不考察信用风险，在"劣币驱逐良币"的逆淘汰下，整个代币交易市场酝酿了极大的风险。

（三）ICO 流程的法律分析

ICO 的整个流程涉及诸多法律关系，在行政监管层面涉嫌非法集资、非公开发行证券、传销，在刑罚层面涉嫌非法吸收公众存款罪、集资诈骗罪、擅自发行股票罪、组织或领导传销活动罪等，在最终处理上涉及行政处罚与刑罚的并用，刑罚量刑中的罪名竞合和数罪并罚。

1. 公开募集比特币的法律分析

ICO 通过公开发布募币地址募集比特币，实质属于向不特定公众公开募集资金的行为，突破了我国金融监管对公开募集资金的严格限制。

在股权众筹融资领域，中国证券业协会发布的《私募股权众筹融资管理办法（试行）（征求意见稿）》和《场外证券业务备案管理办法》规定股权众筹融资只能在备案的股权众筹平台上针对特定对象采取非公开发行的方式进行，最终投资者累计不得超过 200 人。

在债权众筹融资领域，原银监会的监管解释为"明确平台本身不得提供担保，不得归集资金搞资金池，不得非法吸收公众存款，更不能实施集资诈骗。建立平台资金第三方托管机制。平台不直接经手归集客户资金，也无权擅自动用在第三方托管的资金，让债权众筹回归撮合的中介本质"。

在私募领域，证监会制定的《私募投资基金监督管理暂行办法》中明令禁止通过报刊、电台、电视、互联网等公众传播媒体或者讲座、报告会、分析会和布告、传单、手机短信、微信、博客和电子邮件等方式，向不特定对象宣传推介私募基金产品；《私募投资基金募集行为管理办法》中又进一步规定了不得在未设置指定对象的私募机构网站、微信朋友圈、讲座、报告会等中宣传推介私募基金产品。

《非法金融机构和非法金融业务活动取缔办法》第四条规定，未经中国人民银行批准，擅自以任何名义向社会不特定对象进行的非法集资为非法金融业务活动。中国人民银行《关于取缔非法金融机构和非法金融业务活动中有关问题的通知》（银发〔1999〕41 号）对《非法金融机构和非法金融业务活动取缔办法》第四条的适用予以明确，"非法集资"是指单位或者个人未依照法定程序经有关部门批准，以发行股票、债券、彩票、投资基金证券或者其他债权凭证的方式向社会公众筹集资金，并承诺在一定期限内以货币、实物以及其他方式向出资人还本付息或给予回报的行为，具有向社会不特定的对象筹集资金等四种特点。2017 年 9 月国务院法制办公开征求意见的《处置非法集资条例（征求意见稿）》第十五条特别规定了以虚拟货币等名义筹集资金的，应当对其进行非法集资行政调查。

综上可见，ICO 公司在网站发布项目白皮书并向不特定公众公开募集比特币符合非法金融活动的构成要件，应予以取缔。

2. 发行证券类代币的法律分析

美国证券交易委员会 SEC 援引美国联邦最高法院 SEC 对 W. J. Howey Co. 一案和 Reves 对 Ernst & Young 一案的司法判例，建立了"豪伊测试"（Howey Test）和"里夫斯测试"（Reves Test）[①]的规则，明确了包含投资合约性质的收益权凭证属于证券范畴。2017 年 7 月，美国 SEC 就 ICO 项目 The DAO 代币被黑客入侵事件发布了调查报告，认定 The DAO 代币属于证券，应当遵守美

---

① 豪伊测试常被用来判定某项投资合同是否属于证券，里夫斯测试常被用来判定某类票据是否属于证券。在认定金融产品是否属于证券时，需要考虑以下因素：一是投资者是否为一项共同的事业投入了资金；二是投资者对盈利是否具有合理期待；三是盈利是否来自他人的管理和努力。

国证券法的有关规定，最终 The DAO 项目被终止。

有关证券的定义，我国《证券法》没有给出外延明确的规定。公信宝项目发行的公信股（GXS）享有公信宝数据交易所佣金毛收入 10% 的分红权，公信宝数据交易所按各 ICO 参与者公信股的持股比率，直接将分红（公信币①）分发到各持股账户，公信币可通过公信宝网关提现。公信股虽不具有表决权，但享有公信宝项目的分红权，且被登记、可分割、可转让，应被视为符合证券的实质要件。

在我国境内对于擅自发行证券行为分别由《证券法》② 与《刑法》共同规制调整。根据《最高人民检察院、公安部关于公安机关管辖的刑事案件立案追诉标准的规定（二）》第三十四条的规定 "发行数额在五十万元以上的；虽未达到上述数额标准，但擅自发行致使三十人以上的投资者购买了股票或者公司、企业债券的；不能及时清偿或者清退的；其他后果严重或者有其他严重情节的情形"，则由我国《刑法》第一百七十九条予以刑事处罚；若不符合上述立案标准，则归由证券监管部门会同地方政府根据《证券法》第一百八十八条予以行政处罚。

2017 年 8 月 23 日，公信宝发布《关于公信宝更改代币收益方式的说明》，提出后续公信股将不采用代币分红的方式，而执行用设计分红的资金回收代币并销毁的模式。这一调整虽在名义上改变了代币分红模式，但无论是分红还是回购均没有改变公信股的预期收益，使得公信股仍符合证券的实质要件。此外，公信宝所称的代币回购没有强制性，实际回购结果存疑，同时所谓的回收销毁客观上将强化公众对公信股稀缺性的预期，助长公信股价格的泡沫化。

3. 发行虚拟商品类代币的法律分析

除发行证券类代币外，部分 ICO 发行虚拟商品类代币或可以产生上述虚拟商品的代币，此类代币为功能型代币，通常用于支付区块链记录信息时所必需的算力成本，其性质可以认定为虚拟商品，该类代币的发行属于虚拟商品的预售。比如 "小蚁" 项目在 ICO 过程中发行的代币 NEO，参与者持有的 NEO

---

① 公信币与人民币保持恒定 1∶1 兑换。
② 见《证券法》第二条、第十条、第一百八十八条、第二百三十一条。

可以获得小蚁系统的燃料代币 GAS 作为收益，而燃料代币 GAS 是专用于小蚁系统的消耗单位。

《禁止传销条例》第二条规定，传销是指要求被发展人员以缴纳一定费用为条件取得加入资格等方式牟取非法利益，扰乱经济秩序，影响社会稳定的行为；第七条规定，组织者或经营者以认购商品等方式变相缴纳费用，取得加入或者发展其他人员加入的资格，牟取非法利益的，属于传销行为。鉴于区块链技术仍处于初级阶段，ICO 项目大多仍在进行开发测试，项目发展前景存在经营失败风险，虚拟商品类代币目前缺乏实际的应用场景和使用价值，存在极大虚假资产的风险。如 ICO 以发行缺乏真实价值的虚拟商品类代币募集比特币的，应参照上述法规认定为传销行为，由工商行政管理部门等予以查处；构成犯罪的，依法追究刑事责任。

三、区块链资产的法律定位

（一）区块链资产的法律性质亟须立法明确

区块链资产是一种数据信息，可归类于虚拟财产范畴。我国《民法总则（草案）》[①] 首次提出了虚拟财产的物权性质，其第一百零四条规定"物包括不动产和动产。法律规定具体权利或者网络虚拟财产作为物权客体的，依照其规定"，第一百零八条提出"民事主体依法享有知识产权。知识产权包括权利人依法就数据信息享有的权利"。最终经全国人民代表大会表决通过并实施的《民法总则》删除了数据信息属于知识产权客体的条款，补充提出"法律对数据、网络虚拟财产等的保护有规定的依照其规定"，截至目前，我国并未对数据信息的性质和权利保护做出规定。

综上，尽管 2013 年中国人民银行等五部委《通知》指出了比特币属于特定的虚拟商品，但该《通知》属于行政法体系下的规范性文件，层级、效力均较低。鉴于《物权法》第五条规定"物权的种类和内容，由法律规定"，当前亟须对照《民法总则》，对虚拟财产的权利界定和保护进行立法，明确区块链资产物权性质和权利保护内容。

---

① 民法总则（草案）[EB/OL]. http://www.npc.gov.cn/npc/flcazqyj/2016-07/05/content_1993342.htm.

（二）区块链资产的司法保护现状

2013 年最高人民法院、最高人民检察院出台了《关于办理盗窃刑事案件适用法律若干问题的解释》。关于虚拟财产能否归入传统意义上财物的问题，最高人民法院权威人士在《〈关于办理盗窃刑事案件适用法律若干问题的解释〉的理解与适用》[①] 一文中指出：《关于办理盗窃刑事案件适用法律若干问题的解释》（以下简称《解释》）起草过程中，有意见提出，应当在《解释》中明确，对盗窃游戏币等虚拟财产的，以盗窃罪定罪处罚。经研究认为，此意见不妥。对于盗窃虚拟财产的行为，如确需刑法规制，可以按照非法获取计算机信息系统数据等计算机犯罪定罪处罚，不应按盗窃罪处理。

前述司法解释主要考虑了虚拟财产与金钱财物等有形财产、电力燃气等无形财产存在的明显差别，虚拟财产难以认定涉案金额，也兼顾了罪名竞合和刑责相应等问题。司法实践中，通常以非法获取计算机信息系统数据罪对盗窃比特币等区块链资产予以审查起诉和量刑。如北京市海淀区某互联网科技公司员工仲某利用职务之便，通过使用管理员权限插入代码以修改公司服务器内应用程序的方式，盗取该公司 100 个比特币，被北京市海淀区人民检察院于 2018 年 3 月以涉嫌非法获取计算机信息系统数据罪依法批准逮捕。

然而，非法获取计算机信息系统数据罪属于《刑法》第六章妨害社会管理秩序罪下的具体罪名，侵犯的客体是社会管理秩序，与属于侵犯财产罪大类下的盗窃罪相比，非法获取计算机信息系统数据罪并不侧重保护受害人的财产权益。在区块链资产财产属性不明的情况下，涉案的比特币等是否按照《刑法》第六十四条的规定予以追缴或责令退赔可能产生法律适用的争议。

四、区块链典型应用场景——分布式类征信

（一）分布式类征信的模式

利用区块链技术信息不可篡改的特点，区块链在征信领域产生了具体的应用场景实践，如新加坡 LinkEye 基金会开发运营的 LinkEye 项目（代币为 LET）、

---

① 胡云腾，周加海，周海洋．《关于办理盗窃刑事案件适用法律若干问题的解释》的理解与适用 [J]．人民司法，2014（15）：18-25.

我国杭州存信数据科技有限公司开发运营的公信宝项目（代币为 GXS）等。

我国《征信业管理条例》规定"征信业务，是指对企业、事业单位等组织（以下统称企业）的信用信息和个人的信用信息进行采集、整理、保存、加工，并向信息使用者提供的活动"，按照全国人大法工委《立法技术规范（试行）》的规定"一个句子存在两个层次以上的并列关系时，在有内在联系的两个并列层次之间用顿号，没有内在联系的两个并列层次之间用逗号"。因此，征信业务可以理解为包含信用信息的收集和提供两大环节。区块链征信是否具备信息收集和提供两个完整环节有待考证，但因其对接了征信的市场需求，从功能监管、行为监管的角度不应忽视区块链征信的存在。因区块链征信去中心化的特征，本文暂将其称为分布式类征信业务予以分析。

从《公信宝数据交易所白皮书》①披露的内容来看，典型的分布式类征信业务流程例如：商户 B 通过调用自己公信宝客户端的 API 接口向公信宝数据交易所发起购买用户 A 的个人信息数据的请求（智能合约），交易所客户端会判断该请求购买的是否涉及个人敏感数据，如果判定是敏感数据则触发个人隐私保护机制，推送一个消息给用户 A 的公信宝客户端申请授权查询，如果用户 A 拒绝了这次授权，则流程结束，商户 B 无法购买此数据。如用户 A 同意这次授权，交易所则广播此智能合约到所有拥有这类数据类型的数据源商户客户端节点，每一个节点根据智能合约的条件查询，如果数据源有用户 A 的数据，则通过非对称加密、点对点将数据传输给商户 B 节点，商户 B 则根据智能合约的规定自动支付 TOKEN 给数据源（见图1）。

（二）分布式类征信的典型技术特点

公信宝的原始代码借鉴了 Graphene（Bitshares2.0的核心）和 Emercoin 的功能协议以及 Monero 的匿名设计，并在此基础上增加了自己开发的数字资产所有权认证（DPO - Digital Proof of Ownership）和共识机制（PoCS - Proof of Credit Share）代码。分布式类征信充分利用了区块链技术的密码学和区块信息时间戳特征，解决了信息安全、信息版权收益和联盟成员共享不平等的难题。

① 公信宝数据交易所白皮书［EB/OL］. https：//github.com/gxchain/whitepaper/blob/master/zh/dataExchange-whitepaper.md.

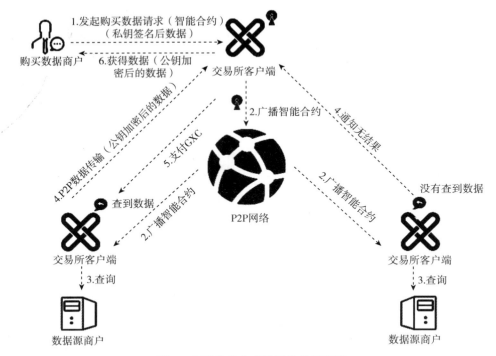

图1 典型的分布式类征信业务流程

以密码学解决信息安全问题。区块链采用了非对称加密（椭圆曲线算法）技术，数据需要同时具有公钥和私钥才能解密，即便数据被第三方截取，也无法被解开。以图2为例，购买数据的商户A对智能合约进行私钥签名（私钥由A的客户端生成），并在发送时携带自己的公钥，通过交易所客户端广播给全网节点，数据源商户节点如果查询到数据，则使用商户A的公钥对原数据进行加密后点对点回传给商户A的客户端节点，商户A使用私钥解密得到原数据。整个数据流转过程均为点对点，区块上仅存储数据交易摘要、数字版权等信息，不保存或缓存原数据，从技术上保障了信息安全。

以区块信息时间戳解决信息版权认证问题。当前征信市场中广泛存在信息二次转卖的问题，征信公司收集数据的同时会缓存沉淀数据供以后自己对外提供，这样既无法实现信用信息的可溯源，也侵害了信息所有者的权益。利用区块上可以添加时间戳的特征，当一个数据交易智能合约生效后，这条数据就会被打上一个永久的数字证书，用来证明数据的生产者，以此实现对数据的确权和溯源。

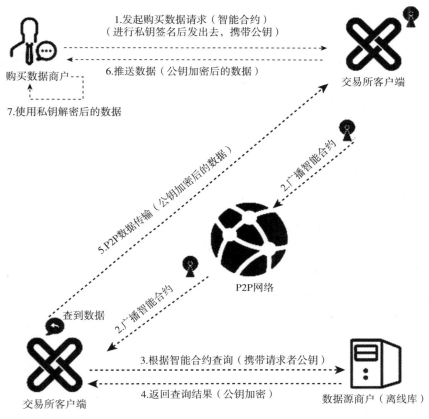

1.发起购买数据请求（智能合约）
（进行私钥签名后发出去，携带公钥）

6.推送数据（公钥加密后的数据）

购买数据商户

7.使用私钥解密后的数据

交易所客户端

5.P2P数据传输（公钥加密后的数据）

2.广播智能合约

P2P网络

查到数据

2.广播智能合约

交易所客户端

3.根据智能合约查询（携带请求者公钥）

4.返回查询结果（公钥加密）

数据源商户（离线库）

图 2　信息传递流程

　　以信用贡献证明解决联盟共享不平等问题。共识机制是区块链有效运行的保障。现实中，体量悬殊的联盟成员之间难以直接达成进行有效数据交换的共识机制，如征信市场中的芝麻信用等具有核心数据源的企业不愿意也不在乎与众多小型征信公司交换数据。信用贡献证明机制可将数据信息进行标准定价，数据被查询并交易成功则被计算为贡献值（Share，类似算力贡献），数据量越大的联盟成员被交易的可能性越高也将产生更多的 Share 值，Share 值越大将得到更多的 TOKEN 奖励可对外用于交易，而数据量小的联盟成员产生较少的 Share 值，可以通过从数字交易所购买 TOKEN 来实现数据交易的需求。

（三）TOKEN 价格的波动性

　　区块链项目需要激励广泛的节点接入区块链和使用区块链，因而 TOKEN

天然地被赋予了交易的职能，发现 TOKEN 价格的走势规律对研究区块链具有现实意义。

经济学者 Bolt 和 van Oordt 于 2016 年参照费雪方程式构建了 TOKEN 价格模型①，该模型假设 TOKEN 的价格受 TOKEN 的流通效率、投机者对 TOKEN 流通量的影响以及用户对 TOKEN 的接受程度三个主要因素的影响。投机者可能会通过在市场上收购持有 TOKEN 的方式来减少市场上 TOKEN 的流通量，以期望在未来获得更高的效用。这一动态平衡特别适用于比特币等总量恒定或发行有限的 TOKEN。

假设 TOKEN 对应了具体的区块链服务，对于总量恒定或发行量有限的 TOKEN，有以下交易量关系：

$$P_t T_t = M V_t$$

其中，M 是 TOKEN 的总量；V_t 是 TOKEN 的流动速度，表征了在定义的 t 期间内，每单位 TOKEN 用于购买区块链服务的平均次数；T_t 是在 t 期间内购买区块链服务的数量；P_t 是在 t 期间内区块链服务的加权价格。

设置 \$ 为单位汇率，则：

$$\frac{P_t}{P_t^{\$}} T_t = M V_t$$

现实中各数字资产交易所均推出了诸如币币交易、法币交易等交易对，现假设法定货币是所有相关方的会计单位，可定义汇率为 $S_t = \dfrac{P_{\$}}{P_t}$，则方程可替换为：

$$S_t = \frac{T_t}{M V_t}$$

现实中存在部分 TOKEN 被囤积而未流入市场的情况，假设实际 TOKEN 的实际流动速度为 V_t^A，Z_t 为未使用的 TOKEN 数量。

V_t 是 TOKEN 的整体流通速度，是纳入流通使用的 TOKEN 与未用于转让服务的 TOKEN 之间的平均值，因此：

---

① Wilko Bolt, Maarten van Oordt. On the Value of Virtual Currencies [R]. Working Paper, No. 2016-42. Bank of Canada, 2016.

$$V_t = \frac{M - Z_t}{M} V_t^\Delta$$

将其代入汇率方程，可得：

$$S_t = \frac{T_t}{(M - Z_t) V_t^\Delta} \tag{1}$$

从式（1）可知，TOKEN 的汇率与购买区块链服务量成正比，并与 t 期间内进入交易的 TOKEN 量成反比，流通 TOKEN 量的匮乏将会导致 TOKEN 汇率上升。

对于被投资者存储起来不用于交换的 TOKEN，可以按照风险管理理论来评估未来的效用。TOKEN 本身并不能生息，因此个人持有 TOKEN 而不进行实际交易，实际产生了利息损失，这种损失与持有 z_t 的大小相关，可以表示为：

$$-R \cdot S_t \cdot z_t$$

其中，R 可看作是金融市场传统货币的贴现利率。

如果未来持有 TOKEN 的预期价值可视为现时点 TOKEN 未来预期价值的总和，则可以表示为：

$$\|S_{t+1}\| z_t$$

根据现代投资组合理论，可得到本模型的有效边界：

$$\|S_{t+1}\| z_t - R S_t z_t + \tau \sigma^2 \|S_{t+1}\| z_t = 0$$

由此，在给定的时段 t 内整个群体持有的 TOKEN 的最佳数量为：

$$Z_t = N_t z_t = \frac{\|S_{t+1}\| - R S_t}{\dfrac{\tau}{N_t} \sigma^2 \|S_{t+1}\|}$$

鉴于这个值不能是负的，因此：

$$\|S_{t+1}\| \geq R S_t$$

因此，利用上述关系，可得到 TOKEN 预期的未来价值，贴现利率和 TOKEN 流通速度之间的关系：

$$R^{-1} \|S_{t+1}\| \geq \frac{T_t}{M V_t}$$

由其可见，如果贴现的预期值大于汇率的假设值，则人们会倾向于存储 TOKEN，所以 TOKEN 的汇率的预期函数为：

$$S_t = R^{-1}\left(\|S_{t+1}\| - \frac{\tau}{N_t}Z_t\sigma^2\|S_{t+1}\|\right) \qquad (2)$$

综上可见，式（1）、式（2）解释了 TOKEN 的供应和需求。由于 M 值基本保持恒定，可以认为 TOKEN 的价格由 TOKEN 未来的效用预期决定，然而随着 TOKEN 交易的增加，TOKEN 价格变得由交易主导，而不是由未来的效用预期主导。因此，必须重视 TOKEN 在数字货币交易平台的交易量，当交易量持续大幅增长后，TOKEN 价格将脱离实际应用场景的优劣，表现出更多的金融衍生品的特征，发生大幅波动的情形。

（四）分布式类征信的合规风险

我国《征信业管理条例》第四章规定了信息主体有权向信息提供者提出异议，要求更正。然而，分布式类征信所利用的区块链具有双向匿名的特征，整个流程由智能合约自动完成，信息主体无法获知信息提供者的身份和信息来源渠道，无法实现《征信业管理条例》规定的信息主体异议权。同时，欧盟《一般数据保护法案》（*General Data Protection Regulation*，GDPR）也规定了数据主体有权要求数据控制者无不当延误地纠正与其相关的不准确个人数据。区块链信息不可篡改的特征与《征信业管理条例》和 GDPR 的法律规定不相容。

在法律适用上，虽然对于分布式类征信是否属于《征信业管理条例》规定的征信业务尚未明确，但欧盟 GDPR 属于一般性通用数据法规，且对涉及欧盟信息主体的行为均具有管辖权，因区块链没有国界限制，极可能因无法修改涉及欧盟信息主体的数据而被欧盟依据 GDPR 给予处罚[①]。

五、区块链资产的监管难点

（一）比特币监管的国际观点

目前，国际上对比特币监管的观点主要有三种：

一是完全禁止。目前，俄罗斯、玻利维亚、印度尼西亚等国家对比特币采取严厉禁止态度。2014 年 2 月，俄罗斯总检察院办公室发表声明，明确禁止在俄罗斯境内使用比特币，"俄罗斯联邦的官方货币是卢布。禁止引入其他货

---

① GDRP 的地域管辖突破了欧盟的地域限制，规定只要经营行为、数据处理等在欧盟内，就必须接受 GDRP 管辖，违反 GDRP 将被处以营业额 4%或 2000 万欧元中较高值的罚款。

币单位和金钱代用品"。虽然之后态度有所松动,但俄罗斯的加密货币合法化为之尚早。

二是保持中立和严格限制。代表性国家有韩国、泰国、爱尔兰、肯尼亚、冰岛、新西兰、荷兰等。2014 年 2 月,泰国央行允许比特币流通和交易,但是要求交易仅限于在泰国国内并以泰铢结算,而不得涉及其他海外货币;韩国金融监管机构禁止使用匿名银行账户进行加密货币交易,防止洗钱、非法融资和其他违法交易的行为和单纯的投机行为。

三是承认比特币的合法性,并逐步将其纳入监管体系。各国比特币监管以反洗钱、保护投资者正当权益为主要目标。其中,日本和美国的比特币监管态度较为友好。2017 年 4 月 1 日,日本内阁正式签署的《支付服务修正法案》比特币等虚拟货币在日本成为合法的支付方式。此外,从 2017 年 7 月起,消费者在日本购买虚拟货币时不再缴纳消费税。曾经主要作为投资产品的比特币,如今被越来越多向结算手段发展。美国纽约州金融服务局有关比特币牌照的建议案为专门监管,以在比特币等数字货币领域运营业务的公司为监管对象,包含各种合规政策,为全面监管数字货币提供了可参照的方向。随后,华盛顿州也推出了类似的许可证制度,旨在保护消费者权益。许多其他国家也在积极努力,逐步将比特币纳入监管体系之中。如 2012 年 12 月,法国政府核准的比特币交易平台"比特币中央"成为首家在欧盟法律框架下运作的比特币交易所。澳大利亚则"允许数字货币被视为符合消费税的货币"。新加坡金融管理局要求比特币公司在经营中必须确认顾客的身份,并对可疑交易进行上报,以遏制比特币洗钱以及其他的违法活动。但新加坡金管局也表示,不对在商业活动中接受比特币的行为进行监管,当权者不应该干涉是否在经济活动中使用比特币的商业决定。

(二) 比特币的洗钱风险

现代意义上的洗钱是指为了隐瞒或掩饰犯罪收益的真实来源和性质,通过各种手段使其在形式上合法化的行为。犯罪分子的洗钱手法各不相同,然而为达到隐瞒或掩饰犯罪收益真实来源和性质的目的,洗钱的行为势必要依托有利于其实现洗钱目的的媒介。现金与转账相比,具有匿名、不可追溯的特征,是洗钱行为的首选媒介。此外,诸如本身价值波动很大的古董、字画,公司交易流水的合理性较难被验证的餐饮、影视等行业的公司都成为洗钱媒介。

比特币交易全球性、匿名性、不可追溯性的特征决定了它有成为洗钱媒介的潜质。1个比特币的价值从2010年的0.003美元到2017年的历史峰值18674美元再到2018年6月的8000美元，其价值剧烈波动，一旦其被当作洗钱的媒介，犯罪分子更容易将其收益来源解释为合法的比特币投资收益。比特币等虚拟商品的撮合交易平台使比特币等可以更方便快捷地与世界上许多不同的法定货币互相兑换。世界各国现阶段对比特币等监管态度的反复且暧昧，反而提高了比特币等在全球范围内被用于洗钱犯罪的风险。

（三）比特币对资本项目管制的冲击

比特币目前作为一种去中心化的虚拟货币，各国投资者均可投资或持有，可以便捷、自由地兑换成各国法定货币，同时，它被大多数央行视为商品而非货币，其商品属性可以避开部分国家的资本项目管制。

根据外汇局规定，每人每年的换汇额度为等值5万美元。一些投资者或不法分子为了转移资金，利用比特币避开中国资本项目管制。比特币底层技术是区块链，只要知道区块链地址，就可以轻松地充值提现。比特币投资者可以通过手机或电脑直接将比特币从国内转到国外。投资者可以在境内外比特币交易平台上各开一个账户，然后通过"汇币"服务，在境内平台上用人民币资金充值购买比特币，转至境外平台后再卖出按照美元或者欧元等提现，从而实现资金的流出。相比于传统银行等转账方式，通过"汇币"方式转移资金，在速度上具有明显优势（不区分境内境外，最快10分钟，最慢1~2小时），且整个过程游离在监管之外。

对于希望配置海外资产的投资者而言，外汇额度管制限制了大额资金的出境。市场通常的做法是通过购买香港大额保险或找跨国贸易公司换汇，将资金汇出境外，但这两种方式均存在一定的弊端。购买香港大额保险，是将人民币资产置换为以美元计价的保单，再将保单通过抵押给银行获得现金贷款，继而完成资产配置。这一过程要视保单条款而定，中间程序较为复杂。跨国贸易公司换汇，是通过在中美两地均有业务的贸易公司进行，这一方式难度较大，需要先找到合适的贸易公司，再匹配双方的换汇额度。以比特币的形式汇出资金也同样面临一定的风险。比特币换汇过程虽短，但也依然要承受潜在的币价剧烈波动和交易平台跑路的风险。

六、对区块链的宏观审慎监管建议

(一) 比特币监管历史沿革

总体上看,我国对虚拟货币及其发行、交易活动的态度较为审慎,从2013年至2018年6月,监管政策经历了从有限监管到从严打击的转变过程。

1. 有限监管阶段 (2013年至2017年8月)

2013年12月,中国人民银行等五部委联合发布《关于防范比特币风险的通知》,首次明确界定比特币为一种特定的虚拟商品,并非真正意义上的货币。同时,通知要求各金融机构和支付机构不得开展与比特币相关的业务,提供比特币登记、交易等服务的互联网站应登记用户姓名、身份证号码等信息,切实履行反洗钱义务。比特币及其交易活动开始受到一定程度的监管约束。

随着比特币价格快速上涨,投机活动日益盛行,2017年1月11日,中国人民银行联合北京市金融局、上海市金融办等部门对火币网、OKCoin币行、比特币中国三大交易平台开展现场检查。监管部门叫停了融资融币等杠杆业务,引导交易平台通过收取交易手续费、暂停提币、升级反洗钱系统等措施抑制市场过度投机行为,防范潜在的洗钱风险。监管措施立竿见影,以人民币交易的比特币全球占比从90%以上迅速下降到20%以内,潜在风险得到有效释放。

2. 从严打击阶段 (2017年9月至2018年6月)

2017年5月以后,代币发行融资 (ICO) 活动迅速发展,吸引大量公众和资金参与,传销、诈骗等违法犯罪活动也混杂其中,危及金融稳定和社会秩序。2017年9月4日,中国人民银行等七部委联合发布《关于防范代币发行融资风险的公告》,将ICO定性为未经批准的非法公开融资,涉嫌非法集资、非法发行证券、金融诈骗等违法犯罪行为。此后,各地互联网金融整治办要求辖内ICO和虚拟货币交易平台限期关停,并清退客户资产,利用土地、电价、环保及税收等手段引导虚拟货币挖矿企业有序退出。同时,中国人民银行协调有关部门屏蔽了110个境外虚拟货币交易网站,关停约3000个从事虚拟货币交易的支付宝账户,果断打击各类变相ICO行为,有效防范和化解了虚拟货币领域风险。

（二）区块链资产交易的市场监管建议

当前，区块链技术的应用领域不断拓展，经济和社会价值日益凸显。虽然区块链技术尚未出现比较成熟、能被广泛应用或者能在一定领域内产生颠覆性影响的产品，但当前有必要对其发展和演变态势保持密切关注，并积极探索如何对其进行规范和监管，掌握好鼓励技术创新与防范风险二者之间的平衡。可以考虑从以下几个方面着手进行监管：

一是修订《证券法》，扩大证券概念的内涵。ICO 本质上是一种通过发行权益凭证（TOKEN）进行融资的行为，投资者参与 ICO 的主要原因是预期能够从 TOKEN 升值中获得投资收益，这与 IPO 十分类似。因此，当前发达国家和地区也多倾向于将 ICO 视为证券发行活动进行监管。我国可以在《证券法》修订中，扩大证券概念的内涵，将 ICO 纳入证券发行活动，必须经证监会许可或备案。

二是建立合格投资者制度。多数 ICO 项目风险较高，TOKEN 价格波动较大，应建立制度要求参与 ICO 的投资者必须经过实名认证，通过数字资产基本知识测试，个人净资产或收入不低于一定数额，并且具备一定年限的证券交易经验。

三是以国资设立或收购 1~2 家数字资产撮合交易平台作为全国性集中交易场所，并建立数字资产的登记、托管、清算机构和设施。当前，数字资产交易平台数量庞大，平台坐庄操纵价格、定向爆仓、篡改数据、挪用客户资产等事件频发，建立国资主导的集中统一交易场所有助于消除市场乱象，保护投资者合法权益。

四是加强投资者权益保护，严厉打击欺诈发行、市场操纵、内幕交易等违法行为。目前，市场上充斥着各种"空气币"、传销币项目，发行方跑路、大户坐庄操纵价格、内幕交易等现象十分普遍。应要求 ICO 发行方定期披露项目进展及资金使用情况，及时公布相关重大事项，重拳打击欺诈发行、操纵价格以及利用内幕信息进行交易等违法违规活动，以净化市场环境，保护投资者合法权益。

（三）比特币的反洗钱监管建议

我国对比特币采取的监管态度在一定程度上减少了其在国内的社会认知度，降低了其在国内的流通性，增加了其与我国法定货币互相兑换的难度，这都有助于减少比特币在国内被用于洗钱的风险。然而现阶段依然还存在许多活跃的撮合比特币等海外交易平台且拥有可观的用户与交易量。由于我国不承认此类平台的合法性，这些地下交易平台几乎不会建立相关反洗钱的内控制度和履行有关反洗钱义务。这些地下平台的存在，无疑增加了比特币在我国被犯罪分子用于洗钱的可能性。

建议我国对比特币等采取以下两种不同的监管方式：

一是继续加大检查和处罚力度，以彻底关停所有比特币地下撮合交易平台为最终目标，利用好舆情监测、银行等金融机构及支付机构的大额和可疑交易监测结果，将比特币撮合交易平台的生存空间压缩到最小，大大增加比特币等与我国法定货币相互兑换的难度，以此达到将比特币等虚拟商品的流通性降到最低、减少其在我国被用于洗钱犯罪风险的目的。

二是承认比特币撮合交易平台的合法地位，但严格提高其准入门槛（包括应由国家控股等）。同时，参照我国对金融机构及特定非金融机构的反洗钱法律法规要求，指导其建立相关客户身份识别制度、客户身份资料及交易记录保存制度、大额交易和可疑交易报告管理制度并监督其履行相应反洗钱义务。通过撮合交易平台施行反洗钱管理，要求撮合交易平台严格履行客户实名制和私钥登记制度，将匿名交易变为显名交易。

（四）以数字纪念币方式率先发行法定数字货币

当前尚没有国家发行法定数字货币，中国人民银行数字货币研究所在这一领域进行了广泛的研究。建议经由国务院授权，由中国人民银行依法发行法定数字纪念币作为全球首个法定数字货币，率先在国际上建立数字货币底层架构。区块链以共识为基础的特征，注定了小国经济体无法独立发行法定数字货币。发行数字纪念币既是抢占法定数字货币的高地，也可以吸引国际资本流入购买我国法定数字纪念币，形成利益共同体，维护经济金融安全，此外，借助法定数字纪念币——人民币交易对，也有助于推动人民币国际化进程。

有关数字纪念币的发行。一是要避免法定数字货币对现行货币流通体系的冲击，维护人民币的法偿性和法币地位。可参照贵金属纪念币的发行模式，明确数字纪念币不设置面值，暂不纳入流通，其价格由人民币计价，由挂牌交易价格决定。二是区块链代码可参照 github.com 等网站公开的主流区块链代码，并整合中国人民银行数字货币研究所的研究成果。三是据 CoinDance 的数据显示 2017 年 8 月比特币全网节点为 5620 个，2018 年 3 月为 11466 个，可充分发挥中国人民银行征信中心和分支机构征信条线、国库条线的作用，自中国人民银行县支行起设置数字纪念币节点，形成法定数字货币的记账体系。四是设置法定数字货币交易所交易数字纪念币，在履行区块链私钥对应登记等反洗钱客户身份识别的前提下，允许客户在交易所开户并以人民币交易数字纪念币。五是开发数字纪念币区块链侧链接口，在符合要求的情况下，允许其他区块链以数字纪念币为底层架构开发区块链应用。

京津冀协同发展下的企业债券融资
效率研究

温静等

温静等[*]

一、引言

（一）研究背景

1. 我国企业债券融资现状

随着我国资本市场的发展与完善，我国企业开始更多地从资本市场融资。贷款是我国企业融资的重要方式之一，随着上交所、深交所的相继成立，股票融资为我国大型优质企业提供了长期资金的来源。相比之下，我国债券市场起步较晚，发展初期较为缓慢甚至停滞不前，但国家相关政策的相继出台以及1997年银行间债券市场的出现为我国债券市场的快速发展奠定了基础。近几年来我国社会融资规模及结构发生了很大的变化，贷款及未贴现银行承兑汇票仍是我国企业融资的最主要形式，但是占比逐年下降，相反债券融资却呈逐年上升趋势。截至2017年末，我国社会融资总规模为174.64万亿元，债券融资规模为18.37万亿元，占比10.52%。另外自2008年起，债券融资从规模以及占比都已领先于股票融资。债券融资已成为我国企业重要的融资方式。

2. 京津冀企业债券融资现状

从表1可以看出，北京社会融资增量大于河北，天津最低。贷款及未贴现

　＊温静：中国人民银行营业管理部营业室。参与执笔人：朱红宇、魏超然、赵睿。其中，朱红宇供职于中国人民银行营业管理部跨境办；魏超然供职于中国人民银行营业管理部国库处；赵睿供职于中国人民银行营业管理部货币信贷管理处。

银行承兑汇票仍是京津冀企业融资增长最快的方式，企业债券次之，股票融资增量最小。北京企业债券融资增量大于天津与河北。债券融资已经成为京津冀企业融资的重要方式之一。

表 1　2013～2018 年 6 月我国社会筹资增量

单位：亿元

		2013 年	2014 年	2015 年	2016 年	2017 年	2018 年 6 月
贷款及未贴现银行承兑汇票①	北京	7893.00	8419.00	6724.00	7886.51	9756.80	3357.11
	天津	3943.00	3671.00	3349.00	2527.01	2884.96	368.32
	河北	5423.00	4114.00	3819.00	5193.79	7612.27	2670.49
企业债券	北京	4246.00	3317.00	7180.00	3767.75	−2747.84	3083.47
	天津	802.00	993.00	796.00	890.95	−231.02	185.18
	河北	349.00	616.00	517.00	564.40	297.01	212.50
非金融企业境内股票融资	北京	164.00	900.00	1190.00	1464.49	958.69	272.97
	天津	39.00	65.00	250.00	71.74	51.36	5.59
	河北	91.00	126.00	205.00	341.92	169.98	59.87
社会融资规模	北京	12556.00	12877.00	15369.00	13446.05	8255.26	6867.81
	天津	4910.00	4819.00	4474.00	3594.40	2790.26	603.40
	河北	6247.00	5177.00	4764.00	6327.46	8346.38	3081.90

资料来源：Wind 资讯。

（二）研究问题

我国资本市场正处在发展完善时期，股权融资的限制较多，而债券融资呈现蓬勃发展的态势，成为了企业的重要融资方式。由于政策环境、地理位置、经济发展水平等因素的影响，京津冀三地企业债券融资效率可能会产生一定差异。基于此，本文对京津冀企业债券融资效率是否存在差异进行研究，并在此基础上，找出京津冀企业债券融资效率产生差异的影响因素。

---

① 贷款及未贴现银行承兑汇票包括：人民币贷款、外币贷款（折合人民币）、委托贷款、信托贷款和未贴现银行承兑汇票。

（三）选题意义

1. 京津冀协同发展具有重要意义

京津冀作为我国举足轻重的经济增长极和快速发展的三大城市群之一，在仅仅 2.27% 的国土面积上承载了 8% 的全国人口，创造了约 10% 的经济总量。京津冀城市群发展的关键在于如何实现区域经济一体化。推动京津冀区域金融一体化有助于打破行政壁垒，促使京津冀政府加强合作，有助于改革现行金融体制，促进资本和信息等金融资源的优化配置，有助于提高金融机构的服务质量和服务效率，从而推动京津冀整体金融的发展。对京津冀一体化的研究既关乎京津冀区域自身的长远发展，也与我国整体的协调发展密不可分。

2. 提高债券融资效率具有重要意义

企业主要通过内部留存、贷款、发行债券、发行股票进行融资。目前债券融资呈现蓬勃发展态势，提高债券融资效率具有重要意义。从宏观方面来看，提高债券融资效率可以增加资本市场活力，提高资本市场吸引力，优化资本市场结构；从微观方面来看，提高债券融资效率可以多样化企业融资渠道，优化资本结构，提升企业价值，增强企业核心竞争力。融资效率的高低直接影响着企业的未来发展，进而影响企业对地方经济的带动情况。

目前京津冀区域发展不平衡，研究京津冀区域企业债券融资效率是否存在差异以及影响京津冀区域企业债券融资效率产生差异的因素，找出京津冀区域企业债券融资失衡的原因，具有重要的理论与实际意义。

（四）研究思路和方法

1. 基本思路

京津冀协同发展可以促进区域内资本与信息等金融资源自由流动、聚集以及优化再配置，但是三地空间上的差异以及经济发展的不平衡导致了京津冀企业在债券融资效率上存在较大的差异。本文通过理论研究、实证研究以及比较研究相结合的方法，找出影响京津冀企业债券融资效率产生差异的因素，针对这些因素提出建设性的意见与建议，提高债券融资效率，促进京津冀三地实体企业债券融资更好地协同发展。

2. 研究方法

第一，文献研究法。通过梳理国内外区域经济发展、经济协同发展以及影响企业债券融资效率等的相关文献，形成对相关事实的科学认知，从而提出本文的研究思路和方法。

第二，实证研究法。选取 2010~2017 年京津冀三地发行的一般企业债、公司债和中期票据为研究样本，利用数据包络分析法（DEA）对样本的融资效率进行实证计算。通过实证研究，找出影响京津冀企业债券融资效率产生差异的因素，以便提出相关建议和对策。

第三，比较研究法。欧盟、长三角、珠三角作为区域经济协同发展的典范，对京津冀协同发展具有启示作用。本文研究了欧盟、珠三角、长三角区域经济协同发展的经验与不足，为京津冀协同发展提出借鉴性的经验。

（五）研究框架

本书分为以下五个部分：

第一部分是引言部分。首先对研究背景进行了介绍；其次提出了所要研究的问题，阐明了研究意义，明确了研究的思路和方法，列出了本文的整体研究框架，最后阐述了本书的创新之处。

第二部分是文献综述部分。首先梳理了债券融资效率的相关文献；其次介绍了区域经济发展、经济协同发展的相关文献；再次介绍了融资效率测定的相关研究文献；最后梳理了其他地区区域经济协同发展经验的相关文献。

第三部分是实证研究。本文选取 2010~2017 年京津冀三地发行了一般企业债、公司债和中期票据的企业作为研究样本，利用数据包络分析法（DEA）对样本的融资效率进行实证计算。通过回归，找出影响京津冀企业债券融资效率产生差异的因素，以便提出相关建议和对策。

第四部分是比较研究。欧盟、长三角、珠三角作为区域经济协同发展的典范，对京津冀协同发展具有启示作用。本文研究了欧盟、珠三角、长三角区域经济协同发展的经验与不足，为京津冀协同发展提出借鉴性的经验。

第五部分是研究结论及建议。本部分在前面分析的基础上，提出具有可行性的政策建议。

（六）创新之处

1. 理论创新

京津冀作为我国举足轻重的三大城市群之一，理论界与实务界从未停止过对京津冀协同发展的研究，但是关于京津冀企业债券融资效率的相关研究却十分缺乏。本文的研究一方面丰富了京津冀协同发展相关的研究，另一方面也拓展和丰富了债券市场的相关研究成果。

2. 实际价值

现有的关于京津冀协同发展下企业债券融资效率的研究较少，本文通过理论研究与实证研究，找出京津冀企业债券融资效率产生差异的原因，为京津冀协同发展、实现区域经济一体化提出有针对性的政策建议，具有重要的实际意义。

二、文献综述

本部分主要从四个方面进行介绍，分别是：①企业融资效率的研究成果；②京津冀协同发展的研究成果；③融资效率测定的研究成果；④其他地区区域经济协同发展经验的研究成果。

（一）企业融资效率研究

融资效率是对融资的交易效率的评价，可通过不同的指标进行衡量。目前，国内学者对于融资效率的界定还存在一定的分歧，没有一种统一的说法。魏开文（2001）认为，融资效率是在一定空间、时间内对融资投入或产出做出的评价。同时他还认为影响融资效率的因素主要包括融资成本、资金利用率、融资机制规范度、融资主体自由度、清偿能力五个方面。谈毅（2003）从广泛的意义上，解读了企业融资效率这一概念表现在两个方面：将资源配置到能够提供最大产出的地方（资源配置功能）、确保投资者的合理回报（治理功能）。随着研究的深入，越来越多的学者尝试从不同的角度，对融资效率进行解释。曹亚勇等（2013）认为，融资效率应从包括融资成本、"财务杠杆"、融资结构、最优资本结构等微观角度进行分析。闫理（2018）将企业融资效率定义为，企业以最小的融资成本取得资金、投入生产，并且获得最大收益的能力。如果企业的投资收益率远低于融资成本率，那么融资成本再低，融资效率也是低下的。

近年来，学者们也进行了很多京津冀一体化背景下企业融资效率的研究。潘永明（2015）选取资产总额、资产负债率、主营业务成本作为DEA模型输入指标，净资产利润率和营业收入作为DEA模型的输出指标进行研究，得出以下结论：京津冀一体化背景下，企业的融资效率整体偏低，而技术效率较高；规模效率低是企业普遍面临的问题；企业的规模报酬呈递增趋势。由于存在地理位置、资源优势、资本积累等问题，在京津冀一体化的推动下，不同行业之间的融资效率具有较大差异。

（二）京津冀协同发展研究

现有关于京津冀协同发展的理论研究，主要围绕以下三大问题：

一是京津冀产业结构差异明显，如何进行区域生产力布局。马俊炯（2015）从定量指标分析出发，提出京津冀三地依靠工业内部结构差别，继而通过测算潜力值，结合地理位置，将京津冀区域 13 个主要城市分为核心区、紧密协作区、联动支撑区三个等级圈域，各圈域以不同定位在京津冀产业转移、升级中发挥各自的作用。孙久文、姚鹏（2015）还利用地区相对专业化指数、地区间专业化指数、制造业平均集中率指数、SP 指数测算了京津冀区域经济一体化对制造业空间布局的影响，得出：在产业发展过程中，北京应该充分发挥其人才、技术、信息齐备的首都优势，发展知识密集型产业；天津则应发展成为创新产品的实验和制造基地；河北应成为协同创新共同体的产业化基地。余剑和陶娅娜（2016）基于比较优势理论探讨了京津冀产业结构调整与区域协同发展。

二是京津冀经济社会发展水平呈现明显梯度，如何进行空间结构调整。贾琦、运迎霞（2015）从人口、经济、社会和空间四个层面，运用熵值法和多目标线性加权法，得出 2000 年以来京津冀区域呈现出梯度排列，从经济城镇化入手实现扩散效应大于极化效应，是可行的措施。魏后凯（2015）认为，京津冀协同发展，除了妥善处理好京津双核关系外，还应建立若干副中心，分担京津的功能，同时构建若干重点发展轴线，引导人口和产业合理布局，逐步形成双核多中心网络型空间结构。肖金成（2015）认为，京津冀地区优化空间结构的总体思路应该是：缓解北京、天津两大都市的人口、交通、环境压力，扩大河北地级市的实力，特别是提升河北各地各种新区的吸引力，增强城镇的承载率。具体而言，王辉等（2015）认为，京津冀交通一体化是一项系统工程，有利于实现中心城市资源的扩散，从而有利于消除京津贫困带，促进京津冀有效融合。

三是京津冀三地呈现自身利益最大化局面，如何进行政策协调。臧秀清（2015）认为建立区域合作协调体制与机制作为多方利益共享及分配机制的组织保障，是政府协调的关键：即形成决策层、协调层、执行层的由上至下，由中央至地方的多层合作机制。杨开忠（2015）进一步提出将北京城市功能疏解作为推进京津冀协同发展的优先领域，强调对北京市全面取消地区生产总值考核，填入"四个服务"考核，从而改变京津冀政府间利益竞争的局面。祝尔娟（2015）也指出城镇布局、产业布局、生态布局、交通体系以及重大跨区域项目等规划，应在中央层面做好京津冀区域规划的顶层设计，避免无序竞争。匡贞胜等（2015）从边界效应转化的视角，提出摒弃地方政府干预，建立市场、中央政府、次区域合作组织联动的传导机制。陈兰杰（2015）从政府信息资源共享推进机制的角度，提出区域政府信息资源共享是破解政府博弈困境，实现京津冀协同发展的关键。

（三）融资效率测定研究

数据包络分析（DEA）模型是一种多目标决策方法，也是一种效率测度和分析方法，常被用在多种经济问题的效率研究中。蓝虹（2014）运用三阶段 DEA-BCC 模型对中国农村信用社改革后的绩效进行了实证研究；李合龙（2018）运用 AHP-DEA-Malmquist 模型对 2004～2015 年广东省及 21 个地级市的科技金融效率进行了静态和动态实证分析；李依韩（2018）运用 DEA 方法对 2013～2015 年北京市各区县的创新效率进行了计算和研究，并运用成对 t 检验法提取出了显著影响创新效率的投入和产出指标。闫理（2018）运用 DEA 模型，选择了资产总额来分析企业的融资规模、资产负债率分析企业的融资结构、主营业务成本分析企业的资金运用能力这三方面来描述投入变量，作为输入值。从净资产收益率、每股收益、总资产周转率这三方面来描述产出变量，作为输出值。

近年来，在京津冀一体化背景下，运用 DEA 模型研究京津冀地区行业效率、融资效率、发展效率、资源配置效率等问题的文献层出不穷。唐鑫（2015）运用 DEA 模型对京津冀地区物流业的效率进行了分析。冯怡康（2016）运用 DEA 模型测度了京津冀协同发展的动态效度，并分析了导致三地协同度差异的原因。石颖（2017）运用 DEA 模型对京津冀城市化相对效率进行了评价分析。何砚（2017）运用超效率 DEA-CCR-Malmquist 模型对 2008～2015 年京津冀城市可持续发展效率进行了动态测评和对应项分解。王聪等（2017）运用超效率 DEA-面板 Tobit 两阶段法对京津冀协同发展中科技资源配置效率进行了测度和分析。郭成更（2018）运用 DEA - Malmquist 模型测度和分析了京津冀 13 家节能环保上市公司 2009~2016 年的融资效率。

（四）其他地区区域经济协同发展经验研究

在区域协同发展方面，国内外一些地区经过长时间实践积累了诸多成功经验，可为京津冀协同发展提供借鉴。以下选取经济一体化发展典范欧盟，以及国内区域协同发展的先行者长三角和珠三角地区进行分析。

一是欧盟地区。欧盟区域经济一体化的发展过程，一直积极运用区域政策以克服地区间差异。张晓静（2007）对欧盟的区域政策进行了分析，指出区域政策要有充分的资金支持，投资是协调区域经济关系的重要推动力，资金在地区间的分配对生产力的合理布局具有重要意义，欧盟为此建立了结构基金、聚合基金、团结基金等诸多投资基金。西班牙和葡萄牙落后地区的开发，从国家设立的基金和欧盟财政补贴中受益匪浅。区域政策应当以改善地区发展的基础条件为着力点，以防破坏自由竞争原则，通过中间机构，支持有利于地区经济结构调整的投资计划，为企业提供融资等服务，增强其竞争力。现在，欧盟以直接财政补贴为主的区域政策组合正在转向以维护公平竞争为主的政策组合，新的发展规划更多地强调改善基础设施条件、促进人力资源开发和保护生态环境等，显著减少对产业或企业的直接支持，并对财政补贴加强监督。张秀静（2015）进一步分析了欧盟首创的结构基金，认为其作为支持落后地区产业结构调整和经济发展的重要手段，在推进欧盟一体化过程中发挥了重要的作用。结构基金对落后地区的生产性项目、基础设施项目、地区内在潜力的开发、人力资源的开发、乡村开发、林业与水产扶植进行投资，以帮助落后地区发展经济、扩大就业。结构基金的援助在促进成员国经济增长、增加就业方面的确发挥了积极作用，从而促进了欧盟经济一体化进程。可考虑设立京津冀结构基金为京津冀协同发展提供资金支持。邓翔、路征（2009）基于国家间和省际区域协同发展存在的本质区别，指出我国在借鉴欧盟经验时需注意以下几点：①强化地区的主动性，自主进行区域协调，成立区域协调机构非常必要，由地区自行协调设置机构；②自主设立区域发展基金，资金供需自行解决，逐渐弱化中央政府在区域经济一体化中的作用；③区域政策不应以缩小区域差距为首要目标，应致力于这些区域经济结构的优化。

二是长三角地区。李琳、曾巍（2016）研究发现地理邻近性和认知邻近性对省际边界区域协同发展有着积极的促进作用，并可通过以下五个方面来更好地发挥邻近性优势。①统筹交通基础设施建设，提高区域间可达性；②发挥省际边界比较优势，加强产业关联度，搭建跨区域产业合作平台，加强分工协作；③加强科技创新投入，缩小区域间技术距离，加强科研机构间合作；④改善区域间市场环境，打破区域性市场壁垒；⑤加强教育投入，提高区域知识技术水平，推动区域间教育科技合作交流。李瑞昌（2018）关注的则是上海在长三角一体化进程中发挥的重要的龙头和引领作用。一方面，上海着力做大做强产业金融和科技金融、打造人工智能产业带、打造高铁带和高铁圈以进行自身能力建设；另一方面，以产业转移为推动力，转移一般性制造业和低端商贸业、建设异地园区，推动公共服务联通和功能定位对接。

三是珠三角地区。张海梅、陈多多（2018）对粤港澳大湾区的研究发现，粤港澳大湾区目前已经初具雏形，港珠澳大桥等基础设施建设的完成使得"9+2"城市群的联通更为便捷，珠三角制造业借助香港高端服务业转型升级，港珠澳借助珠三制造业市场寻求新的经济增长。要进一步深化合作创新机制，加强政府的推动作用，加快产业园区建设、科研合作，构建粤港澳制造业和服务业发展长效机制，促进区域产业合作多元化发展。皮建才（2018）则通过古诺模型对长三角和珠三角进行了比较制度分析，发现政府需在营造创新环境上下功夫，引导企业进行产业转型升级，加强区域沟通，统筹产业空间布局，通过差异化战略形成错位发展和优势互补格局，实现区域协调发展和互利共赢。

三、实证研究

（一）研究假设

当地经济的对外依存程度对企业债券融资效率具有重要影响。当地经济对外依存度高会对企业效益产生较大影响，进而对企业债券融资效率产生影响。基于此本文提出假设1：

假设1：对外贸易依存度对企业债券融资效率有正向影响。

融资环境对企业债券融资效率具有重要影响。当地的融资环境越好，企业就更容易获得更多的资金支持，融资成本也相对较低，企业债券融资效率相对较高。基于此本文提出假设2：

假设2：融资环境对企业债券融资效率有正向影响。

金融服务环境对企业债券融资效率具有重要影响。当地金融服务环境越好，金融机构法人数量越多，企业就越容易获得金融服务，且企业债券更易发行成功，融资成本也会相对较低，进而影响企业债券融资效率。基于此本文提出假设3：

假设3：金融服务环境对企业债券融资效率有正向影响。

经济发展水平对企业债券融资效率具有重要影响。当地经济发展水平高，一方面企业能够更好地发展，实现更高的盈利水平；另一方面企业能够享受到更多的外部红利，企业债券融资效率也会相对较高。基于此本文提出假设4：

假设4：经济发展水平对企业债券融资效率有正向影响。

（二）样本选择和数据筛选

1. 样本选择

本文选取2010～2017年发行的一般企业债、公司债和中期票据为样本，样本量共2422只，其中属地北京的有1748只，天津有363只，河北有311只。2422只债务融资工具涉及债务融资主体共491家，其中属地北京的有343家，天津有81家，河北有67家；上市公司有131家，非上市公司有360家（图1）；中

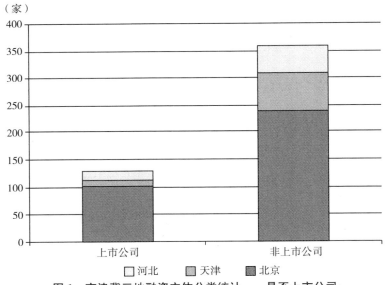

图1 京津冀三地融资主体分类统计——是否上市公司

央国有企业有 168 家，地方国有企业有 199 家，民营企业有 87 家，公众企业有 9 家，外商独资企业有 7 家，中外合资企业有 12 家，集体企业有 3 家，其他企业有 6 家（图 2）；采矿业企业有 25 家，电力、热力、燃气及水生产和供应业有 43 家，房地产业有 44 家，建筑业有 65 家，交通运输、仓储和邮政业有 24 家，金融业有 14 家，居民服务、修理和其他服务业有 1 家，科学研究和技术服务业有 5 家，农林牧渔业有 2 家，批发和零售业有 30 家，水利、环境和公共设施管理业有 8 家，文化体育和娱乐业有 8 家，信息传输、软件和信息技术服务业有 23 家，制造业有 128 家，住宿和餐饮业有 1 家，综合行业有 64 家，租赁和商务服务业有 7 家（图 3）。

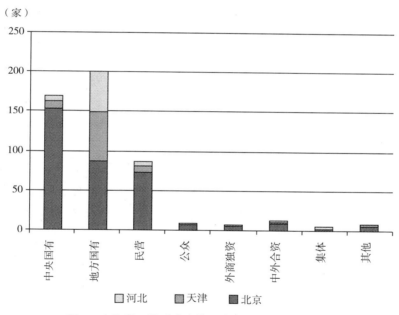

图 2 京津冀三地融资主体分类统计——公司属性

北京 343 家融资主体中，上市公司有 103 家，非上市公司有 240 家；中央国有企业有 154 家，地方国有企业有 87 家，民营企业有 73 家，公众企业有 7 家，外商独资企业有 5 家，中外合资企业有 9 家，集体企业有 2 家，其他企业有 5 家；采矿业企业有 20 家，电力、热力、燃气及水生产和供应业有 35 家，房地产业有 33 家，建筑业有 28 家，交通运输、仓储和邮政业有 11 家，金融

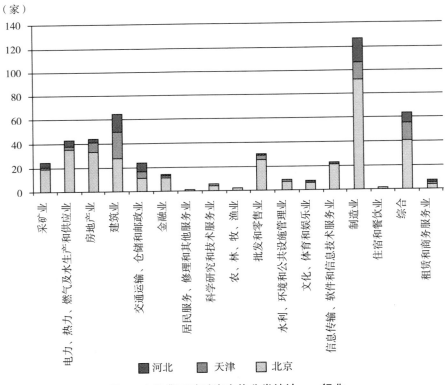

图3 京津冀三地融资主体分类统计——行业

业有 11 家，居民服务、修理和其他服务业有 1 家，科学研究和技术服务业有 2 家，农林牧渔业有 2 家，批发和零售业有 26 家，水利、环境和公共设施管理业有 7 家，文化体育和娱乐业有 6 家，信息传输、软件和信息技术服务业有 21 家，制造业有 92 家，住宿和餐饮业有 1 家，综合行业有 41 家，租赁和商务服务业有 4 家。

天津 81 家融资主体中，上市公司有 11 家，非上市公司有 70 家；中央国有企业有 9 家，地方国有企业有 62 家，民营企业有 8 家，中外合资企业有 1 家，其他企业有 1 家；采矿业企业有 1 家，电力、热力、燃气及水生产和供应业有 3 家，房地产业有 8 家，建筑业有 22 家，交通运输、仓储和邮政业有 6 家，金融业有 2 家，科学研究和技术服务业有 1 家，批发和零售业有 3 家，水利、环境和公共设施管理业有 1 家，信息传输、软件和信息技术服务业有 2 家，制造业有 15 家，综合行业有 15 家，租赁和商务服务业有 2 家。

河北 67 家融资主体中，上市公司有 17 家，非上市公司有 50 家；中央国有企业有 5 家，地方国有企业有 50 家，民营企业有 6 家，公众企业有 1 家，外商独资企业有 2 家，中外合资企业有 2 家，集体企业有 1 家；采矿业企业有 4 家，电力、热力、燃气及水生产和供应业有 5 家，房地产业有 3 家，建筑业有 15 家，交通运输、仓储和邮政业有 7 家，金融业有 1 家，批发和零售业有 1 家，文化体育娱乐业有 2 家，制造业有 20 家，综合行业有 8 家，租赁和商务服务业有 1 家。

2. 数据筛选

本文对这 491 家企业 2010~2017 年发行的 2422 只企业债、公司债、中期票据相关数据做如下处理：首先，删除内外部指标数据存在缺失的债券或票据样本，确定研究样本共 2151 只；其次，整理出 2151 只债券或票据的发行主体在其发行年度的内外部指标数据，2010~2017 年各 109 只、184 只、256 只、245 只、340 只、341 只、399 只和 277 只；最后，将同一发行主体在相同年度发行的多只企业债、公司债、中期票据的内外部指标数据进行平均，得到共 1180 家发债数据。2010~2017 年采取债券融资方式的企业个数分别为 67 家、108 家、147 家、149 家、176 家、180 家、218 家和 135 家，平均每家企业债务融资次数呈上升趋势（图 4）。

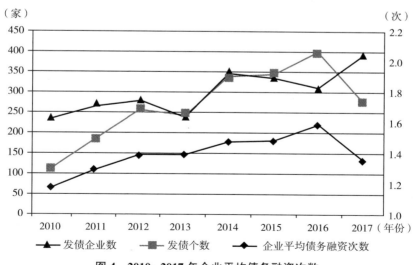

图 4   2010~2017 年企业平均债务融资次数

（三）研究变量

本文运用数据包络分析（DEA）对融资效率进行测评。选取融资成本、商业信用、经营成本、对外贸易依存度、融资环境、金融服务环境、经济发展水平作为模型的输入指标，选取收益质量、现金流量、营运能力、盈利能力作为模型的输出指标。具体指标设计如表 2 所示。

表 2　DEA 模型指标设计

分类		反映情况	指标选取
输入变量	内部因素	融资成本	发行利差比率（I1）
		商业信用	应付账款周转率（I2）
		经营成本	营业总成本（I3）
	外部因素	对外贸易依存度	进出口额/GDP（IN1）
		融资环境	贷款余额/GDP（IN2）
		金融服务环境	金融机构法人数（IN3）
		经济发展水平	人均 GDP（IN4）
输出变量		收益质量	经营活动净收益/利润总额（O1）
		现金流量	经营活动产生的现金流量净额/营业收入（O2）
		营运能力	应收账款周转率（O3）
		盈利能力	营业总收入（O4）

1. 输入指标

本书将影响企业融资效率的输入指标分为内部因素和外部因素两类。内部因素是指企业自身融资和经营方面的因素，外部因素是指企业所处地区的经济金融环境因素。

（1）内部因素。

1）融资成本。企业提高融资效率可通过降低融资成本和提高资金使用效率两方面实现。企业融资成本高意味着在企业融资过程中支付了更多的融资费用和利息支出。融资成本较高会增加企业的经营成本，使得投入产出比上升，进而降低企业的竞争能力，最终导致融资效率下降。另外高融资成本意味着融资项目本身风险较高，根据无风险偏好的理性人假设，市场上对于风险较高的项目融资规模有限，限制企业融资规模，造成融资效率较低。本文在参考了众多文献的基础上，将债券的到期收益率减去与其发行时间、发行期限相同的国债到期收益率作为债券利差，将债券利差和与其发行时间、发行期限相同的国债到期收益率的比值作为衡量融资成本的依据。

2）商业信用。企业商业信用越高意味着企业风险越小，风险小的企业在融资时融资成本较低而融资效率较高。现有的文献一般采用企业信用评级作为衡量债券融资企业商业信用的指标，但由于我国企业债券评级严重趋同，高度同质化的信用评级已经不能完全反映出企业的信用风险水平。所以本文采用应付账款周转率作为衡量企业信用风险的指标。应付账款周转率反映企业应付账款的流动程度，如果企业应付账款周转率过低，说明企业占用供应商的货款较多，显示其具有重要的市场地位，但同时也承担了较多的还款压力。一旦无力偿还应付账款，将会对企业的商业信用产生严重影响，导致融资成本上升，进而降低企业债券融资效率。

3）经营成本。营业总成本包括企业销售商品、提供劳务产生以及从事其他经营活动所产生的成本。营业总成本综合反映了企业的经营获利能力和企业对于生产资料的议价能力，对于企业取得融资具有重要的影响，进而对企业的融资效率产生影响。

（2）外部因素。

1）对外贸易依存度。在当前中美贸易摩擦的背景下，当地经济对外依存度高会对企业效益产生较大影响，进而对企业债券融资效率产生影响。本文选取当地进出口额占 GDP 的比重来衡量当地经济的对外依存度。

2）融资环境。当地的融资环境越好，企业就更容易获得资金支持，融资成本相对较低，企业债券融资效率也就相对较高。由于社会融资规模只有2013 年以后的数据，考虑到数据的可得性，本文选取贷款余额与 GDP 的比值来衡量企业所处的融资环境。

3）金融服务环境。当地金融服务环境优越，金融机构法人数量较多，企业更容易获得金融服务，且企业债券更易发行成功，融资成本也会相对较低，进而影响企业融资效率。本文选取当地金融机构法人数量来衡量当地金融服务环境。

4）经济发展水平。当地经济发展水平高，一方面企业能够更好地发展，实现更高的盈利水平；另一方面企业能够享受到更多的外部红利，企业债券融资效率也会相对较高。本文选取人均 GDP 来衡量当地经济发展水平，由于河北省体量大于京津两地，因此用人均 GDP 比 GDP 总量更能体现当地的经济发展水平。

2. 输出变量

对于输出指标的选择主要基于企业的资金使用效率，要能综合反映企业的经营能力、经营成果以及企业成长性。所以本文选择收益质量、现金流量、营运能力、盈利能力作为模型的输出指标。

（1）收益质量。企业的收益质量综合反映了企业的经营成果及经营能力，也能评价企业对筹集资金所得的利用效率。出于对企业获利能力可持续性的考虑，本文把利润总额分为"经营活动净收益""价值变动净收益"和"营业外收支净额"三部分。其中，"经营活动净收益"是企业生产经营收入扣减生产成本和运营成本后的盈利，反映企业实体经营的获利能力。

（2）现金流量。经营活动现金流量净额是从现金流入和流出的动态角度对企业实际偿债能力进行考察。相对于净利润而言，企业的经营活动现金流量净额更能反映企业真实的经营成果。

（3）营运能力。营运能力指企业运用各项资产赚取利润的能力，反映了企业对资本管理、运用的效率。应收账款在企业的流动资产中具有非常重要的地位，公司的应收账款如能及时收回，公司的资金使用效率便能大幅提高。

（4）盈利能力。营业总收入在资金的使用效率中是最具代表性的指标。因为营业总收入是企业经营成果的直接体现，既反映了企业的盈利能力和竞争力，也反映了企业的成长性。营业总收入越高，说明资金的经营效率越高。

（四）研究模型

本书采用 CCR 模型来计算企业债券融资的综合效率，采用 BCC 模型来计算企业债券融资的纯技术效率，进而计算企业债券融资的规模效率。其中，纯技术效率是指企业通过减少部分输入变量或增加部分输出变量大小而能够改善的效率；规模效率是指企业通过扩大或缩小整体投入产出规模才能够改善的效率。若纯技术效率为 1，说明在现有规模下企业达到了最大融资效率；若规模效率为 1，说明现在处于恰当的规模中，企业规模报酬不变。二者的值越接近 1，则企业的融资效率越高。

1. CCR 模型

假设有 n 个决策单元，对于每个决策单元有 m 种输入变量，有 s 种输出变量。对于决策单元 DMU_j，输入变量和输出变量分别为（x_{1j}，x_{2j}，…，x_{mj}）和

$(y_{1j}, y_{2j}, \cdots, y_{sj})$, $v = (v_1, v_2, \cdots, v_m)^T$ 和 $u = (u_1, u_2, \cdots, u_s)^T$ 分别为输入变量和输出变量对应的权重系数向量。输入矩阵 X 和输出矩阵 Y 分别为 $(m \times n)$ 和 $(s \times n)$ 的矩阵。CCR 模型是 DEA 的基础模型,假定规模报酬不变。对每个 DMU_0,求解:

$$\max_{v,u} uy_0$$
$$\text{s. t.} \begin{cases} vx_0 = 1 \\ -vX + uY \leqslant 0 \\ v \geqslant 0, u \geqslant 0 \end{cases}$$

其对偶形式为:

$$\min_{\theta,\lambda} \theta$$
$$\text{s. t.} \begin{cases} \theta x_0 - X\lambda \geqslant 0 \\ Y\lambda \geqslant y_0 \\ \lambda \geqslant 0 \end{cases}$$

令 $s^- = \theta x_0 - X\lambda$, $s^+ = Y\lambda - y_0$,设上述问题的最优解为 λ^*、s^{-*}、s^{+*}、θ^*,则有以下结论:

(1)若 $\theta^* = 1$ 且 $s^{-*} = s^{+*} = 0$,则 DMU_0 为 DEA 有效,此时技术有效并且规模有效,决策单元已经达到最佳组合和最大产出。

(2)若 $\theta^* = 1$ 且 s^{-*}、s^{+*} 不全为 0,则 DMU_0 为 DEA 弱有效,此时决策单元或者技术无效,或者规模无效。

(3)若 $\theta^* < 1$,则 DMU_0 为 DEA 无效。

2. BCC 模型

CCR 模型假设规模报酬不变,但在实际中,规模的变化会导致决策单元效率的变化。相较于 CCR 模型,BCC 模型假设规模报酬可变,决策单元的规模影响其效率。BCC 模型相较 CCR 模型增加了约束条件 $e\lambda = 1$。设 BCC 模型的最优解为 λ^*、s^{-*}、s^{+*}、θ^*,则有以下结论:

(1)若 $\theta^* = 1$ 且 $s^{-*} = s^{+*} = 0$,则 DMU_0 为 DEA 纯技术有效,决策单元已经达到最佳组合和最大产出。

(2)若 $\theta^* = 1$ 且 s^{-*}、s^{+*} 不全为 0,则 DMU_0 为弱 DEA 纯技术有效,此时决策单元效率非最佳。

（3）若 $\theta^*<1$，则 DMU_0 为 DEA 纯技术无效。

在 DEA 中，可以通过 BCC 模型计算纯技术效率，通过 CCR 模型计算综合技术效率，规模效率为综合技术效率与纯技术效率的比值。若规模效率为 1，则决策单元规模效率有效，规模报酬不变；若规模效率不为 1，那么当 λ^* 与 θ^* 的比值小于 1 时，规模报酬递增，反之规模报酬递减。

3. NCN 模型

传统的 DEA 模型，如 CCR 模型和 BCC 模型，假设所有的输入、输出变量都是决策单元可控的，可以自由调节的。但实际中有一些输入、输出变量是外生因素，是决策单元不可控的，NCN 模型即是解决此类问题的一种 DEA 模型。

NCN 模型将输入变量 X 分为可控输入变量 X^C 和不可控输入变量 X^N 两类，将输出变量 Y 分为可控输出变量 Y^C 和不可控输出变量 Y^N 两类。

$$\min_{\theta,\lambda}\theta$$
$$s.t.\begin{cases}\theta x_0^C\geq X^C\lambda\\ y_0^C\leq Y^C\lambda\\ x_0^N=X^N\lambda\\ y_0^N=Y^N\lambda\\ L\leq e\lambda\leq U\\ \lambda\geq 0\end{cases}$$

（五）研究结论

1. 内部因素影响下的京津冀企业债券融资效率

（1）分地区对比。如表 3 所示，不同地区企业债券融资效率存在较大差异，北京企业的综合效率、规模效率和纯技术效率均是最高，河北次之，天津最低。说明在不考虑外部因素的影响下，北京企业债券融资效率最高，本文认

表 3　企业债券融资效率对比——分地区 1

地区	综合效率	纯技术效率	规模效率
北京	0.6167	0.6453	0.9568
天津	0.5145	0.5573	0.9301
河北	0.5396	0.5749	0.9354

为可能是因为北京企业整体信用良好，融资成本较低，河北进行债券融资的企业一般为省内较为优质的企业，并且河北债券融资企业中上市公司比例为25.4%，而天津为13.6%，所以融资效率都高于天津。

（2）上市公司与非上市公司对比。如表4所示，上市公司与非上市公司的债券融资效率存在较大差异，上市公司的综合效率、规模效率和纯技术效率均大于非上市公司。本文认为可能是因为上市公司资质较高信誉较好且受到各方的监管较多，所以其违约风险更小，融资成本也更低，对于资金的利用效率也更高。

表4 企业债券融资效率对比——上市与否1

企业性质	综合效率	纯技术效率	规模效率
非上市公司	0.5846	0.6201	0.9441
上市公司	0.6127	0.6319	0.9689

（3）公司属性对比。如表5所示，不同公司属性企业的债券融资效率存在较大差异。从综合效率和规模效率的研究结果来看，中央国有企业的债券融资效率最高，地方国有企业次之，民营企业最低；从纯技术效率的结果来看，中央国有企业的债券融资效率最高，民营企业次之，地方国有企业最低。说明中央国有企业资源丰富，经营效率较高，所以融资效率最高；民营企业融资效率较低是由于规模限制，而地方国有企业融资效率较低是因为自身经营效率有待提高。

表5 企业债券融资效率对比——分公司属性1

公司属性	综合效率	纯技术效率	规模效率
中央国有企业	0.6655	0.6895	0.9680
地方国有企业	0.5464	0.5767	0.9467
民营企业	0.5110	0.5809	0.8910

（4）分行业对比。如表6所示，采矿业，电力、热力、燃气及水生产和供应业，房地产业等传统行业的融资效率较高，而信息技术、租赁商务、水利环境等新兴服务业融资效率较低。水利环境、文体娱乐行业纯技术效率较低，应着重从成本管理和扩大产出方面提高企业融资效率，而信息技术、租赁和商务服务行业规模效率较低，应适当调整企业规模。

表6　企业债券融资效率对比——分行业1

行业	综合效率	纯技术效率	规模效率
采矿业	0.6965	0.7230	0.9588
电力、热力、燃气及水生产和供应业	0.6480	0.6780	0.9540
房地产业	0.6202	0.6517	0.9541
建筑业	0.5578	0.6058	0.9179
交通运输、仓储和邮政业	0.5948	0.6217	0.9588
金融业	0.5996	0.6729	0.9033
批发和零售业	0.5726	0.5924	0.9708
水利、环境和公共设施管理业	0.5255	0.5496	0.9565
文化、体育和娱乐业	0.5309	0.5581	0.9496
信息传输、软件和信息技术服务业	0.4956	0.6003	0.8655
制造业	0.5943	0.6201	0.9598
综合	0.5666	0.5819	0.9707
租赁和商务服务业	0.5113	0.5858	0.8673

从各行业在京津冀三地的融资效率差别来看，租赁和商务服务业融资效率天津最高，房地产业、交通运输、仓储和邮政业的融资效率河北最高，而其他行业的融资效率皆为北京最高（见图5）。

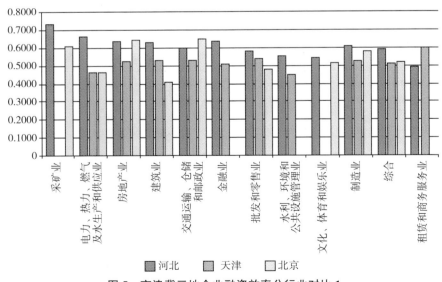

图5　京津冀三地企业融资效率分行业对比1

（5）分年份对比。如表 7 所示，企业债券融资效率在不同年份存在较大差异。2010~2013 年，企业债券融资的综合效率、规模效率以及纯技术效率，均逐渐下降；2014~2017 年企业债券融资的综合效率、规模效率以及纯技术效率，开始逐渐上升。可以看出，由于 2013 年党的十八届三中全会廓清了国有经济发展中积累的问题和存在的障碍以及产权改革、监管模式等敏感问题，对下一阶段的国企改革做出了总体部署，国有企业自身的发展水平进一步改善，经营效率显著提高，所以京津冀三地企业债券融资效率以 2013 年为转折点从下降趋势改为上升趋势。

表 7　企业债券融资效率对比——分年份 1

年份	综合效率	纯技术效率	规模效率
2010	0.6158	0.6395	0.9630
2011	0.5874	0.6137	0.9570
2012	0.5737	0.6099	0.9431
2013	0.5552	0.5931	0.9362
2014	0.5855	0.6247	0.9423
2015	0.5901	0.6162	0.9557
2016	0.6129	0.6450	0.9506
2017	0.6167	0.6407	0.9630

2. 加入外部因素后京津冀企业债券融资效率

在研究加入外部因素后京津冀企业债券融资效率时，首先假设所有外部因素和内部因素都是企业可控的、可调整的因素，此时可利用 CCR 模型计算企业债券融资效率；其次如果将外部因素视为企业不可控因素，则利用 NCN 模型计算企业的债券融资效率，并将两个模型的计算结果进行比较。

（1）分地区对比。如表 8 所示，CCR 模型的研究结果显示，当把所有外部因素和内部因素都当作企业可控的因素时，北京债券融资效率最高，河北次之，天津债券融资效率最低。NCN 模型的研究结果显示，当把外部因素视为企业不可控的因素时，河北债券融资效率最高，天津次之，北京债券融资效率最低。可以看出，由于北京的经济金融水平处于三地最高水平，当外部因素变为不可控因素时，北京的企业债券融资效率变化远不及河北和天津，而对于经济金融水平相对较弱的河北，企业债券融资效率提升幅度最大。因此，地区经济金融水平的差异会影响京津冀三地企业债券融资效率，且对河北和天津影响更大，良好的经济金融环境可以促进企业债券融资效率的提高。

表 8　企业债券融资效率对比——分地区 2

地区	CCR+	NCN
北京	0.6541	0.7326
天津	0.5721	0.9258
河北	0.6266	0.9521

（2）上市公司与非上市公司对比。如表 9 所示，CCR 模型的研究结果显示，当把所有外部因素和内部因素都当作企业可控的因素时，上市公司债券融资效率大于非上市公司。NCN 模型的研究结果显示，当把外部因素视为企业不可控的因素时，非上市公司债券融资效率大于上市公司。可以看出，当外部因素变为不可控因素时，非上市公司债券融资效率变化幅度大于上市公司，说明非上市公司由于自身规模与发展水平均弱于上市公司，享受到的外部红利少于上市公司，更容易受到外部经济金融环境的影响。因此，地区经济金融水平的差异会影响不同性质企业的债券融资效率，且对非上市公司影响更大。

表 9　企业债券融资效率对比——上市与否 2

企业性质	CCR+	NCN
非上市公司	0.6313	0.7939
上市公司	0.6598	0.7768

（3）公司属性对比。如表 10 所示，CCR 模型和 NCN 模型研究结果一致，中央国有企业债券融资效率最高，民营企业次之，地方国有企业债券融资效率最低。可以看出，无论外部因素是否可控，中央国有企业债券融资效率均处于领先地位，而地方国有企业债券融资效率为最低。近年来的中央国有企业改革

确实取得了一定成效，但地方国有企业发展还有待改善。同时，民营企业作为中国经济发展的主力军，尽管外部因素可控时，债券融资效率有所改善，但仍不及中央国有企业高，说明民营企业的自身管理水平、业务水平、技术水平等方面与中央国有企业仍存在差距，且民营企业享受的外部红利也远不及中央国有企业。因此，地区经济金融水平的差异会影响到国有企业和民营企业的债券融资效率，且对中央国有企业影响最大。

表 10　企业债券融资效率对比——分公司属性 2

公司属性	CCR+	NCN
中央国有企业	0.5932	0.8311
地方国有企业	0.5517	0.7013
民营企业	0.5668	0.7428

（4）行业对比。如表 11 所示，CCR 模型的研究结果显示，当把所有外部因素和内部因素都当作企业可控的因素时，融资效率最高的四个行业为采矿业，电力、热力、燃气及水生产和供应业，房地产业，制造业。NCN 模型的研究结果显示，当把外部因素视为企业不可控的因素时，融资效率最高的四个行业为采矿业，建筑业，交通运输、仓储和邮政业，金融业。可以看出，当外部因素可控时，第二产业的企业债券融资效率较高，由于传统行业中的大型国有企业较多，且易受到金融市场的青睐，融资成本较低。当外部因素不可控时，所有行业的企业债券融资效率均有所提高，但租赁和商务服务业，住宿和餐饮业，交通运输、仓储和邮政业，文化、体育和娱乐业等第三产业企业债券融资效率提高得较多。因此，地区经济金融水平的差异会影响到不同行业企业的债券融资效率，且对第三产业企业影响最大。

表 11　企业债券融资效率对比——分行业 2

行业	CCR+	NCN
采矿业	0.7652	0.8473
电力、热力、燃气及水生产和供应业	0.6952	0.8018
房地产业	0.6517	0.7979

续表

行业	CCR+	NCN
建筑业	0.6086	0.8337
交通运输、仓储和邮政业	0.6371	0.8507
金融业	0.6334	0.8380
居民服务、修理和其他服务业	0.6027	0.6814
科学研究和技术服务业	0.5430	0.7175
农、林、牧、渔业	0.5745	0.6695
批发和零售业	0.6330	0.6971
水利、环境和公共设施管理业	0.5634	0.7538
文化、体育和娱乐业	0.5606	0.7667
信息传输、软件和信息技术服务业	0.5359	0.7254
制造业	0.6483	0.7728
住宿和餐饮业	0.3668	0.6033
综合	0.6030	0.7698
租赁和商务服务业	0.5420	0.7939

当加入不可控外部因素后，电力、热力、燃气及水生产和供应业，金融业，水利、环境和公共设施管理业，租赁和商务服务业天津的融资效率最高，其他行业河北的融资效率最高，而北京没有哪个行业的融资效率占优。这是由于，天津、河北的发债企业大多为当地优质企业，其融资效率较大程度上受到当地经济金融环境的限制，而北京由于经济金融环境较好，融资环境较为宽松，发债企业的融资效率并不受外部环境限制，而是更多地决定于其自身经营发展状况（见图6）。

（5）年份对比。如表12所示，CCR模型的研究结果显示，当把所有外部因素和内部因素都当作企业可控的因素时，企业债券融资效率呈现先下降后上升的趋势，且以2013年为转折点。NCN模型的研究结果显示，当把外部因素视为企业不可控的因素时，企业债券融资效率呈现先下降后上升的趋势，且以2015年为转折点。可以看出，由于2013年党的十八届三中全会廓清了国有经济发展中积累的问题和存在的障碍以及产权改革、监管模式等敏感问题，对下一阶段的国企改革做出了总体部署，国有企业自身的发展水平进一步改善。在

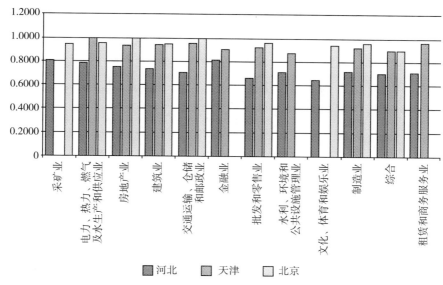

图 6　京津冀三地企业融资效率分行业对比 2

外部因素可控时，京津冀三地企业债券融资效率以 2013 年为转折点从下降趋势改为上升趋势，而当外部因素不可控时，所有年份的企业债券融资效率均有所提高，且由于 2015 年《京津冀协同发展规划纲要》的印发实施，京津冀协同发展战略的全面启动，京津冀三地企业债券融资效率以 2015 年为转折点从下降趋势改为上升趋势。因此，地区经济金融水平的差异会影响到不同年份的企业债券融资效率，且京津冀协同发展水平对于区域内企业债券融资效率影响更大。

表 12　企业债券融资效率对比——分年份 2

年份	CCR+	NCN
2010	0.6964	0.9286
2011	0.6592	0.8370
2012	0.6395	0.7853
2013	0.6036	0.7846
2014	0.6257	0.7837
2015	0.6277	0.7591
2016	0.6416	0.7672
2017	0.6546	0.7790

3. 单个外部因素对京津冀企业债券融资效率的影响

为了研究单个外部因素对于京津冀三地企业债券融资效率的影响情况，本部分设置了四个方案与方案1进行比较，方案2、方案3、方案4、方案5与方案1相比分别减少了指标IN1、IN2、IN3、IN4，差值可以分别反映该指标对于京津冀企业债券融资效率的影响大小。具体研究方案设计如表13所示。

表13 单个外部因素对京津冀企业债券融资效率的影响

地区	方案1	方案2		方案3		方案4		方案5	
	IN1，IN2，IN3，IN4	IN2，IN3，IN4	差值	IN1，IN3，IN4	差值	IN1，IN2，IN4	差值	IN1，IN2，IN3	差值
北京	0.7326	0.7065	0.0260	0.7036	0.0289	0.7267	0.0058	0.7115	0.0210
天津	0.9258	0.9195	0.0062	0.8569	0.0689	0.9075	0.0182	0.7890	0.1368
河北	0.9521	0.9122	0.0398	0.8778	0.0743	0.7348	0.2173	0.9086	0.0434

方案2是减少了外部因素IN1即进出口额/GDP，差值反映了该因素对融资效率的影响大小。可以看出，在其他三个因素都存在的情况下，对外贸易依存度对河北的影响最大，对北京的影响次之，对天津的影响最小。说明天津由于港口优势，其对外贸易程度已经很高，继续提高对外贸易程度对融资效率不会产生较大影响，但河北应该扩大对外贸易依存度，以提高其债券融资效率。

方案3是减少了外部因素IN2即贷款余额/GDP，差值反映了该因素对融资效率的影响大小。可以看出，在其他三个因素都存在的情况下，融资环境对河北的影响最大，对天津的影响次之，对北京的影响最小。说明北京的融资环境相对较好，继续改善融资环境对融资效率不会产生较大影响，但河北应该改善融资环境，以提高其债券融资效率。

方案4是减少了外部因素IN3即金融机构法人数，差值反映了该因素对融资效率的影响大小。可以看出，在其他三个因素都存在的情况下，金融服务环境对河北的影响最大，对天津的影响次之，对北京的影响最小。说明北京的金融服务环境相对较好，金融机构法人数较多，继续增加金融机构法人数对融资效率不会产生较大影响，但河北应该改善金融服务环境增加金融机构法人数，以提高其债券融资效率。

方案 5 是减少了外部因素 IN4 即人均 GDP，差值反映了该因素对融资效率的影响大小。可以看出，在其他三个因素都存在的情况下，经济发展水平对天津的影响最大，对河北的影响次之，对北京的影响最小。说明北京的经济发展水平相对较好，继续改善经济发展水平对融资效率不会产生较大影响，但天津应该改善经济发展水平，以提高其债券融资效率。

横向来看，对于河北来说，提高企业债券融资效率最有效的方式是首先改善金融服务环境也就是增加金融机构法人数，其次是改善融资环境。对于天津来说，提高企业债券融资效率最有效的方式应该是改善经济发展水平，其次是改善融资环境。对于北京来说，改善金融服务环境也就是增加金融机构法人数对债券融资效率几乎无影响，其他三个因素的影响趋同。

四、比较研究

京津冀三地经济金融发展水平的较大差异，加上跨区金融服务的局限，一定程度上导致了三地企业债券融资成本的差距。从融资环境来看，北京是诸多中外资金融机构和金融监管机构的总部所在地，拥有资源、政策等一系列总部优势；天津拥有港口优势和滨海新区综合改革试验区的政策红利，可以积极寻求金融创新；而河北享受的政策空间较小且内部各城市差异较大，金融发展水平较低导致河北一方面资金缺口严重，另一方面却在输出储蓄资金。在这种发展不均衡的情况下，三地间的协同发展暂未有效发挥弥合作用。相反，三地银行业金融机构均不得跨区贷款，跨区支存需收取一定费用，跨区结算缺乏统一平台，这些跨区金融服务的障碍使得三地间的企业融资成本差距进一步扩大。

改善京津冀跨区金融服务、加强区域协同发展水平，将可以缓解由京津冀三地基本面导致的企业融资成本差异，实现优势互补、资源共享。本章选取欧盟、长三角和珠三角三个区域，分析其整合区域金融资源、实现协同发展的经验，以期为京津冀地区提升跨区金融服务水平提供有益的借鉴。

（一）欧盟：一体化下的超国家金融合作

欧盟是目前区域金融协同发展最为典型，也是相对成功的案例。在一体化的框架下，欧盟国家间的金融合作不断突破主权国家间的行政藩篱，逐步形成统一的金融市场和监管体系。

1. 合作基础

欧盟金融一体化的努力开始之前，各国金融市场长期分割，政府根据各国不同经济发展状况独立制定金融政策。由于各国经济金融实力的差距，金融政策常常出现分化并且互相带来负的溢出效应。20 世纪 90 年代初，英国和意大利经济疲软、增长乏力，迫切需要降息以拉动投资、刺激经济；而同一时期，德国经济高速增长，马克对美元汇率持续走高，使得利息不降反升。货币政策的分化导致外汇市场出现抛售英镑和里拉、买入马克的浪潮，英镑和里拉汇率应声大跌，诱发欧洲货币危机。可见，欧盟金融一体化的合作基础较弱，需要进行超主权国家的协调与合作。

2. 合作措施与模式

一是启动单一货币。1991 年，《欧洲经济与货币联盟条约》签订，确立最晚于 1999 年实现各成员国货币的统一，并且形成统一的欧洲中央银行体系以执行欧盟共同的经济政策。1994 年，欧洲货币局成立，着手协调并逐步缩小各成员国货币间的汇率差异。1999 年 1 月 1 日，欧元正式启动，标志着欧盟各国开始实行统一的货币政策，是欧盟金融一体化进程迈出的重要一步。

二是推动金融基础设施一体化建设，实现金融市场统一。欧盟在金融一体化过程中，着重推动了信息共享系统的建设，为金融市场的统一打下了坚实的基础。银行间市场方面，欧盟建立起了统一的金融信息交换系统，初步实现了成员国间银行信息的共享，为欧盟银行市场一体化创造了良好的运行条件。资本市场方面，欧盟建立起跨地区和产品类别的衍生品交易中央交易数据库，金融市场的所有交易和运行数据都汇总到这一数据库，实现金融市场参与者和监管机构的信息共享。

在基础设施建设日趋完善的基础上，欧盟区域内的证券、银行、保险、风险投资等金融市场逐步实现统一。证券市场方面，1985 年起陆续通过的《单一欧洲法案》《可转换证券共同投资条约》和《投资服务指导原则》成为规范证券市场运行的三个主要指导原则。1998 年，布鲁塞尔、阿姆斯特丹、伦敦、巴黎等欧洲主要的八家股票交易所组建了单一的泛欧证券交易市场。2016 年，伦敦证券交易所和法兰克福证券交易所合并成为全球最大的交易所，希望帮助欧洲企业融资也吸引更多区域外公司上市。银行保险市场方面，各银行和保险巨头掀起并购浪潮。欧盟对跨国并购逐渐形成统一的标准，否定了各国政府阻止跨国并购的合理性，为欧盟范围内的跨国金融并购提供了制度保障，更加激发了跨国并购的开展。风险投资方面，2000年欧洲理事会提出了确定欧盟范围内的专业投资人，制定欧盟统一专利法，建立欧盟投资基金，动用欧盟社会基金奖励优秀企业家等一系列加快发展风险投资市场的新措施，以鼓励区域内中小企业特别是高新企业的发展。

三是统一金融监管。在金融市场逐步统一的基础上，欧盟开始从宏观和微观层面寻求统一的金融监管。2010年，《欧盟金融监管体系改革》方案通过，微观层面上设立三个监管局分别负责对银行业、保险业和金融交易活动实施监管，宏观层面上成立欧盟系统风险委员会负责整体防控金融风险，从而形成泛欧金融监管体系，进一步加快欧洲金融市场的整合。

（二）长三角地区：政府推动带动市场参与

长三角地区是我国最早进行区域协同发展建设的地区，也是我国综合实力最强的经济中心，以上海为中心，涵盖苏、浙、皖四十个地级及以上城市。在三地政府的积极引导下，金融机构广泛参与到地区金融协同发展进程中，形成政府与市场共同推动的金融一体化发展模式，目前跨区金融服务卓有成效。

1. 合作基础

长三角地区经济发展水平整体较高，地区间差异与京津冀相比较小，且各地区间分工协作程度较好。据统计：贸易上，上海每年工业品的50%销往江浙，江浙每年工业产品中的30%和20%销往上海；对外投资上，上海对外省的投资总额中超过60%投往江浙，吸纳外省投资总额中超过30%来自江浙。上海发挥的扩散和带动效应比北京明显，其作为国际金融中心为长三角企业上市融资提供了高效率的平台。

2. 合作措施与模式

一是政府前期积极推动，在政策指导和监管方面为区域内金融合作提供制度保障。政策层面，三地政府先行先试，为地区金融协同发展搭建起有效的制度框架。2007年11月30日，上海、江苏、浙江两省一市人民政府与中国人民银行在上海总部共同签署了《推进长江三角洲地区金融协调发展支持区域经济一体化框架协议》，确立了市场主导、政府推动、总体规划、协调推进、重点突破、共同参与、优势互补、互利共赢的金融一体化总原则，标志着长三角地区金融一体化进程的启动。同年，三地政府建立起推进金融协调发展工作联席会议制度，负责组织和协调金融协同发展中的重大问题。自 2008 年起，两省一市共同举办"长江三角洲地区金融论坛"，邀请政府部门、金融机构和学界专家就深化长三角金融合作、推动长三角金融市场发展等问题开展研讨和交流，同时借助论坛平台各政府部门联合发布合作项目进展情况，为金融机构和企业的合作发展提供信息帮助。此后，三地先后签署了《信用长三角框架协议合作备忘录》《长三角城市商业银行战略合作协议》《共同应对金融风险合作备忘录》，全面推进长三角金融一体化的制度建设。三地政府和中国人民银行还联合成立了六个专题组负责深入推进长三角金融合作的各项具体工作，力图在加强金融基础设施建设、推动金融市场融合与创新、促进资金跨区域流动、鼓励金融机构发展合作、加强外汇管理合作、构建经济金融信息共享平台等领域取得突破。监管层面，政府通过金融监管改革和创新，着力推动各地金融监管协作。中国人民银行率先改革，将此前由上海和南京两个大区分行形式的货币信贷管理职能下放给省会城市中心支行，让其各自负责本省地市支行的货币信贷业务，消除了原先跨省金融联动的监管障碍。另外，长三角地区建立了金融稳定评估协调机制，发布了《长三角一体化金融稳定评估报告》，在征信与反洗钱、外汇检查、货币信贷、金融统计等方面也形成了一系列跨区协作机制。外汇管理合作方面，推动了本外币兑换特许业务试点和贸易进口跨省异地付汇管理改革，建立并推广贸易进口异地付汇集中备案制度，深化外汇信息和监管服务的跨区共享，推动跨境人民币业务快速发展。

二是以商业银行为代表的金融机构积极开展跨区金融合作。工行上海、江苏和浙江分行开展信息共享、合作营销、统一授信管理和风险联合监测等业务；中行在三地的分行开展银行卡业务合作，为长三角地区跨国公司提供贷款；农行长三角地区 16 家分行共同组建了"区域金融共同体"，形成融合了资产、负债和中间业务的新型金融合作联动机制。南京银行、宁波银行等城市商业银行也纷纷成立异地分支机构，开展跨区合作，共同开发市场。在 2012 年金融协调发展工作联席会议制度由于特殊原因暂停期间，市场层面的金融协调合作仍在持续推进，成为推动区域经济一体化的重要力量。

三是在金融基础设施建设方面，政府和市场共同努力实现了区域票据市场建设和区域信用信息共享。票据市场方面，政府加快了票据信息系统建设，完成了华东三省一市银行汇票改革，推动支票影像交换业务在长三角区域的运行。2010年，《贷款转让交易主协议》签署，我国银行间市场贷款转让平台正式建立，首批向500家重点企业推广商业银行承兑汇票，开展支票授信试点，拓宽了长三角中小企业的融资渠道。随着票据信息系统建设和地区支票影像交换业务的推广，长三角地区形成了成熟的票据交易市场，商业承兑汇票在区域内得到广泛使用，票据融资额占全国总量的1/4。信用信息共享方面，2004年起，三地政府相继签署了《信用体系建设合作备忘录》《共建"信用长三角"合作备忘录》和《长三角地区信用服务机构备案互认协议书》，构建起了长三角担保机构信用评级联合评审机制。根据协议，在三地中任何一地备案的信用服务机构都可以在其他两地得到承认，并许可开展业务，带动了区域内信用服务机构的蓬勃发展。2012年，20家信用服务机构联合发布了《长三角信用服务机构规范服务倡议书》，跨区信用信息共享体系的日趋成熟极大地改善了区域内的信用环境。

（三）珠三角地区：市场自发形成带动政府参与

珠三角地区也是我国较早进行区域协同发展建设的地区，2003年起开始筹划建设"泛珠三角经济圈"，范围涵盖粤、闽、湘、川、赣、桂、黔、滇、琼九省份和港、澳两区，开展了多层次多样化的区域合作。相比长三角地区的金融协同发展由政府率先推动，珠三角地区更多是靠经济主体受利益驱动自发开展合作，随着市场逐渐形成带动政府参与出台制度安排，但由于政策出口多、实施缺乏统一安排导致政府推动较为缺乏统一性和连续性。

1. 合作基础

珠三角地区经济活力强，城市化水平高，充分享受了我国改革开放的政策红利。该区域金融合作有两个显著特点，也是珠三角地区的独特优势：一是拥有深圳、珠海这样的沿海开放地区和改革试验区；二是与香港、澳门两个特区相邻。但同时，港澳地区与内地的金融制度差异也使得珠三角地区的金融协同发展变得更加困难。

2. 合作措施与模式

一是市场机构开拓区域内金融业务合作。机构设置上，各地金融机构互设逐步推进，珠三角内陆地区各股份银行分支机构的分布不断扩展。广州银行佛山分行、东莞银行佛山分行、平安银行中山分行陆续开业；广州农村商业银行先后在中山、江门设立中山东凤珠江村镇银行和鹤山珠江村镇银行；光大银行广州分行、华夏银行广州分行在佛山开设二级分行，招商银行深圳分行、兴业银行深圳分行在惠州设立二级分行和支行。香港的银行也开始不断将数据处理中心、档案管理中心、单证业务中心等业务部门向珠三角内陆地区转移。中银香港将深圳作为其软件开发中心；汇丰银行将广州作为其档案管理中心。业务开展上，各地金融机构间合作也不断加深。兴业、浦发等银行的支付结算业务在部分珠三角城市实现同城化；中山、广州、佛山已加入"银结通"系统的银行机构共同构筑起区域同城化结算通道，为居民提供方便、快捷的跨地区跨行通存通兑服务；集中代收代付业务在整个泛珠三角区域逐步推广，实现了地区内的各种代收款业务的异地办理；企业跨境贸易人民币结算业务异地办理得以实现。

二是各地政府相继出台措施支持区域金融合作，但全局性的规划协调较为缺乏。组织机制上，面对区域内金融合作的蓬勃发展，各地政府开始建立起金融合作组织协调机制，定期召开联席会议。2011年以来，广州、佛山、肇庆先后召开两次金融服务同城化工作联席会议，协商解决三地金融服务过程中的重难点问题，研究部署推动广佛肇金融合作的具体事项；深圳、东莞、惠州先后召开三地中国人民银行行长联席会议和办公室主任联席会议，商定共建深莞惠"评信通"中小企业融资平台、借款企业风险预警系统等合作事项；珠海、中山、江门先后四次召开金融服务同城化工作联席会议，讨论并商议解决珠中江金融服务同城化工作中存在的困难。金融基础设施建设上，广州、佛山两地通存通兑同城化收费取得实质性进展，两地部分金融机构存取款手续费、汇兑费用实现减免；广州、佛山、肇庆三地实现三地凭证式国债同行异地通兑；深圳、东莞、惠州积极推进三地征信市场一体化建设，共建"评信通"中小企业融资平台、借款企业风险预警系统；建立起联通港澳的跨境人民币清算平台，将清算服务时间从以往的每天8小时延长为每天20.5小时；开通粤港跨境缴费系统，允许香港居民使用香港银行账户支付在广东发生的物业、水电费等日常开支。金融市场合作上，广东政府支持法人证券公司、基金公司的香港子公司开展人民币合格境外机构投资者（RQFII）试点，通过在香港募集人民币资金、投资境内资本市场，促进两地资本市场联通；支持广东法人基金管理公司与香港同业联合推出跨境交易型开放式指数基金（ETF），为内地和香港投资者开展跨境证券交易提供便利。虽然政策丰富多样，但由于分散在不同地市和不同领域，统一性和连续性较为缺乏。

（四）对京津冀地区的启示

从欧盟、长三角和珠三角的区域金融合作经验来看，京津冀地区在推动跨区金融服务过程中可以考虑以下几点：

一是政府力争发挥积极的引导作用。欧盟和长三角地区的金融合作均以政府推动为起点，按规划稳步推进；而珠三角地区政策的出台多为对市场的回应，缺乏前瞻性的规划，使得各金融市场间阻碍破除较为困难。京津冀地区在金融协调发展过程中，可适当发挥政府的信息、资源等优势，做好政策规划，建立合作机制，积极引导市场机构参与到跨区金融合作中来。

二是动员市场力量参与推进各要素市场一体化建设。市场机构间的跨区经营和业务合作在欧盟、长三角和珠三角三个地区的金融协同发展过程中都发挥了重要的推动作用。京津冀地区也可以充分调动市场机构积极性，引导金融机构开展合作，推动地区银行、保险、证券等金融市场和信用平台的一体化建设。

三是加强政府的统一监管。跨区金融合作的开展需要按行政区划分立的传统金融监管机制的相应变革。欧盟已经建立起涵盖宏观和微观的统一监管体系，长三角也形成了各领域的金融监管协调机制。未来京津冀跨区金融发展的过程中，也需要加强统筹监管，确保区域内金融市场的平稳合规发展，防范金融风险。

五、研究结论及建议

（一）研究结论

本文通过研究京津冀企业债券融资效率是否存在差异以及产生差异的影响因素，得出了以下结论：

（1）京津冀企业债券融资效率存在差异。当把所有外部因素和内部因素都当作企业可控的因素时，北京债券融资效率最高，河北次之，天津债券融资效率最低。当把外部因素视为企业不可控的因素时，河北债券融资效率最高，天津次之，北京债券融资效率最低。说明地区经济金融水平的差异会影响京津冀三地企业债券融资效率，且对河北和天津影响更大，良好的经济金融环境可以促进企业债券融资效率的提高。

（2）上市公司与非上市公司的债券融资效率存在较大差异。当把所有外部因素和内部因素都当作企业可控的因素时，上市公司债券融资效率大于非上市公司。当把外部因素视为企业不可控的因素时，非上市公司债券融资效率大于上市公司。说明非上市公司由于自身规模与发展水平均弱于上市公司，享受到的外部红利少于上市公司，更容易受到外部经济金融环境的影响。因此，地区经济金融水平的差异会影响不同性质企业的债券融资效率，且对非上市公司影响更大。

（3）不同属性的企业债券融资效率存在较大差异。无论外部因素是否可控，中央国有企业债券融资效率均处于领先地位，民营企业次之，地方国有企业债券融资效率最低。但是当外部因素可控时，三类企业的债券融资效率均有提高。因此，地区经济金融水平的差异会影响到国有企业和民营企业的债券融资效率，对中央国有企业影响最大。

（4）企业所属行业不同，其债券融资效率存在较大差异。当外部因素可控时，第二产业的企业债券融资效率较高。当外部因素不可控时，所有行业的企业债券融资效率均有所提高，但租赁和商务服务业，住宿和餐饮业，交通运输、仓储和邮政业，文化、体育和娱乐业等第三产业企业债券融资效率提高得较多。因此，地区经济金融水平的差异会影响到不同行业企业的债券融资效率，且对第三产业企业影响最大。

（5）年份不同，企业债券融资效率存在较大差异。在外部因素可控时，京津冀三地企业债券融资效率以 2013 年为转折点从下降趋势改为上升趋势，而当外部因素不可控时，所有年份的企业融资效率均有所提高，且由于 2015 年《京津冀协同发展规划纲要》的印发实施，京津冀协同发展战略的全面启动，京津冀三地企业债券融资效率以 2015 年为转折点从下降趋势改为上升趋势。因此，地区经济金融水平的差异会影响到不同年份的企业债券融资效率，且京津冀协同发展水平对于区域内企业债券融资效率影响更大。

（6）对于河北来说，提高企业债券融资效率最有效的方式是改善金融服务环境也就是增加金融机构法人数；其次是改善融资环境。对于天津来说，提高企业债券融资效率最有效的方式应该是改善经济发展水平；最后是改善融资环境。对于北京来说，改善金融服务环境也就是增加金融机构法人数对债券融资效率几乎无影响，其他三个因素的影响趋同。

（二）政策建议

1. 推进区域协同发展，优化企业发展环境

京津冀区域协同发展可以促进三地金融机构的资源协调配置，一方面体现

在金融资源供给与产业资源需求相匹配；另一方面体现在三地金融业发展合作分工、科学定位，既存在错位竞争，又能有效互补，弥补市场空白。因此，区域的协同发展可以进一步优化企业融资环境，进而提升企业债券的融资效率。一方面，政府应发挥积极的引导作用，利用资源、信息优势做好政策规划，根据三地产业结构调整对三地金融业进行动态调整和优化，围绕产业需要匹配性地供给金融资源，以满足产业结构发展的内在性需求，同时搭建起合作机制，加强统一监管；另一方面，要动员各金融机构在三地金融资源供给上面建立协调机制，加强监管协作、数据共享等业务同城化，加强金融基础设施互通，推动地区银行、保险、证券等金融市场和信用平台的一体化建设。

2. 因地制宜打通关键环节，改善企业融资环境

京津冀协同发展程度对京津冀三地企业债券融资效率的提高具有重要意义，三地政府应继续推进京津冀协同发展，改善区域企业融资环境，进而提高企业债券融资效率。与此同时，在服从和服务于区域整体定位的前提下，京津冀三地也应制定自身的发展重点，从不同方面着手有针对性地提高企业债券融资效率。建议北京发挥核心引领带动作用，鼓励北京的金融机构支持京津冀企业债券融资。建议天津培育优势产业，提高经济发展水平，加大金融机构对实体经济的支持力度，持续改善企业融资环境。建议河北进一步优化普惠金融政策环境，加大普惠金融扶持力度，服务社会经济发展。

3. 健全债券信用评级体系，提高企业债券融资效率

信用评级对降低中小企业债券的融资成本至关重要，因此需要发挥信用评级体系的作用，以此来降低债券的融资成本，提高债券融资的效率。一方面，完善企业债券信用评级体系，避免过度重视企业规模对信用评级的影响，而更加关注企业的成长性和效益性，积极使用先进的债券评级方法和技术，降低债券评级的差异性，保证评级的规范化和标准化；另一方面，鼓励设立第三方信用评级机构，加大对评级机构的考核与监管，规范信用评级的业务，提高评级机构在市场上的公信力，使得信用评级可以真正地作为投融资的参考。

4. 出台相应激励措施，鼓励发行方和投资方参与企业债券市场

为进一步降低企业债券的融资成本，加大通过企业债券对当地产业的支持力度，对于发行企业债券的企业，建议地方政府通过投资补助、担保补贴、债券贴息、基金注资等多种方式，支持企业债券发行；或拓宽担保增信渠道，允

许项目收益无法在债券存续期内覆盖总投资的发行人，仅就项目收益部分与债券本息规模差额部分提供担保，设立地方企业债券担保基金，专项用于为发行企业债券提供担保。同时，建议对认购企业债券的机构投资者，执行类似购买国债享有的免税政策。对投资于企业债券的银行，允许其持有的企业债券所对应的风险资产占用比例减半。

5. 引导企业正确看待企业债券，使其成为企业融资的主要方式

我国企业债券市场发展的现状表明，虽然我国企业债券市场取得了蓬勃发展，但比较股票市场和其他的融资方式，企业债券仍占比较小，这一方面是由于政府"重股轻债"政策的影响，另一方面是由于发债企业没有正确看待企业债券这种融资方式，把债券融资作为一种辅助融资的手段，而侧重在股票市场或银行信贷上，导致债券到期时，企业因资金流动性不足而发生信用风险。因此，企业应该重视债券融资这种方式，合理发行企业债券，与此同时，把债券融资作为一种长期的融资方式，考虑进企业的投融资战略上去。

参考文献

[1] 曹亚勇，刘计含，王建琼. 企业社会责任与融资效率 [J]. 软科学，2013（9）：51-54.

[2] 邓翔，路征. 欧盟经济趋同分析与我国区域政策选择 [J]. 求索，2009（2）：1-4.

[3] 冯怡康，王雅洁. 基于 DEA 的京津冀区域协同发展动态效度评价 [J]. 河北大学学报（哲学社会科学版），2016，41（2）：70-74.

[4] 郭成更. 基于 DEA 的京津冀节能环保上市公司融资效率研究 [J]. 煤炭经济研究，2018（3）：26-31.

[5] 何砚，赵弘. 京津冀城市可持续发展效率动态测评及其分解研究——基于超效率CCR-DEA 模型和 Malmquist 指数的度量 [J]. 经济问题探索，2017（11）：67-76，106.

[6] 蓝虹，穆争社. 中国农村信用社改革后的绩效评价及提升方向——基于三阶段DEA 模型 BCC 分析法的实证研究 [J]. 金融研究，2014（4）：63-82.

[7] 李合龙，段紫薇. 基于 AHP-DEA-Malmquist 的广东省科技金融效率评价研究 [J]. 科技与经济，2018，31（2）：50-54.

[8] 李琳，曾巍. 地理邻近、认知邻近对省际边界区域经济协同发展影响机制研究——基于对中三角、长三角省际边界区域的实证 [J]. 华东经济管理，2016，30（5）：

1-8，193.

[9] 李瑞昌. 上海在推进长三角区域一体化进程中发挥中心城市作用研究 [J]. 科学发展，2018（2）：42-49.

[10] 李依韩. 北京市科技创新效率研究——基于数据包络分析（DEA）[J]. 经贸实践，2018（5）：71-72.

[11] 刘丽英. 基于 PCA 和 DEA 方法的北京市可持续发展能力的评价研究 [J]. 数理统计与管理，2013，32（2）：202-210.

[12] 孟佳颖. 基于 DEA 模型的北京市新三板挂牌企业股权融资效率评价 [J]. 经营与管理，2018（1）：101-104.

[13] 潘永明，朱茂东，喻琦然. 京津冀一体化背景下企业融资效率研究 [J]. 经营与管理，2015（12）：87-90.

[14] 皮建才，殷军，杨雳. 长三角与珠三角发展模式的比较制度分析 [J]. 中国经济问题，2018（1）：27-38.

[15] 石颖. 基于 DEA 模型的京津冀城市化相对效率评价 [J]. 未来与发展，2017，41（6）：69-73.

[16] 谈毅. 企业融资制度和创新企业融资效率分析 [J]. 管理科学，2003（6）：2-7.

[17] 唐鑫. 基于 DEA 的京津冀地区物流业效率分析 [J]. 中国社会科学院研究生院学报，2015（4）：50-55.

[18] 王聪，朱先奇，刘玎琳，周立群. 京津冀协同发展中科技资源配置效率研究——基于超效率 DEA-面板 Tobit 两阶段法 [J]. 科技进步与对策，2017，34（19）：47-52.

[19] 魏开文. 中小企业融资效率模糊分析 [J]. 金融研究，2001（6）：67-74.

[20] 闫理. 基于 DEA 方法的京津冀创业板制造业上市公司的融资效率分析 [J]. 财会研究，2018（1）：48-52.

[21] 张海梅，陈多多. 粤港澳大湾区背景下珠三角制造业与港澳服务业合作发展研究 [J]. 岭南学刊，2018（2）：1-7.

[22] 张晓静. 欧盟经济一体化中区域政策的效果研究——兼论对中国参与区域经济合作的启示 [J]. 国际贸易，2007（7）：35-40.

[23] 张秀静. 欧盟结构基金对京津冀协同发展政策的启示 [D]. 河北师范大学，2016.

P2P 模式下的金融监管博弈研究

祝艳等[*]

近年来，随着大数据、云计算等新兴技术手段的兴起，P2P 网络借贷平台作为互联网金融中的创新组织形式，因其具有的门槛较低、手续简单、交易成本较低、收益率较高等优势，受到了中小型投资者和小微企业的追捧，填补了传统金融空白，满足了不同层次的资金需求，在迅速发展的同时也促进了社会经济繁荣。但与此同时，由于监管的缺位、社会信用环境的不健全、信息不对称等原因，P2P 网络借贷平台问题频出，卷款跑路、庞氏骗局、资金链断裂等现象屡见于报端，极大地挫伤了投资者的信心，极易引发跨区域的系统性金融风险，进而影响经济金融的健康发展。因此，利用动态博弈理论研究如何做好 P2P 网络借贷的监管问题势在必行。

一、P2P 网络借贷的发展现状

根据 Wind 数据库统计，截至 2018 年 6 月 30 日，我国 P2P 网络借贷平台数量达到 1894 家，累计问题平台数量为 2177 家，当月问题平台数量为 73 家。从 2014 年起，P2P 网络借贷平台的月成交额迅速上升，在 2017 年初达到顶峰，随后逐月递减，出现明显下降趋势（见图 1）。当月 P2P 问题平台数量变动较大，特别是 2018 年 6 月 P2P 问题平台数量出现急剧上涨趋势，需要引起关注（见图 2）。

---

* 祝艳：中国人民银行营业管理部钞票处理中心。参与执笔人：王雷、康小宇、胡月。其中，王雷、胡月供职于中国人民银行营业管理部货币金银处；康小宇供职于中国人民银行营业管理部钞票处理中心。

（亿元）

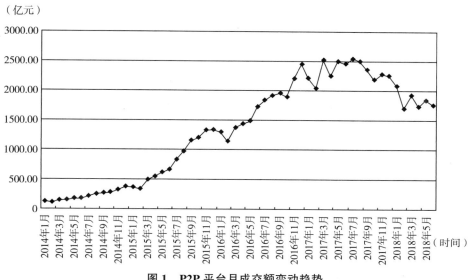

图 1　P2P 平台月成交额变动趋势

（个）

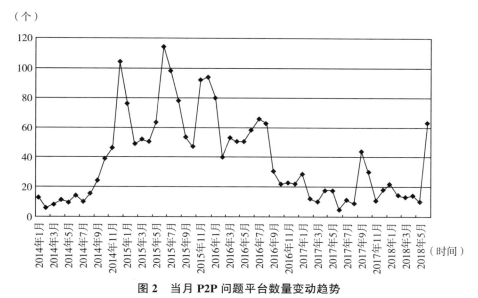

图 2　当月 P2P 问题平台数量变动趋势

据统计数据表明，2018 年以来，P2P 网络借贷平台同时呈现出月成交额下降和问题平台激增的状况，可能存在如下原因：

一是稳健中性的货币政策和"防风险、去杠杆"监管政策的影响。2017

年以来，"去杠杆"政策的影响从实体领域逐步推进至金融领域，P2P 网贷平台资金端与资产端的不匹配程度加剧，积累了大量潜在风险。一方面是市场上货币减少，资金趋紧，流动性不足，Wind 数据显示 P2P 网贷平台的综合利率呈 L 形趋势逐年下降（见图 3），导致其对社会闲置资金的吸引力降低，资金面趋紧；另一方面"去杠杆"政策的影响逐渐显现，对房地产市场的监管日趋严厉，实体经济受到一定程度的冲击，部分中小企业资金链断裂，上市公司和大型国企也出现了短期危机，导致资产端的坏账率上升。这个过程中，资金端与资产端双方互相影响，彼此加强，加剧了 P2P 网贷行业的洗牌过程。

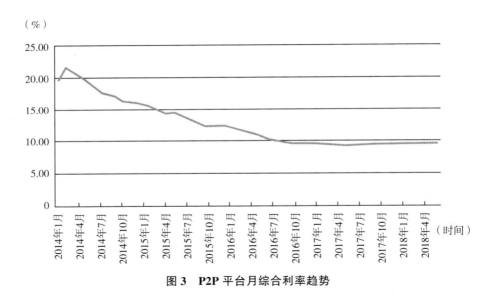

图 3　P2P 平台月综合利率趋势

　　二是 P2P 网贷行业固有的问题没有得到解决。一方面，P2P 网贷平台具有虚拟化、网络化的特点，通过信息收集、资信评估，实现点对点的借贷关系撮合。其运行方式较之传统金融机构更加专业和复杂，再加上国内征信体系不健全、信息披露不及时等原因，致使借款人、投资人、网贷平台三者之间的信息不对称问题进一步加剧。另一方面，P2P 网贷平台的风险管理机制不健全，风险管理手段单一、粗放，无法实现对风险的精准控制，在资金融通过程中积累了包括信用风险、洗钱风险、政策风险、技术风险等在内的大量潜在风险，而且其业务模式具有多样化、非标准化的特点，也对风险控制提出了更高的要求。从实践来看，国内 P2P 网贷平台的信用评价各自为政，缺乏统一标准，不能实现信息共享并与央行征信体系对接，无法为客户提供个性化的、与其自身征信水平相挂钩的产品，也无法根据具体情况的变化实现对风险的动态评估、调整和控制。

三是问题平台的频发挫伤了投资者信心。自从 2007 年 P2P 网络借贷的概念进入中国以来，在缺乏监管约束的情况下，P2P 网贷平台良莠不齐、野蛮生长、乱象丛生。部分 P2P 网贷平台盲目提高投资回报，利用"高收益陷阱"吸引投资者，扰乱了正常的行业秩序，冲击了优质平台。一些不法分子打着金融创新的旗号，进行期限错配、诈骗、非法集资、自融自担，严重损害了 P2P 网贷行业的市场诚信度。虽然 2015 年 7 月至 2018 年 6 月，中央及各部门密集出台多项政策，集中整治 P2P 网贷行业乱象，但是监管部门"多龙治水"难以形成有效合力、机构监管的模式无法适应金融创新的步伐导致对 P2P 网贷行业的监管严重滞后于其发展速度。此外，P2P 网贷平台的投资者大多理性思维脆弱，盲目追求高收益，对风险认识不足，一旦产品出现逾期问题，恐慌情绪会迅速蔓延，原始风险极易被传导、放大、扩散，产生多米诺骨牌效应的"爆雷潮"，从而引发系统性金融风险。

二、多阶段重复博弈模型的构建

（一）模型假设

博弈双方为监管机构和 P2P 网贷平台（简称 P2P 平台）。在非对称信息下，P2P 平台对监管机构的监管行为不了解。设想存在监管作为和监管不作为两类监管策略。监管作为意味着监管机构积极对 P2P 平台进行跟踪了解，及时对其行为进行监管和指导；监管不作为意味着监管机构对 P2P 平台不主动了解，任其发展，几乎不采取限制制约行为。P2P 平台并不知道监管机构的确切策略，但是可以通过已经实施的监管行为来推断监管机构的监管策略，从而修正自身对监管机构的判断。

（二）监管机构与 P2P 平台的博弈

假定在 i 阶段，监管机构认定 P2P 平台为低风险的概率为 a_i，对其进行监管作为的概率为 p，不作为的概率为 1-p；相对地，监管机构认定 P2P 为高风

险的概率为 $1-a_i$，对其进行监管作为的概率为 q（一般认为 q>p），不作为的概率为 $1-q$。在监管机构认定 P2P 平台为低风险 a_i 下，监管机构对其采取监管作为的期望为：

$$E_a = a_i \times p + (1-a_i)q$$

监管不作为的期望为：

$$E_n = a_i \times (1-p) + (1-a_i)(1-q)$$

P2P 平台通过监管机构对 P2P 平台的监管作为修正自身判断，形成判断监管机构认为该 P2P 平台是低风险的后验概率 a_{i+1}，即监管机构认为其是低风险进而不作为的概率，除以不作为的概率。

$$a_{i+1} = \frac{a_i \times (1-p)}{a_i \times (1-p) + (1-a_i) \times (1-q)} > a_i \qquad (1)$$

式（1）表明，如果监管机构对 P2P 平台不进行监管作为，P2P 平台会认为监管机构认可该平台风险等级较低的概率是递增的（监管机构的震慑力下降），会进一步促进 P2P 平台开展高风险甚至违规业务。

相反，若监管机构对该平台采取监管作为，该平台形成判断监管机构认为该平台是低风险的后验概率 a_{i+1}，即监管机构认为其是低风险进而作为的概率，除以作为的概率。

$$a_{i+1} = \frac{a_i \times p}{a_i \times p + (1-a_i) \times q} < a_i \qquad (2)$$

式（2）表明，如果监管机构对 P2P 平台进行监管作为，P2P 平台会认为监管机构认可该平台风险等级较低的概率是递减的（监管机构的震慑力上升），会抑制其开展高风险业务。

如果先验概率 $a_i = 1$，即监管机构认定 P2P 平台低风险，则 $a_0 = a_1 = \cdots = a_i = a_{i+1} = 1$，说明无论监管机构是否存在监管作为，平台都会认为在监管机构角度看来自身风险低，会刺激 P2P 平台开展高风险或违规业务。

假设监管机构的监管行为放松会引发 P2P 平台开展高风险乃至违规业务的增加，且高风险或违规业务的开展与监管机构不开展监管作为成正比 t，则 P2P 平台开展高风险或违规业务的概率为：

$$P_H = [a_i \times (1-p) + (1-a_i) \times (1-q)] \times t$$

化简后：

$$P_H = a_i \times (q-p) \times t + (1-q) \times t$$

可知，P_H 与 a_i 成线性比例，P2P 平台开展高风险或违规业务的概率随着监管不作为成比例上升。

在这里尝试性讨论公式的现实意义，假设 $p=0.1$，$q=0.8$，$t=0.3$，由上述推论可知，在监管机构对 P2P 平台不进行监管作为时：

$$a_{i+1} = \frac{a_i \times (1-p)}{a_i \times (1-p) + (1-a_i) \times (1-q)} = \frac{0.9a_i}{0.9a_i + (1-a_i) \times 0.2} = \frac{9a_i}{2+7a_i}$$

可知：

$$a_{i-1} = \frac{2a_i}{9-7a_i}$$

$$P_H = a_i \times (q-p) \times t + (1-q) \times t = 0.06 + 0.21a_i$$

假设监管机构对 P2P 平台持宽容态度，认定 P2P 平台为低风险的概率较高，为 $a_i = 0.95$，则可得曲线如图 4 所示。

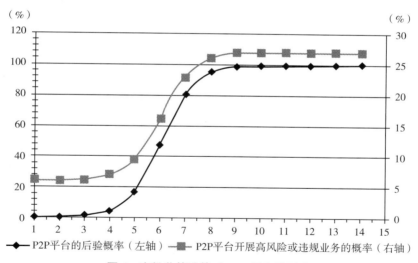

图 4　宽松监管政策对 P2P 平台的影响

如果监管机构连续不作为后的某一次博弈中监管机构认为 P2P 平台可能存在风险，并对 P2P 平台开展了连续的监管作为，则：

$$a_{i+1} = \frac{a_i \times p}{a_i \times p + (1-a_i) \times q} = \frac{0.1a_i}{0.1a_i + (1-a_i) \times 0.8} = \frac{a_i}{8-7a_i}$$

在图 4 的基础上，假设在 $a_i = 0.5$ 附近后，监管机构开始了监管作为，则可得曲线如图 5 所示。

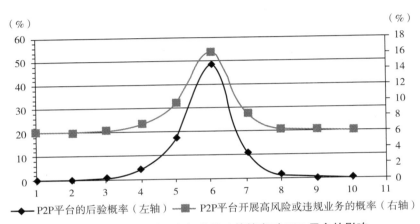

图 5　宽松监管政策向积极监管政策转变对 P2P 平台的影响

从图 5 两个曲线中可以看出：

（1）如果监管机构对 P2P 平台连续不作为，则在一定次数博弈后（初期 P2P 平台存在迟疑），P2P 平台后验概率会加速上升，伴随的是高风险或违规业务开展的概率加速上升，当到达一定程度后（违规的效用最大化）又会趋于平缓。

（2）如果监管机构在连续监管不作为后突然转变监管行为，开始连续监管作为，会显著降低 P2P 平台后验概率，提高监管机构震慑力，增强 P2P 平台合规意识，降低 P2P 平台开展高风险或违规业务的概率。

（三）监管机构监管行为对 P2P 平台收益的影响

在上述分析基础上，假设市场上每个 P2P 平台初始资产为 C_0，如果平台合规经营，其收益率为 r，则后一阶段 $C_{i+1} = C_i(1+r)$，如果平台违规经营，其收益率为 r′（r′>r），如果监管机构进行作为，平台因违规造成的处罚比率为 k，则每个平台第 i+1 阶段的收益可如表 1 所示。

表1 监管机构与P2P平台的收益矩阵

P2P 平台 ＼ 监管机构	监管作为	监管不作为
合规经营	$C_i(1+r)$	$C_i(1+r)$
违规经营	$C_i(1+r'-k)$	$C_i(1+r')$

假设市场上有 N 个 P2P 平台，平台与监管机构的博弈过程是第一阶段监管机构认为 P2P 平台为低风险的先验概率为 a_0，在这概率下，有 1 个平台开展违规经营，因信息不对称，监管机构按照自身概率实施监管作为或不作为。第二阶段，根据监管机构的行为又有 1 个平台开展违规经营，按照修正判断后的概率开展经营活动，而原先违规平台存在侥幸心理并没有收手停止，继续开展违规经营，直至所有平台全部开展违规经营。在此假设基础上，推导所有平台总收益 W 的期望。

初始阶段：
$$W_0 = N \times C_0$$

第一阶段：监管机构进行监管不作为的期望值为：
$$E_1 = a_1 \times (1-p) + (1-a_1) \times (1-q)$$

P2P 平台开展高风险违规经营的概率为：
$$P_1 = E_1 \times t$$

违规经营的平台收益期望为：
$$C_1 = C_0 \times (1+r) \times (1-P_1) + P_1 \times [(1-E_1) \times C_0(1+r'-k) + E_1 \times C_0(1+r')]$$

合规经营的平台收益期望为：
$$D_1 = (N-1) \times C_0 \times (1+r)$$

所有 P2P 平台总收益期望为：
$$W_1 = C_1 + D_1 = C_0 \times (1+r) \times (N-P_1) + P_1 \times [(1-E_1) \times C_0(1+r'-k) + E_1 \times C_0(1+r')]$$

第二阶段：违规经营平台收益期望为：
$$C_2 = (C_0+C_1) \times (1+r) \times (1-P_2) + P_2 \times [(1-E_2)(C_0+C_1)(1+r'-k) + E_2 \times (C_0+C_1)(1+r')]$$

合规经营的平台收益期望为：
$$D_2 = (N-2) \times C_0 \times (1+r)^2$$

所有 P2P 平台总收益期望为：

$$W_2 = C_2 + D_2 = (C_0 + C_1) \times (1+r) \times (1-P_2) + P_2 \times [(1-E_2)(C_0+C_1)(1+r'-k) + E_2 \times \\ (C_0+C_1)(1+r')] + (N-2) \times C_0 \times (1+r)^2$$

以此类推，在第 i+1 阶段，所有 P2P 平台总收益期望为：

$$W_{i+1} = (C_0+C_i) \times (1+r) \times (1-P_{i+1}) + P_{i+1} \times [(1-E_{i+1})(C_0+C_i)(1+r'-k) + E_{i+1} \times \\ (C_0+C_i)(1+r')] + (N-i) \times C_0 \times (1+r)^{i+1}$$

假设监管机构对违规行为的监管处罚力度很大，为 $k>r'$，在前文讨论（$p = 0.1$，$q = 0.8$，$t = 0.3$）的基础上再假设 $C_0 = 100$，$N = 10$，$r = 20\%$，$r' = 50\%$，$k = 10$，依旧认定 $a_0 = 0.95$，则初始财富 $W_0 = N \times C_0 = 1000$，若监管机构持续不作为，可得如图 6 所示的情况。

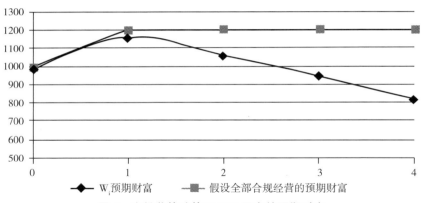

图 6 宽松监管政策下 P2P 平台的预期财富

由图 6 可知，W_i 的增长在某次博弈后会呈现递减规律，即违规经营平台越多，总收益期望增长越低，意味着在现实中强监管和重处罚会引导平台进行合规经营。

（四）模型结论

在多阶段重复博弈过程中，如果监管机构持续不作为（宽松的监管政策），会松懈 P2P 平台的合规意识，促使 P2P 平台野蛮生长，并在一定程度的博弈后会加速 P2P 平台违规的发生。如果监管机构开展监管作为（积极的监管政策），无论从何种博弈阶段开展，都可以显著提高监管机构的震慑力，对 P2P 平台的运营起到正向引导作用，抑制 P2P 平台开展高风险甚至违规经营。

同时这种强力震慑，降低了所有平台违规经营的期望收益，促使整个行业合规经营，降低系统性金融风险。

三、实证分析——以陆金所为例

以我国最大的 P2P 平台陆金所为例，对现阶段网贷平台的运作机制和风险管理情况进行实例分析。

（一）陆金所基本情况介绍

陆金所全称上海陆家嘴国际金融资产交易市场股份有限公司，隶属于中国平安保险（集团）股份有限公司，于 2011 年 9 月在上海注册成立，注册资本金 8.37 亿元。目前，陆金所平台注册用户已达 3780 万户。①

陆金所主营业务分为网络投资平台 Lufax 和金融资产交易服务平台 Lfex。其中，Lufax 作为网络投资平台，专注于为个体和中小企业提供网络借贷服务；Lfex 作为金融资产交易服务平台，主要为机构投资者提供服务，不提供担保服务，而是通过评级和实施监测来进行风险防控。

依托于平安集团的客户资源和银行背景，在成立的 7 年时间中，陆金所得到了高速的发展。"网贷之家" 2018 年 1~7 月 "平台发展" 排名显示，陆金所长期居于前三位，其中 "成交" "人气" 两项排名均为第一位。由此可见，陆金所已成为我国 P2P 网贷平台的标杆，其发展路径在一定程度上也反映出 P2P 行业的发展方向。对其业务模式、特点及存在问题的研究，对了解整个 P2P 行业的发展，分析行业风险具有较高的指导意义。

（二）陆金所的运作机制及风险管理

1. 运作机制

陆金所 P2P 产品将传统借贷业务与互联网技术结合，通过陆金所这一平台连接投资人和借款人，利用保险公司、担保公司等机构保障投资者的利益，具体运行模式如图 7 所示。在该流程中，陆金所的核心作用是筛选符合国家法律法规的借款人和投资者，为上述双方提供金融中介服务，发布有效信息、管理借贷双方的资金拨付。

---

① 以上数据来自陆金所官方网站介绍，https://www.lu.com/。

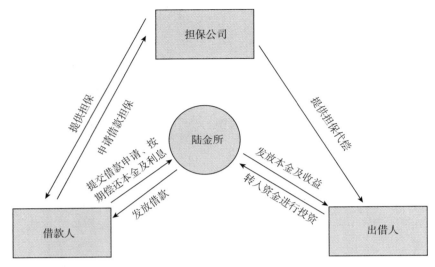

图 7   陆金所 P2P 网络借贷模式

2. 风险管理

根据陆金所 P2P 网络借贷产品运行模式，该平台在风险管理中按照业务流程，分别从"贷前管理""贷中管理""贷后管理"三个方面进行风险防控。

（1）贷前管理。贷前管理指陆金所根据借款人申请的借款信息，审核借款人信用情况及借款用途，并通过建立模型，确定项目借款期限及借款利率。

信息审核方面，对借款人通过线上审核与线下核实相结合的方式进行，即由借款人首先在线上填写资料，待通过审核后再去线下服务门店提交个人信息和借款申请材料，包括借款人身份证明、收入证明、资产证明、银行流水、借款用途相关证明材料等。对于出借人的审核则相对简单，仅需用户在注册时提交身份信息，验证银行信息，通过风险承受能力评估后，即可进行出借。

（2）贷中管理。贷中管理指交易平台在收到出借人出借资金、向借款人发放贷款之后，对资金流向、贷款用途真实性的管理。

对于资金流向的管理，陆金所主要通过第三方存管机构的方式来实现，2013 年 2 月，陆金所先是将腾讯财付通作为存管机构，后于 2016 年 7 月，与平安银行达成资金存管合作，实现借贷资金存管于平安银行账户。上述做法，既可以实现对借款人借入资金使用情况的监督，出借人能够详细了解出借资金的使用情况，同时又规避了平台使用资金设立资金池进行资产错配业务的风险，以符合监管要求。

（3）贷后管理。贷后管理指陆金所完成发放资金后，对借款人还款情况的管理。这一环节主要通过逾期黑名单和担保模式进行管理。

逾期黑名单是指陆金所根据项目逾期时间，以 80 天为界限，采取相应的处置措施。其中，逾期 1~80 天（含 80 天）的，要求借款人向出借人支付罚息，罚息按照逾期本金部分自逾期之日起在约定执行预期利率基础上上浮 50%，按日、单利计收；对于逾期超过 80 天的，将由担保公司对出借人代偿，包括剩余本金、未付利息、逾期罚息，并将违约人的相关信息报告人行征信系统。担保模式的建立，有效保障了出借人的权益，在一定程度上减少了投资者的资金回收风险。

（三）陆金所逾期事件情况

由上述分析可以看出，陆金所无论在运作机制还是风险管理上都相对比较健全，走在了 P2P 行业的前列。但尽管如此，自 2017 年开始，陆金所也陆续曝出逾期事件，部分事件截至目前仍未解决，这对陆金所的发展及整个行业都带来了不小的影响。

1. "同吉 9 号"资产管理计划逾期

陆金所代销的大同证券"同吉 9 号"资产管理计划，应于 2017 年 12 月 7 日到期本息兑付，因未收到投资标的按时返回投资本金及相关利息，导致逾期。该计划募集规模为 1.5 亿元，期限为 12 个月，底层资产为中小板上市公司龙力生物流动性资金贷款项目，逾期原因为龙力生物对外融资未及时到账导致流动性出现问题。共有 118 名投资人通过陆金所投资了该产品，涉及本金及收益总金额达 1.39 亿元。

逾期事件发生后，陆金所未及时发表声明，并于 2017 年 12 月 14 日解散所有 VIP 投资微信群，引发投资者恐慌。

2. 尊理财 DD3002 号产品逾期

陆金所代销的"尊理财 DD3002 号"产品，为国盛资产管理有限公司发行的神鹰 118 号凯迪生态集合资产管理计划第一期，该信托计划全部资金用于向借款人凯迪生态环境科技股份有限公司（现股票名为 *ST 凯迪，前为凯迪生态）发放流动资金贷款，此产品规模为 4780 万元，投资者总数为 37 人。

按照信托贷款合同约定，凯迪生态应于 2018 年 6 月 23 日支付信托贷款利息 174.72 万元，截至 2018 年 6 月 25 日凯迪生态仍未支付该笔利息，已经构成对集合资产管理计划实质违约。2018 年 6 月 27 号陆金所客户经理们电话通知客户，告知产品利息支付违约。

3. "同吉 8 号"资产管理计划逾期

陆金所代销的"同吉 8 号"资产管理计划，成立于 2016 年 11 月 17 日，成立规模为 7793.12 万元，存续期为 2 年。该信托计划的资金用于向上市公司东方金钰发放信托贷款、用于日常营运资金周转及偿还金融机构到期流动资金贷款，也就是说，该计划的底层资产为东方金钰的流动资金贷款。

2018 年 6 月，由于东方金钰相关银行账户被冻结，导致该计划 2018 年 6 月的利息不能按期支付，造成计划逾期。

（四）逾期事件反映出网贷平台存在的问题

1. 外部监管尚不完善，整治力度有待加强

当前还没有建立起对 P2P 平台完善的监管体系，尽管在 2017 年 P2P 网贷风险专项整治工作领导小组办公室发布的《关于做好 P2P 网络借贷风险专项整治整改验收工作的通知》中，提出了对存量 P2P 平台的整治整改办法，使得一些不合规平台得到了整治，但是在后续维护投资人权益、加强投资者教育、防范不合规平台再次出现等方面没有明确措施。况且对不良平台的整治还需要工商、公安等多部门的联合执法，多部门全方位的监管体系亟待完善。

2. 内部监督不到位，风险把控力度不足

通过上述逾期事件可以看出，P2P 平台在内部监督方面还存有很大的不足。根据陆金所官方网站介绍，其安全保障主要依靠"国际化专业团队""平安集团后盾""三重监管体系""多重防护网"来实现，并没有详细的内部监督体系，且在实际运作中，管理者将更多的精力集中于业绩和成交量，缺乏对内部管理的重视。风险把控方面，鉴于当前的审核模式，诸多步骤都是通过借贷双方所提供的资料进行，没有主动的风险调查手段，缺乏对借贷项目本身风险的审核。上述逾期事件也反映出底层资产的质量问题，直接影响着整个项目还款的能力。

3. 信用体系尚未构建，信息作假问题仍待解决

由于信用评价系统尚未构建，很多平台采用线下审核的方式对借贷信息进

行审核，存在相当的局限性，增加了平台的运营成本。单纯依靠借贷双方提供的资料来进行审核，给信息作假提供了可乘之机，特别是部分借款人本身为难以从银行完成借贷的客户群体，很可能出现提供虚假材料以获取借贷资格的情况，这样进一步增加了 P2P 平台的潜在风险。

4. 信息不对称强化用户负面预期，可能会带来逆向选择和道德风险

鉴于 P2P 平台相对宽松的审核手段，容易造成借款人和出借人之间的信息不对称。对于明知自身财务状况恶化，未来可能出现违约情况的借款人，为了获得借款，利用信息不对称性，只向平台提供"正面"材料，对于不良财务情况避而不提，从而获得借款，而出借人在此过程中处于被动地位，无法通过平台披露的信息进行有效判断。

四、政策建议

（一）在充分考虑容忍度的前提下，开展实质性的监管作为，切实发挥银监会和地方金融监管部门"双重监管"的有效性，增加监管主体与工商、公安、央行、工信等多部门之间的协同效力

2016 年 8 月公布并施行的《网络借贷信息中介机构业务活动管理暂行办法》（以下简称《办法》），标志着我国 P2P 网贷平台的监管实现了从 0 ~ 1 的进步，但是距离克服外部困境、促推行业健康发展的目标仍然任重道远。《办法》确定了银监会和地方金融监管部门的"双重"监管模式，明确了备案登记制度和信息披露制度，规定了借款人和出借人的义务，限定了借款余额上限，初步确立了对 P2P 网贷平台的监管方针和原则。然而，从 2018 年以来，P2P 平台月成交额下降、问题平台激增，形势越发严峻，建议实施更为积极的监管作为，促进 P2P 行业的长久合规发展，具体包括：

1. 完善风险评级制度，做好市场准入的实质性审核

2018 年 8 月，全国 P2P 网络借贷风险专项整治工作领导小组办公室下发了《关于开展 P2P 网络借贷机构合规检查工作的通知》，将《办法》中地方金融监管部门对网贷平台的备案管理方案逐步落地。但是备案登记并不构成对相关平台经营能力、合规程度、资信状况的认可和评价。要从根本上提升 P2P 网贷的市场准入门槛、阻止不良平台鱼目混珠，监管机构还需要对平台机构的

资格、资本金、高管资质、内控制度、业务经营范畴等情况进行实质性审核，并据此进行科学合理的风险评级，再通过官方渠道对平台的合格资质和风险等级予以公示，保护合规平台和投融资双方的合法权益不受侵害，避免不合规平台"搭便车"行为破坏市场秩序、挫伤投资者信心。

2. 构建 P2P 平台退出机制，鼓励良性退出

2018 年 6 月以来，P2P 问题平台的数量再次激增，对市场信心造成较大的负面影响，也对退出机制的构建提出了更加迫切的需要。建议在监管细则中明确平台的退出渠道，并在退出过程中进行持续的追踪管理，对收购、重组、破产等退出方式进行规范，对兑付额度和期限进行公示和督促，对金融消费者的权益进行保护，帮助平台平稳退出、分散风险，降低退出中由于非理性行为和信息不对称带来的额外损失，并防范不合规平台改头换面再次出现。

3. 加大对违规行为的处罚力度，发挥协同效力增加违规成本

在当前监管框架刚刚搭建而 P2P 网贷平台却状况频出的特殊时期，如何有效发挥银监会和地方金融监管部门两大监管主体与工商、公安、央行、工信等多部门之间的协同效力又是一个亟待攻克的问题。P2P 网贷平台作为一个互联网金融创新的新生事物，发展过程中出现不同的问题是必然的，但出现问题后也不能事事包容。在当前形势下，建议对 P2P 平台实行积极的监管策略，适度调低风险容忍线，发挥好各部门的协同效力，加大对各类违规行为的处罚力度，对于利用虚假宣传与相应的包装来吸收资金等欺诈行为予以严厉打击。将强监管与重处罚相结合，增加平台开展高风险业务的违规成本，增强整个市场主体的合规意识，维护新兴互联网金融市场的秩序与稳定。

（二）优化平台内部结构和风险管理体系，逐个突破固有问题

目前，我国 P2P 网贷平台尚处于发展初期，即使是以陆金所为代表的银行背景"正规军"，其发展思路的重心依然是规模和成交量，内部控制和风险管理体系始终是薄弱环节，缺乏足够的重视。长此以往，当规模扩张到一定阶段、风险也积累到了一定程度，一旦遇到导火索很容易造成风险集中释放，从而有可能由内而外演化成系统性金融危机。因此，建议：一方面，P2P 网贷平台与银行、证券等传统金融机构进行深度合作，充分借鉴其在内部控制与风险管理方面的专业经验，完善存款保险金制度，设立风险准备基金，畅通风险识别、评估和控制渠道，建立良好的风险控制企业文化，从微观层面防范 P2P

平台的合规风险和操作风险；另一方面，借助大数据、人工智能等金融科技手段，积极发挥投资人的外部监督作用，定性分析和定量分析相结合，开展有效率的投诉管理，建立针对 P2P 平台的消费者保障机制。同时，从宏观层面布网 P2P 二级市场，提高借贷项目的流动性，增加资产流转速度，通过大量市场主体的参与快速调整定价，进一步分散平台的流动性风险，提升坏账处置效率，促进互联网金融产业链的形成和优化。

（三）建立数据共享的全国性国家征信平台

建议统一和规范信用评价的标准尺度，推动工商管理部门、税务部门、物价管理部门、公安部门身份信息等信息系统与央行征信系统对接，进一步充实目前央行构建的金融信息基础数据库，使其成为所有 P2P 网贷平台的信用数据总来源和信用评价总标准，突破线下审核的局限性，摊薄平台运营成本，保障平台合规经营的期望收益，从而对虚假信息引发的信用风险实现精准控制和动态调整。在此基础上，甚至可以将融资利率与用户的信用等级挂钩，针对不同信用等级的用户实行有差别的利率制度，由监管机构规定利率上限，从而更好地保护贷款资产的安全性、流动性和营利性。

（四）加强信息披露，减少非理性行为

虽然《办法》对于信息披露做出了一些规定，强制要求信息披露必须涉及"借款项目信息"和"平台信息"两方面内容，但是，当前的 P2P 网贷平台尚缺乏有效的、全面的、能够破除信息不对称问题的信息披露体系。因此建议：一方面，监管部门进一步对信息披露的具体事项和细则作出规定，特别是应将资金使用者信用信息及资金用途包含在披露事项之内，并对披露内容的真实性、及时性和全面性进行核实和监管，同时公开接受所有市场主体的监督；另一方面，采取有效措施为中小投资者提供科学指导，理解、分析和尽可能预测个体非理性行为模式，从而帮助其克服行为偏差、改善决策行为，提高 P2P 平台的投融资运作效率，减少非理性行为产生的多米诺骨牌效应式的"爆雷潮"。

跨境资本流动的反洗钱问题研究

李慧姝等[*]

在经济全球化背景下，我国资本项目开放进程不断加快，跨境资本流动的规模不断增加，跨境资本流动的渠道也呈现多样化。大量资本流动在给经济增长提供动力的同时，也加剧和扩大了跨境资金流动风险，尤其是容易被忽视的跨境洗钱风险，给我国的金融安全和稳定带来危害。

本书从反跨境洗钱的视角，首先，分析了当前跨境资本流动的现状以及人民币国际化进程下跨境资金流动新趋势，发现近年来跨境资金流动及汇率变化均呈现波动加剧的趋势，跨境洗钱风险相应增加；其次，对包含跨境洗钱资金的非正规资本流动渠道进行分析，并采用国际通行做法对非正规资本流动规模进行测算，作为跨境洗钱规模的替代变量；再次，对跨境洗钱的定义、洗钱手法、危害以及监管现状进行了重点论述；又次，以前文中非正规资本流动规模的估算结果作为因变量，建立多元线性回归模型，实证研究不同因素对跨境洗钱规模的影响；最后，针对上文的分析论述，提出政策意见。

一、本外币跨境资本流动现状分析

（一）本外币综合分析

1. 跨境资金流动规模渐增且波动频繁

自进入 21 世纪，改革开放的成果逐渐显现，中国在国际市场上的活动日益

---

* 李慧姝：中国人民银行营业管理部跨境办。参与执笔人：宋雪、张钟元。其中，宋雪供职于中国人民银行营业管理部资本项目管理处；张钟元供职于中国人民银行营业管理部反洗钱处。

频繁，与之相应，跨境资金流动的规模也在与日俱增。在 21 世纪初，各项投资均呈现顺差状态，此时中国的对外开放仍以"引进来"为主，外资大量流入中国市场，远远超过中资企业的对外投资，而近几年中，跨境资金流动则发生了规模与方向的双重改变，在跨境资金流动规模日益扩大的同时，波动加剧。

国际通行口径对跨境资金流动进行测度，多采用国际收支平衡表中的资本和金融项目，主要包括直接投资、证券投资、金融衍生工具和其他投资，而不包括储备资产的变动（剔除汇率、资产价格变动等影响）。

直接投资方面，2000～2007 年，直接投资顺差呈现稳步增加的趋势，2008～2013 年进入在波动中快速增长的阶段，并于 2011 年达到高峰，2015 年受人民币贬值及中资企业"走出去"步伐加快等因素影响，直接投资顺差大幅下降，2016 年转为逆差 417 亿美元，2017 年人民币汇率波动逐步平稳，直接投资由逆差转为顺差 663 亿美元。

证券投资方面，2014 年以前基本保持顺差，2015 年由顺差转为逆差，逆差额达 665 亿美元，2016 年继续保持逆差，逆差额为 523 亿美元，2017 年转为顺差 74 亿美元。其他投资的波动则更为强烈一些，在 2007 年便开始出现顺逆交互的现象，2012 年之后频繁出现大额逆差，2016 年逆差达 3167 亿美元。

三类投资差额的变动反映了我国经济发展与改革开放的变迁过程。近年来，我国经济步入新常态，"一带一路"倡议实施及中资企业"走出去"成为开放的重要主题，国内环境的复杂性与对外发展焦点的转移使得跨境资金流动呈现出规模与波动性齐增的特点，并同时增加了跨境资金流动可能带来的风险。2000～2017 年我国跨境资金流动情况如图 1 所示。

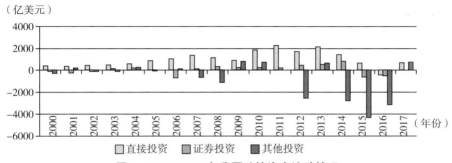

图 1　2000～2017 年我国跨境资金流动情况

资料来源：国家外汇管理局官网。

2. 外债水平不断提升，债务风险总体较低

自 2001 年以来，我国的外债水平总体不断攀升，2014 年全口径外债政策实施后，外债规模增长明显，2014 年外债规模突破 1 万亿美元，主要体现为短期外债的增长。2017 年，外债余额为 17106 亿美元，同比增长 20.82%，其中中长期外债余额为 6115.8 亿美元，同比增长 11.24%；短期外债余额为 10990.4 亿美元，同比增长 26.9%。

针对负债率和债务率，我国债务风险总体仍处于安全范围内，但仍应引起重视。负债率基本保持较低水平，波动较小，均在国际安全线以内，但近几年变化较为明显，2014 年负债率最高至 17.2%，接近 20%，相应风险值得注意。债务率的波动更为明显，2001~2008 年债务率呈现持续下降趋势，之后波动上升，2014 年债务率陡增近一倍达 69.93%，2017 年达到 70.6%，尽管当前债务率相距 100% 的国际安全线仍有一段距离，但近几年债务率水平出现较大起伏，一方面外债余额近五年增长较快，另一方面贸易顺差在减小，从而造成了债务率的较大提升，也体现了跨境资金流动的复杂性与不可确定性。2000~2017 年我国借用外债情况如图 2 所示。

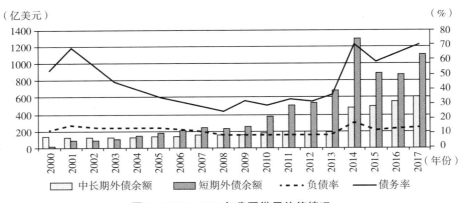

图 2 2000~2017 年我国借用外债情况

资料来源：国家外汇管理局官网。

（二）人民币国际化进程下跨境资金流动新趋势

1. 人民币跨境流动趋于频繁和规模化

2008 年 12 月，我国开始跨境贸易人民币结算试点，稳步推进人民币国际

化进程，经过 11 年来的运行和发展，人民币使用率不断提高，已成为我国跨境收付第二大货币。在推进人民币国际化进程中，我国一方面连续推动资本市场双向开放，加快资本项目可兑换，另一方面促进人民币与外币一体化。我国涉外投资领域呈现"走出去、引进来"的均衡发展态势，外商投资资金可结汇，经营利润也可自由汇出。对于居民到境外投资，企业项下既可使用外币也可以直接使用人民币；同时个人项下境外投资在逐步放开，自贸区政策也不断推出。总体来看，国家给予人民币跨境结算更加开放的先行先试政策，在贸易关税、减少非关税壁垒、简化手续等方面都给予跨境资金流通便利化和效率化，但换个角度，也给我国跨境洗钱监管带来新的挑战。

从人民币资金跨境流动的整体趋势看，2015 年以前人民币跨境资金流动收支双向均逐年大幅增长，平均增速 128%。2015 年底至 2016 年，由于境内外人民币市场汇率下跌幅度较大，人民币跨境流动出现与外币同样的大幅净流出趋势，同时结算总量出现下降：2016 年人民币跨境收支 9.89 万亿元，降幅 19%，2017 年持续总量下滑趋势，但受到监管政策干预影响收入方向有所回升，2018 年上半年，跨境结算资金总量为 6.7 万亿元，预测年内可以超过 2015 年创跨境流动新高（见图 3）。"人民币正式纳入 SDR 货币篮子"和"一带一路"倡议等为人民币带来巨大的机遇，将进一步提升人民币在国际贸易投资领域的使用，

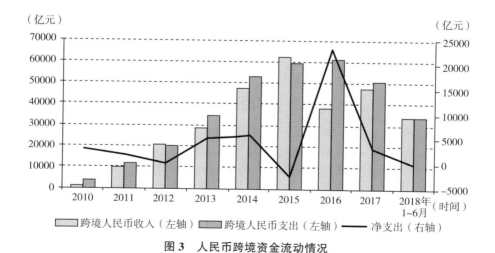

图 3　人民币跨境资金流动情况

资料来源：RCPMIS。

人民币资金跨境流动未来仍然呈现跨越式增长势头，相应地也暴露出跨境洗钱风险，尤其是汇率大幅波动，离、在岸市场存在汇差和利差增大趋势时，跨境资金随即会出现大幅净流入情况或净流出情况，此时更容易暴露洗钱风险。

2. 汇率波动对人民币跨境流动影响较大

2015 年以前，人民币币值长期处于上升通道，人民币跨境收支双向趋于平衡，而 2015 年以后，随着汇率下跌和震荡，呈现净流出态势，尤其是 2016 年，大部分资金流出后在离岸市场购汇，再通过境外参加行①在境内的同业往来账户调回境内，这种跨境流动闭环进一步加剧了人民币跨境大幅流出，当年人民币跨境流动逆差达到 2.29 万亿元。2017 年 10 月，中国人民银行重申将保持人民币汇率在合理均衡水平上的基本稳定，当年人民币对美元汇率稳中有升，对一篮子货币基本稳定。2018 年 6 月，受到中美贸易战和美元加息等因素影响，人民币对美元汇率呈贬值趋势，2018 年 6 月当月贬值 3.06%②，相应当月人民币跨境资金也呈现流出态势，当月净流出 293.68 亿元，而 2018 年前5 个月的净流入合计为 204.23 亿元。汇率波动对跨境资金的影响较大，相应时段的反洗钱监测和防范任务也相应加剧（见图 4）。

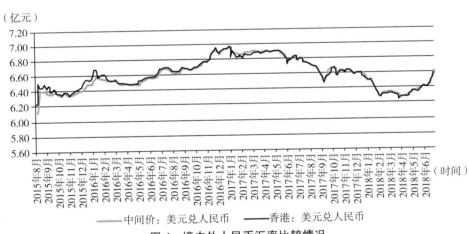

图 4　境内外人民币汇率比较情况

资料来源：Wind 数据库。

---

① 在人民币跨境结算的制度安排下，境外参加行在境内代理行开立同业往来账户，境外参加行通过该账户可开展人民币购售、跨境同业融资及账户融资等，实现银行间大规模资金流动。

② 贬值幅度按照银行间外汇交易中间价统计。

二、非正规资本流动的渠道分析与规模测算

跨境资本流动按渠道可以分为两类，一类是通过正规渠道流动的跨境资本，均记录在国际收支平衡表中；另一类是通过非正规渠道流动的跨境资本，即可以通过造假等违规行为隐藏在国际收支平衡表中，也可以通过货币走私和地下钱庄等途径进行转移。

（一）非正规资本流动渠道分析

1. 隐藏在国际收支平衡表中的非正规资本流动

（1）经常项目。

1）进出口伪报。进出口伪报是指在进行跨境商品进出口贸易时，进出口商出于各自不同的目的在报关时摒弃商品真实价格而以伪造的价格进行报关，包括出口低报、出口高报、进口低报和进口高报。通过出口低报和进口高报可以实现资本的非正常流出，反之通过出口高报和进口低报可以实现资本的非正常流入。

2）投资收益。投资收益是指记录在国际收支平衡表经常项目下的科目。投资收益项下的资本非正常流动主要有四种方式：低报对外投资收益、高报对外投资收益、低报支付给外商投资的投资收益和高报支付给外商投资的投资收益。市场主体可以像进出口伪报那样借助这四种方式的组合实现资本的非正常流动。

3）经常转移等其他项目。侨汇、捐赠等经常转移项目以及雇员报酬也是资本非正常流动的渠道。雇员报酬项下的资本非正常流动可能还会夹杂腐败洗钱的问题，国内贪腐人员收受贿赂后不直接在国内接受赃款，而是指定国外亲属或关联人的账户，以劳务报酬的名义汇至指定的国外账户，从而同时完成资金跨境转移过程和洗钱过程。

（2）资本项目。随着我国资本项目开放程度的不断加大，资本项下非正规资本流动的方式也越来越多，目前以直接投资为主，包括对外直接投资和外商直接投资两部分，也可能是二者结合共同完成，通过虚假投资的方式完成跨境资金流动。境内主体与境外主体事先商定，在境外投资办厂或以其他形式签订直接投资合同，以对外直接投资名义将资金从境内汇往境外，而实际上资金

汇往境外后并不用于创办企业，也与合同规定内容不符，境内主体通过对外投资的名义成功完成了资金转移。这些成功转移的资金或以投资收益的名义或者借我国引进外资的机会流回国内，从而变成正常渠道资金。

2. 表外的非正规资本流动渠道

（1）货币走私。货币走私是一种常见的非正规资本流动渠道。我国规定，个人出入境能携带 20000 元人民币或者 5000 美元。然而，由于检查措施还存在问题，给货币走私者可乘之机，通过超额携带和多次往返携带来走私大量货币。

（2）地下钱庄。地下钱庄游离于金融监管体系之外，利用或部分利用金融机构的资金结算网络，从事非法外汇买卖、跨国（境）资金转移及资金存储借贷等活动，助长非法资金的流动。目前非法汇兑型地下钱庄成为我国跨境洗钱活动的重要非法渠道之一，该类地下钱庄往往与境外机构（如货币兑换店、汇款公司）相勾结，为客户非法兑换外币和跨境汇款，并按比例收取手续费。

（二）非正规资本流动的规模测算

由于非正规资本流动的渠道较多且呈现复杂性，无法精确地计算出非正规资本流动规模，但可以通过科学的方法对其进行合理估算。目前国际上常用的测算方法主要有直接法和间接法两种方式。

直接法是指计算数据直接来源于国际收支平衡表中，用国际收支平衡表中的"误差与遗漏"的净额来描述非正规资本流动规模。直接法的优点是简单易懂，数据易得且计算方便，但事实上"误差与遗漏"项只是用来平衡国际收支平衡表中借贷方差额的，无法反映未体现在国际收支平衡表中的非正规资本流动，从而导致误差较大。

间接法是 1985 年世界银行首创的，也可称为世行法。间接法用资本总的来源减去总的资本使用表示非正规资本流动规模，整体思路为：资本的来源包括外债的增加和国外的直接净投资净额，资本的使用包括经常项目逆差和官方储备的增加，而资本来源与资本使用的差额即为资本的非正规流动额。间接法比直接法考虑得更全面，但可能导致数据高估，如下：

资本的非正规流出＝对外债务增加额＋外国直接投资净流入–经常项目逆差–储备资产增加

国际短期资本流动净额＝BOP 表反映的资本流动净额–资本的非正规流出

从表 1 可以看出，尽管直接法和间接法计算出的非正规资本流动规模在数据上存在一定的差异，也存在某些年度流动方向不同，但可以看出两种计算方式下数据变动趋势大致相同。从波动幅度来看，间接法测算结果明显高于直接法。从间接法测算结果可以看出，近十年非正规资本流动以流出为主，且2014 年流出规模大幅增加，2015~2017 年流出规模也明显高于以前年度，与2015 年汇改以来人民币汇率波动较大有密切关系。

表1　非正规跨境资本流动规模测算

单位：亿美元

年份	间接法					直接法
	对外债务增加额	外国直接投资净流入	经常项目逆差	储备资产增加	非正规跨境资本流动规模	非正规跨境资本流动规模
2007	506.30	1390.95	-3531.83	4607.04	822.03	-132.90
2008	9.40	1147.92	-4205.69	4795.39	567.62	-188.44
2009	384.90	871.67	-2432.57	4003.44	-314.30	413.83
2010	1202.90	1857.50	-2378.10	4717.39	721.11	529.36
2011	1460.60	2316.52	-1360.97	3878.01	1260.07	137.66
2012	419.90	1762.50	-2153.92	965.52	3370.81	870.74
2013	1261.80	2179.58	-1482.04	4313.79	609.62	629.25
2014	9167.30	1449.68	-2360.47	1177.80	11799.64	668.73
2015	-3969.20	680.99	-3041.64	-3429.39	3182.82	2129.58
2016	328.20	-416.75	-2022.03	-4436.65	6370.13	2294.53
2017	2948.20	663.09	-1648.87	915.16	4345.00	2218.89

注：间接法项下非正规跨境资本流动规模为正数表示跨境流出，负数表示跨境流入；直接法项下非正规跨境资本流同理。

三、跨境洗钱分析

（一）跨境资金流动与跨境洗钱的概念及联系

跨境资金流动指资金在各国、各地区之间的转移，是国际经济交往的重要形式，同时也存在诸多风险隐患，跨境洗钱风险便是其中之一。跨境洗钱指将毒品犯罪、黑社会性质的组织犯罪、恐怖活动犯罪、走私犯罪、贪污贿赂犯罪、破坏金融秩序犯罪、金融诈骗犯罪等的违法所得及其产生的收益，通过跨境资金流动的方式掩饰、隐瞒其来源和性质，使其形式上合法化的行为。

在当前经济全球化、贸易自由化的宽松经济环境下，跨境资金大规模流动，人民币资本项目管制逐步放松，人民币境内外直接投资、证券投资逐步开放，金融投资渠道不断拓宽，由于"既放得开又管得住"的法规相对业务开展有其滞后性，国内外的洗钱嫌疑人可伺机通过跨境资金流动转移黑钱。跨境洗钱在跨境资金流向上，既有内流，也有外流。例如，境内洗钱嫌疑人利用资金的跨境转移实现黑钱漂白，以虚构服务贸易、经常转移等方式将黑钱清洗出境，再通过人民币离岸市场银行体系建立的人民币回流渠道为其披上合法的外衣转入国内账户；境外洗钱嫌疑人通过与国内合伙人的联合欺诈等方式，将游离于离岸市场的国际资本及国外地区的黑钱以人民币形式作为投资资金经银行系统进入我国境内，并且以投资收益等名义通过人民币或外币形式再次转移出境，通过多次跨境转移将黑钱洗白。国际和国内的反洗钱实践告诉我们，无论是资本项目还是经常项目；无论是入境还是出境；无论是直接进入洗钱过程还是间接参与洗钱，非正规资本流动是我们在反跨境洗钱中要给予特别关注的问题。

（二）资本管制逐步放开下的跨境洗钱风险简析

（1）投融资政策放宽后，跨境洗钱风险或呈增长态势。随着本外币各项投融资政策的不断放开，资本流动将进一步增长。一方面是本外币境内外直接投资、证券投资加速放开，各项本外币融资政策降低主体资格要求，扩大限额，增加和拓宽了境内外资金出入渠道；另一方面是沪港通、深港通、沪伦通、债券通等境内外市场互通，国外投资者可以通过香港等境外证券机构直接参与国内证券交易，其交易产品繁多、结构复杂，标准化程度高，变现快，并且与其他市场联系紧密，容易被洗钱犯罪分子利用，通过多重代持和复杂交易设计，快速进出境内外市场，跨境洗钱风险增大。

（2）外汇行政管制逐步取消或简化后，金融机构反洗钱工作压力增大。对外政策开放，最主要的措施之一是减少和取消行政管制，实现境内外管理标准的统一。外汇行政审批取消或简化后，多数业务审核工作交由金融机构办理，金融机构反洗钱客户身份识别和可疑交易监测工作量增大，道德风险随之加大。

（3）新旧政策衔接期的洗钱风险增大。在本外币管理制度改革过程中，我国采取逐步有序的开放政策，在开放新政过程中，新旧政策衔接过程中的反洗钱风险加大。例如，人民币跨境结算政策与外汇管理政策衔接期，犯罪分子利用银联卡境外取现业务规避外汇管理政策及个人通过在境内注册皮包公司或借用其他公司名义，利用单位对外投资开放简便的政策逃避对个人对外投资的管控，增大了洗钱风险。

（4）自贸区先行先试开放政策对反洗钱工作提出了新的挑战。各项贸易、投融资开放政策在自贸区和试点地区先行先试，随着这些新政策落地，各种贸易形式、投融资工具、跨境结算方式层出不穷，特别是离岸公司的设立，相关部门仅要求提供少量的法人信息，不需要实际办公地址，出资起点相对较低，对设立人没有国籍限制，甚至允许匿名股东，有的离岸公司可能会绕过反洗钱监管规定，掩盖公司的真实受益人，给反洗钱客户身份识别制度落实带来困难。

（三）跨境洗钱的主要方式

随着银行业反洗钱意识和业务技能的不断提高，简单地利用银行体系实现纯粹的资金转移已经越发困难，这就使得洗钱嫌疑人想方设法给资金转移冠以堂皇之由，通过多次的跨境交易不断隐匿资金的真实来源。跨境洗钱的主要方式有以下几种：

地下钱庄。我国地下钱庄主要分非法汇兑型和非法结算型。据统计，2016年，全国公安机关共破获地下钱庄重大案件380余起，抓获犯罪嫌疑人800余名，打掉作案窝点500余个。非法汇兑型地下钱庄往往与境外机构相勾结，以其便捷、快速以及手法隐蔽等特点始终活跃在外汇市场中。其主要操作手法包括以下三种：一是账面对冲。利用本币账户、外币账户在境内外分别收付款，以对敲的方式实现货币跨境汇兑。二是境外ATM取款，在境内开立多张银联卡，转入人民币资金，并通过境外ATM或POS套现分散提取外币现钞。三是虚构贸易背景实施骗汇或直接把人民币转出境外。

电汇。电汇是外汇汇款业务的基本方式之一，采用SWIFT等电信手段将电汇付款委托书给汇入行，指示解付一定金额给收款人。电汇业务操作简便、速度极快、网点密布，可实现资金在全球范围内的快速转移，从而成为正规金融部门中，犯罪分子最常使用的货币和价值转移业务。典型的电汇洗钱手法是通过外汇分拆将一笔大额交易分拆为数笔小额交易，然后通过不同的网点汇入或汇出，可在快速完成洗钱的同时还避免留下引发监管关注的交易痕迹。

虚假货物贸易。货物贸易收付一直是我国非银行部门跨境收付的主要组成部分。货物贸易每年的交易量大，交易主体众多，少数异常的交易很容易藏匿其中。加之国际贸易市场及交易主体具有的一些固有特征，使得货物贸易被利用成为异常资金跨境转移的媒介。一是利用国际市场价格的不透明，通过"价格转移"渠道转移资金；二是利用资金流与货物流的不对称转移资金；三是利用贸易信贷渠道转移资金。

虚构服务贸易。服务贸易项下收支种类繁多，且相对货物贸易而言具有虚拟性及非可比性，特别是无市场参考价的无形资产交易，如咨询专利权使用费、高额劳务费及运输等服务贸易项目在定价方面富有相当大的弹性，交易的真实性较货物贸易也更加难于辨别。洗钱嫌疑人往往通过成立"空壳性"服务性贸易公司，如软件开发、劳务派遣、贸易咨询等公司，虚构服务性贸易合同，借助服务性贸易支付或贸易融资渠道向境外转移资金。

假借外商投资。不法分子可通过设立外商投资企业，将非法资金用作注册资本金、外债、股票等方式，再利用其有投资收益汇回及资本回收的权利等，将资金跨境返还。

人民币对外直接投资。境内洗钱嫌疑人假借投资者之名与境外关联人合谋，实际并未创办实体企业或与合同规定明显不符，然后利用伪造的直接投资合同蒙骗境外人民币开户行，进行资金转账与支付清算，而在资金成功转移出境外后，洗钱嫌疑人可以选择将资金以对外投资收益的名义以人民币或外币的形式调回国内。

离岸金融中心。通过离岸金融中心和关联交易洗钱的主要手法有：以转移定价的方式将利润转移和积累于离岸公司；以假投资将资本外流；将离岸公司设定为虚假的合作外资方，以特许使用费、管理费、咨询费等名义将外汇汇出；通过大量的关联交易，虚增业绩骗取国内银行资金外逃；内外勾结，以离岸公司逃债、悔约、拖欠等名义将应收外汇转移到个人账户。随着人民币国际化及人民币可兑换政策的放开，由于离岸公司掩盖实际受益人的优势，加之资本项下资金可兑换的政策放松，将成为非正规跨境资金流动的重要渠道之一。

（四）跨境洗钱的危害及防范现状与不足

随着全球一体化的推进，我国已经实现了经常项目自由可兑换，资本项目可兑换也在不断探索过程中，跨境资本流动规模不断增大，跨境资本流动的风险也随之不断增加。尽管国际资本流动能够促进经济的发展，但跨境洗钱及其伴随的非正规跨境资本流动会给一个经济体带来诸多危害，影响国际收支平衡，造成汇率异常波动，严重时甚至会引发金融危机。但在现有的监管体系下，跨境资金流动监管职责在外汇管理部门，反洗钱监管职责在中国人民银行反洗钱部门，两者在跨境洗钱的界定、跨境洗钱行为的监管等方面尚未形成统一明确的合作体系，存在监管不足，主要体现在以下方面：

一是现有法律未明确界定"跨境洗钱"犯罪。我国虽然在2006年出台了《反洗钱法》，但并未明确规定跨境洗钱、跨境恐怖融资等形式的"跨境洗钱犯罪"罪名，对相应犯罪活动的认定和处罚还是套用《刑法》和《反洗钱法》相关规定，缺乏针对性。

二是未建立可疑跨境交易信息共享与研判机制。中国反洗钱监测分析中心对涉嫌通过跨境金融业务对洗钱的信息进行交叉核对方面尚显不足，无法掌握更多的背景信息以开展对跨境洗钱方式、手法、趋势、类型方面的研究。此外，中国反洗钱监测分析中心仅对原始金融数据进行分析加工，通过数据分析形成的跨境可疑交易金融情报，以案件线索的方式向不同执法机关移送，而未建立与司法执法部门和外汇主管部门等的线索研判与信息共享机制。

三是未形成打击跨境洗钱的国际合作体系。近年来，在我国参与世界经济金融一体化进程不断深入的同时，资金外逃、分裂主义、恐怖主义的威胁也不容忽视。我国参与国际反洗钱与反恐融资工作起步较晚，在不断的探索与实践中才逐渐在国际治理中发声。虽然我国与多个国家和地区已签订司法协助条约或合作备忘录，但目前国际合作效果不显著。我国打击跨国洗钱、恐怖活动的国家意识、战略意图尚未完全通过反洗钱这个金融武器得以体现。

四、反洗钱监管措施对跨境资金流动的影响分析

本文在前面论述中已提出非正规跨境资本流动的概念，并且进行了测算。非正规跨境资本流动的形成主要是因为对非法资金进行跨境转移或者合法的资金通过非法的手段实行转移，而地下钱庄是最常见，也是最通用的手段。针对跨境洗钱的规模进行准确度量难以实现，非正规跨境资本流动所涉及的隐性流动资本，可以在一定程度上反映出跨境洗钱的规模或者水平，但是也不能把二

者对等，真实的洗钱规模可能远超过这一数字，而对洗钱的打击力度，尤其是对大额可疑资金的查处、对地下钱庄的打击，都必然会对非正规资本流动产生影响。正是基于上述思想，本书拟建立多元线性回归模型，讨论反洗钱监管水平、跨境洗钱的打击力度、反洗钱法律法规的制定对于隐性流动资本的影响。

（一）变量选取

（1）跨境洗钱规模（CF）。通过资本跨境流通渠道实现洗钱的资本流动规模，用非正规资本流动规模来代替，按照前文中通过间接法（世行法）对非正规资本流动规模的测算数。该变量作为因变量，取其绝对值作为跨境洗钱水平，并进行对数化处理。

（2）宏观税负（TAX）。宏观税负是指一个国家的税负总水平，通常以一定时期（一般为一年）的税收总量占国民生产总值（GNP）或国内生产总值（GDP）或国民收入（NI）的比例来表示。一般研究认为，某国内的宏观税务过高，有可能造成国内资本因躲避高税负而形成资本外逃。税收总量一般有两种口径，一是小口径，仅指税收收入；二是大口径，指全部政府收入或国家综合财力，也就是一般公共预算收入、政府性基金收入、国有资本经营收入、社会保险基金收入。本文选择财政收入占国内生产总值比例口径。

（3）外汇违规打击力度（Combating Foreign Exchange Violations，CFEV）。国家外汇管理局抓住跨境资金异常流动重点主体和关键环节，加强对异常外汇资金流动的监管，针对虚假转口贸易、虚假贸易融资、远期结汇异常增长等情况，积极组织开展专项检查和调查，严厉打击地下钱庄和非法买卖外汇等违法活动，遏制异常违规资金流动，有效震慑了外汇领域违法犯罪活动。本文用历年查出外汇违规案件数并进行对数化处理代表外汇违规打击力度（资料来自国家外汇管理局年报）。

（4）反洗钱预防力度（Money-laundering Preventive Measures，MLPM）。该指标主要指我国反洗钱主管部门中国人民银行和反洗钱义务主体对洗钱活动的预防措施实施情况。中国人民银行建立可疑交易报告制度，反洗钱义务主体在发现可疑交易行为时应立即上报可疑交易。经调查仍不能排除洗钱嫌疑的，中国人民银行及时向有管辖权的侦查机关移送线索和报案。本文选取历年中国人民银行向侦查机关移送线索和报案数，并计算同比增速，来表示反洗钱预防力度（资料来自中国反洗钱年报）。

（5）政策变量（Policy Variable，PV）。自 2015 年 5 月 14 日，中国人民银行联合最高人民法院、最高人民检察院、公安部、国家外汇管理局联合开展了打击利用离岸公司和地下钱庄转移赃款专项行动，重点打击协助他人非法办理跨境汇兑、买卖外汇、资金支付结算等地下钱庄违法犯罪活动，以及利用离岸公司账户、非居民账户等协助贪污贿赂等上游犯罪相关实体和个人向境外转移犯罪所得及其收益的犯罪活动。破获一批地下钱庄大案要案，打掉一批非法经营窝点，挖出一批贪污贿赂等上游犯罪活动人员，惩处一批违法犯罪分子，最大限度切断贪污贿赂等犯罪的违法所得及其收益的转移通道，切实维护国家正常的金融管理秩序。本文分析中，将政策变量设置为 0～1 变量，2015 年及以后取 1，其他取 0。

（6）资本项目开放程度（The Degree of Capital Account Openness，DCAO）。随着资本项目开放程度的不断提高，跨境资本流动渠道也变得多样，非正规资本流动和跨境洗钱的手段也更为复杂。本文选取 Aart Kraay 于 1998 年提出的资本规模流量测度法衡量资本项目开放程度，即用跨国投资规模进行衡量。跨国投资规模为一国资本流入和资本流出的总和，体现在国际收支平衡表中为直接投资、证券投资和其他投资的总和，该值占该国国内生产总值的比重即为资本项目开放度。

（二）数据处理

按照上述所选取的变量，整理后的基础数据如表 2 所示。

表 2　各变量数值

年份	CF 跨境洗钱规模 （对数化）	TAX 宏观税负 （%）	CFEV 外汇违规打击力度 （对数化）	MLPM 反洗钱预防力度 （增速）	PV 政策变量	DCAO 资本项目开放程度（%）
2009	5.7503	19.6282	3.3576	−13.0319	0	5.6209
2010	6.5808	20.1200	3.5904	39.2966	0	10.3574
2011	7.1389	21.2292	3.5426	−34.6872	0	9.3242
2012	8.1229	21.6989	3.5654	−17.6471	0	7.2909
2013	6.4128	21.7070	3.3897	−3.2653	0	8.0264
2014	9.3758	21.7975	3.2788	82.7004	0	8.3080
2015	8.0655	22.0984	3.301	77.8291	1	8.7721

年份	CF 跨境洗钱规模 （对数化）	TAX 宏观税负 （%）	CFEV 外汇违规打击力度 （对数化）	MLPM 反洗钱预防力度 （增速）	PV 政策变量	DCAO 资本项目开放 程度（%）
2016	8.7594	21.4642	3.3002	27.5974	1	8.6529
2017	8.3768	28.6062	3.4997	35.7252	1	5.7239

从变量走势来看，随着我国资本项目可兑换进程不断加快，近年来我国跨境洗钱规模呈波动中上升趋势，跨境资金流动风险不断提高。在跨境洗钱规模不断上升的同时，外汇违规打击力度、反洗钱预防力度均大幅提高，说明我国对跨境洗钱行为的监管力度不断加大，但仍未能有效遏制跨境洗钱规模的增长。与此同时，从宏观环境来看，我国宏观税负也呈现上升趋势，与跨境洗钱规模呈现正相关关系，说明税负的增长会促进资金流向税负较低的国家和地区，从而导致伴随洗钱行为的非正规跨境资本流动（见图5）。

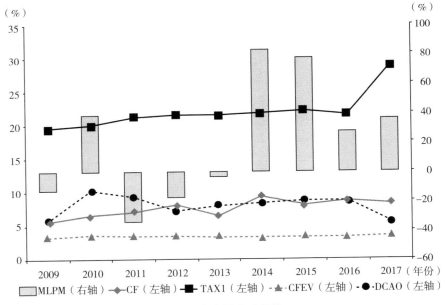

图5　各变量变动趋势

（三）回归分析

本文对变量建立多元线性回归方程：

$$CF_t = TAX_{t-1} + CFEV_{t-1} + MLPM_{t-1} + PV_t + DCAO_{t-1} + C$$

对方程进行多元线性回归，结果如表 3 所示。

表 3　回归结果

变量	回归系数	标准差	T 统计量	p 值
TAX	0.7010	0.0389	18.0199	0.0031
CFEV	−5.2431	0.2190	−23.9451	0.0017
MLPM	−0.0075	0.0012	−6.2076	0.0250
PV	−2.0729	0.1549	−13.3809	0.0055
DCAO	0.9495	0.0349	27.2054	0.0013
C	27.2886	1.6842	16.2029	0.0038
R^2	0.9983	F 统计量		233.2669
修正后的 R^2	0.9940	F 的 p 值		0.0043
残差平方和	0.0132			

从方程的检验结果看，R^2 高达 0.9983，修正后的 R^2 为 0.9940，说明模型与数据的拟合度较好，F 检验的 $p<0.05$。从各自变量的 t 检验结果看，各变量均通过 t 检验，$p<0.05$。

（四）结果讨论

从方程可以看出，资本项目开放程度对跨境洗钱资本规模 CF 产生促进作用，反洗钱监管力度、跨境洗钱的查处力度及政策变量对跨境洗钱资本规模产生抑制作用。具体来看，在其他变量不变的情况下，资本开放程度每增加 1 个百分点，因变量跨境洗钱资本规模的对数增加 0.9495，体现出很强的促进作用，大部分学者在研究人民币国际化或人民币跨境流动时均提出了随着资本项目开放程度的增加，洗钱风险必然逐步提升，本文的结果很好地检验了这一理论结果。

监管有关的变量对因变量产生显著的抑制作用。从方程的结果看，在其他变量不变的情况下，反洗钱预防力度的增速提高了 1 个百分点，因变量跨境洗钱规模的对数降低 0.0075，说明建立有效的反洗钱制度与体系，对于打击洗钱犯罪活动具有重要的作用。外汇打击力度每增加 1 个百分点，跨境洗钱规模对数降低 5.2431，反映制定较为严格的外汇流出监控与管理对于打击洗钱犯罪行为具有明显的抑制作用。同时分析发现 2015 年打击利用离岸公司和地下钱庄转移赃款专项行动对跨境洗钱具有显著的抑制作用，外汇洗钱规模的对数降低了 2.0729。

五、防范跨境洗钱的对策建议

随着非法跨境资金流动手段越来越隐秘、手法越来越新颖，我国反跨境洗钱工作面临着更多、更复杂的问题。针对跨境洗钱的方式途径，并结合有效反洗钱机制对跨境洗钱规模的抑制作用，可从以下措施入手来防范跨境洗钱风险：

（一）建立全方位跨境资金流动监测体系

一方面，应指导商业银行基于本机构跨境产品业务类型，形成有针对性的异常跨境资金监测模型。建议商业银行在外汇综合性统计监测系统、账户系统和其他业务系统的基础上继续完善或开发能够监测跨境资金流动的系统，制定操作规程、设定岗位职责，定期监测，通过多方位比对，对跨境资金性质、方向等快速进行总量定位和明细查询，同时按照资金变动的波幅对各时间段比较的数据进行预测和分析，实现跨境资金总量规模监测、跨境资金流向监测和跨境资金用途监测和实时预警。

另一方面，应总结商业银行上报的可疑交易特征，指导反洗钱监测分析中心形成有针对性的跨境监测指标，进一步强化监测分析能力，针对跨境资金异常流动情况，加强对企业资金流向股市、公款私存、国内资金汇往国外以及外资流入等的监督，提高信息处理的自动化、准确性和灵敏度，提升监测效能。

（二）实行对跨境外汇收支的全方位监管和均衡监管

一方面，要继续做好打击"地下钱庄"专项行动等工作，继续加大外汇违规案件查处力度，坚决清除非法买卖外汇"毒瘤"，打击非法跨境资金流动，防范涉外金融风险，维护国际收支正常秩序，确保国家经济安全。

另一方面，界定对个人分拆购结汇的行为法律标准，将外汇资金来源或去向为同一对象、单笔金额在 5 万美元以下的结售汇业务纳入洗钱可疑行为进行跟踪调查，密切关注结汇后的人民币资金流向。

（三）加强对跨境贸易真实性审核，严防异常资金流出入

借鉴出口收结汇联网核查的成功经验，利用出口付汇监管、直接投资等系统，进一步完善进口付汇联网核查、返程投资、个人股权转让等制度，保证跨境资金合法合理流动。同时，采取审慎监管原则，对境外投资方的真实情况从其身份、资信、最终控制人、资金来源等方面进行审核。加快服务贸易外汇管理非现场监管体系建设，健全事后分析、预警机制，严防异常跨境资金通过服务贸易等非联网核查渠道流出入。

（四）强化高风险业务防控措施

一是加强对离岸账户洗钱风险防控。加强对开立离岸银行账户单位资质的审核，并加强客户身份识别和客户身份持续识别工作。持续跟踪，做好年检，防止空壳公司继续使用离岸账户收付资金。关注离岸账户往来业务性质，特别是资金用途是否与公司业务一致，及时发现可疑交易。随着外汇管理对个人结售汇管理的放松，个人非贸结售汇逐渐成了非正常资金出入境的隐蔽渠道。建议加强对个人非贸收付汇的审核和监测力度，加大对违规结售汇行为的查处力度。

二是加强企业外汇资金监控和调查。对于实行总量监控，非现场核查外汇核销差额持续偏高的企业，外汇管理部门在进行预警的同时，可及时向反洗钱部门或海关缉私部门通报，并适时启动对可疑交易的调查。

（五）建立涉敏业务管理模式，界定涉敏范围和对象

凡是涉及联合国、中国政府、OFAC 制裁的名单及敏感国家和地区的业务均纳入涉敏业务。一是严格业务范围界定，在业务办理过程中客户及其交易对手、银行、保险公司、运输公司、运输工具、港口、货物、货物原产地、货物制造商等有关涉及受制裁名单或敏感国家和地区的业务（查询类业务除外）均纳入涉敏业务管理；二是严格监管对象，建立制裁名单库，将联合国、中国政府及 OFAC（美国财政部海外资产控制办公室，Office of Foreign Assets Control）发布的制裁名单均纳入名单库，并定期更新；其中，联合国制裁名单及中国政府制裁的恐怖活动名单范围包括控制客户的自然人或者交易的实际受益人。

（六）建立有效的打击跨境洗钱国内、国际合作机制

打击跨境洗钱的工作必须加强内外联动，尽快建立起有效的国内、国际合作机制。一是遵循反洗钱工作部际联席会议制度框架开展反洗钱合作，建立中国人民银行、外汇管理、监察、公安、海关、税务、市场监督、技术监督等部门的横向网络，各方共享监管信息，提高打击效率。二是加强反洗钱国际合作，建立有效的协查机制。国际间开展反洗钱信息交流、情报互换、合作培训、协助调查、追回财产并引渡外逃犯罪嫌疑人等工作。随着人民币逐步走向国际化，我国有必要主动加强同主要贸易国家及国际性组织之间的合作与信息交流，融入全球金融监管合作组织，借鉴国外先进经验和国际通行标准，通过签订公约、协定或其他机制，推动多边和双边反洗钱合作，提升跨境洗钱和恐怖融资风险的监管效果。

参考文献

[1] 安英俭. 中国资本项目开放进程中的跨境洗钱问题研究 [D]. 沈阳：辽宁大学，2017.

[2] 陈卫东，王有鑫. 人民币贬值背景下中国跨境资本流动：渠道、规模、趋势及风险防范 [J]. 国际金融研究，2016（4）：3-12.

[3] 武彦民，温立洲. 对我国当前宏观税负水平的经济学分析 [J]. 税务研究，2018（3）：10-16.

[4] 周露萍. 人民币国际化下我国短期资本流动与反跨境洗钱研究 [D]. 成都：西南交通大学，2010.

战略性新兴产业资金运作模式与金融支持效应研究

——基于集成电路产业的分析

徐珊等[*]

新一轮科技革命和产业变革正在悄然发生，我国传统产业转型升级、供给侧结构性改革迎来重大机遇。战略性新兴产业是我国实施创新驱动战略的重要着力点，而集成电路是信息产业的核心，也是北京"高精尖"产业的典型代表。当前我国集成电路产业已进入新的发展阶段，面对国际领先的芯片厂商强大的先发优势，金融支持效率是我国产业发展面临的突出问题。本文对金融支持集成电路产业发展的文献及国际经验进行梳理，对我国集成电路产业发展现状进行分析，从国家、北京市、中关村政府三个层面，对政府在金融领域对集成电路产业的支持政策和产业基金情况进行梳理。本文采取实证研究与案例研究相结合的方式。首先以上市公司为例对我国集成电路产业金融支持效应进行实证研究，即在有限的金融资源下，检验银行贷款、债券、发行股票及内部融资等不同金融支持方式对产业发展的支持效应，得到的结论是债券能够促进企业发展，银行贷款、发行股票和内部融资不能满足企业融资需求。同时选取北京地区21家银行、创投机构、企业作为重点调研对象进行案例研究，对集成电路产业资金运作模式、金融需求及当前金融支持问题深入剖析，最后提出政策建议。

---

　　* 徐珊：中国人民银行营业管理部中关村中心支行。参与执笔人：李菲菲、陈杨、杨兵。其中，李菲菲供职于中国人民银行营业管理部中关村中心支行；陈杨供职于中国人民银行营业管理部经常项目处；杨兵供职于中国人民银行营业管理部征信管理处。

一、引言

（一）研究背景和意义

当前，新一轮科技革命和产业变革正在悄然发生，全球产业竞争及产业分工格局正在发生重大调整，各国都在加大科技创新力度。同时我国经济发展进入新常态，传统产业转型升级、供给侧结构性改革迎来重大机遇。为此，我国必须放眼全球，加紧战略部署，抢占新一轮竞争制高点。中共十八大提出了实施创新驱动发展战略，国务院在印发的《国家创新驱动发展战略纲要》中指出，创新驱动就是创新成为引领发展的第一动力，必须摆在国家发展全局的核心位置。2010年，国务院出台了《关于加快培育和发展战略性新兴产业的决定》，明确了战略性新兴产业引领未来经济社会发展的重要地位。2015年，国务院印发了部署全面推进实施制造强国战略的《中国制造2025》，为中国制造业未来十年设计了顶层规划和路线图。集成电路产业是我国重要的战略性新兴产业，是信息产业的核心，也是具有较高科技含量的高端制造业，并且作为北京构建首都"高精尖"经济结构的龙头产业，现已初步形成了"北设计，南制造"的集成电路产业集群，在全国处于领先地位。

从产业整体发展阶段来看，集成电路属于资金技术密集型行业，具有资金投入大、回收周期长等特点，需要足够资金来支撑长期持续的研究开发活动和实现规模效应。以国际领先的芯片商为例，他们经过前期的技术积累和已经实现的规模效应，具有明显的先发优势，依靠其强大的研发和资金实力，以及在全球市场的垄断地位，不仅给自身带来了良好收益，也为后续的资金投入奠定了基础，从而形成企业发展的良性循环。总体来说，良好的营商环境及多层次金融体系支持是促进产业健康发展的关键因素。目前，我国集成电路产业已经形成了一批具有世界影响力的领军企业，并保持了多年的快速增长势头，进入了新的发展阶段。但由于我国集成电路产业发展起步较晚，与在该行业占据世界领先地位的美、韩、日、中国台湾地区等相比竞争力仍显不足。特别是当前我国金融支持体系仍不完善，直接融资比重较低，资本进入及退出机制依然不够灵活，传统信贷对于高投入、高风险的集成电路等战略性新兴产业的支持力度有限，都在一定程度上制约了产业发展，因此，金融支持与资本运作是否有效率成为目前集成电路产业面临的突出问题。

综上所述，总结各国支持集成电路产业发展的国际经验，对当前我国集成电路产业经营现状、国际贸易、投融资情况进行深入分析，对金融支持现状、效应及存在的问题进行调研，对于促进我国以集成电路产业为代表的战略性新兴产业健康发展、促进金融资本与科技产业结合、提高金融支持效率具有重要的理论与实践意义。

（二）文献综述

目前国内外相关研究主要集中在两个方面：一是集成电路产业发展方面，包括国内外集成电路产业发展的比较研究、发展规律及趋势研究、现状及问题分析等，但没有在金融支持方面做深入研究。二是金融支持战略性新兴产业发展方面，主要是对战略性新兴产业整体金融支持政策及效果的梳理和研究，但集成电路是一个资金、技术、人才均高度密集型的产业，其发展路径和融资需求较其他战略性新兴产业具有一定的特殊性。综合来看，目前对于金融支持集成电路产业发展的专项研究仍基本处于空白。

1. 集成电路产业发展方面的研究

Yin-Hui Cheng 等（2010）对美国半导体产业从时间和区域两个维度进行了实证研究，分析了专利质量和公司收益之间的关系，得出了工艺水平和专利申请对公司利润至关重要的结论。赵芳（2004）选取了美国、欧洲、日本、韩国等国进行比较研究，总结出各国政府都通过政策扶持引导和促进本国半导体产业的发展。雷瑾亮、张剑、马晓辉（2013）对全球集成电路产业地域、技术、产业和商业形态进行了比较研究，提出我国集成电路产业发展路径应遵循"产业形态整合—技术形态升级—商业形态创新"三个阶段。陈玲、薛澜（2010）分析了我国集成电路产业各环节的发展规模、技术水平和升级动力，阐述了其在国际分工中的地位和升级模式。刘雯、马晓辉、刘武（2015）在对国际和国内集成电路发展态势和主要问题分析的基础上，提出了完善产业链、紧密结合市场以及组建有全球影响力的行业龙头的发展建议。叶甜春（2016）总结了"十三五"期间中国集成电路产业在六个方面取得的突破，提出了中国集成电路制造产业链发展的建议。

2. 金融支持战略性新兴产业发展方面的研究

申明浩、杨永聪（2012）的研究结果表明，资本市场的发展对中国第二产业的升级具有显著的促进作用，而信贷市场的发展仅存在较为微弱的负相关关系。熊广勤（2012）从国际比较研究角度把金融对战略性新兴产业发展的支持方式划分为市场主导模式、银行主导模式和政府主导下的融资模式。盛丹、王永进（2013）通过对世界银行调查数据和中国工业企业数据进行实证分析，发现产业集聚显著降低了企业的融资成本，有助于信贷资源流向民营企业，从而提高信贷资源的配置效率。李富有、尹海风（2014）通过实证分析得出金融支持对我国战略新兴产业发展具有促进作用。曹霞、张路蓬（2017）探讨了省际间金融支持对技术创新的直接效应与空间溢出效应，结果表明我国省际技术创新存在空间相关关系，金融发展规模及效率存在区域间正溢出效应。唐斯斯、董晓宇（2012）提出了支持我国战略性新兴产业发展的交互式融资模式，分析了其运行机理、影响及作用，并提出了政策建议。蒋静芳（2017）对七大战略性新兴产业逐一进行了实证研究，结果显示，企业内部资金对新一代信息技术产业发挥了正向作用，而银行信贷、股权资本和债券资本影响为负值，支持动力不足。

二、部分国家和地区支持集成电路产业发展的实践经验

从美国、韩国和中国台湾地区的集成电路产业发展经验来看，政策制定部门均在产业发展初期进行了统筹规划，制定了积极的产业发展政策，以及营造了金融、税收等方面宽松的外部环境，并积极引导风险资本投资。

（一）美国支持集成电路产业的实践经验

美国是世界集成电路第一大国，市场份额一直保持在60%以上，集成电路产业投入大量资源致力于工艺研究和技术革新，并不断降低次品率。另外，美国着重发展高附加值产品，如逻辑芯片等，也使得美国在集成电路产业牢牢占据领军地位。美国政府支持集成电路产业发展的主要措施如表1所示。

表1　美国政府支持集成电路产业发展的主要措施

| 1. 积极引导产业发展策略 | 成立国家半导体工业咨询委员会，指导半导体行业发展，制定针对性的策略；成立半导体制造技术产业联盟（SEMATECH），先后投入15亿美元，并提出以光刻技术为核心以及以电路为发展重点的规划；还先后提出了NII信息高速公路计划、ATP先进技术计划等，政府为项目经费提供最高50%的支持，以资助民间机构进行商业化前的研究 |

2. 积极的政府采购以及出口策略	美国政府采购 PC 及相关产品的花费超过 90 亿美元，占同期政府采购的近 5%，也极大地刺激了集成电路以及半导体产业的发展；将半导体集成电路列为重点出口产业，为其提供出口贸易融资等便利措施，扩大半导体集成电路产品出口规模，强化其市场占有率
3. 立法引导资金流入半导体产业	1958 年，美国政府颁布了《小企业投资公司法》，自此，前后共有十几部法律出台，推动了风险投资资金流入高新技术行业，大量资金的流入使得半导体行业完成产业化。比如专注于高新技术企业融资的硅谷银行，已为数以万计的企业提供过融资服务，为高新技术的发展和突破提供了助力

（二）韩国支持集成电路产业的实践经验

韩国的半导体集成电路产业目前居世界第三位，以存储型半导体集成电路为主，DRAM 占产出 85% 以上，有着较强的通用性。20 世纪 90 年代初期，韩国超越美国及日本研发出世界第一块 64MDRAM 芯片，成为内存技术最强的国家。韩国政府支持集成电路产业发展的主要措施如表 2 所示。

表 2 韩国政府支持集成电路产业发展的主要措施

1. 政策的支持和引导	制定《超大规模集成电路技术共同开发计划》和《世纪电子发展规划》，优先本国企业参与半导体集成电路工程项目，鼓励本国企业与美日等技术强国企业增加合作
2. 优惠的税收政策	施行《对技术开发先导物品实行特别消费税暂定税率制度》，对集成电路等产业实施零关税进口零部件的税收优惠，如对进口集成电路设备施行关税减免，对集成电路产品免征特别消费税等
3. 政府引导学习生产相结合的模式	在研发 DRAM 技术时，韩国政府支付了超过半数的研究经费，在政府研究所的牵头下，整合三星、现代以及 LG 三家企业以及六所大学进行联合研究；政府为引导企业参加国家项目，向企业收取不同比例的技术使用费，即参与国家项目研发的企业可以少交或者不交，而其他企业则需要缴纳几倍的费用
4. 逆产业周期大举投入	以三星为代表的韩国半导体企业擅长主动利用危机，进行逆周期操作，在半导体市场陷入萧条周期时大举投入，在市场转暖后迅速占据先机，坐收提前投入带来的巨额收益

（三）中国台湾地区支持集成电路产业的实践经验

中国台湾集成电路产业发展期初的 15 年，业务集中于封装和测试等工序。

到 20 世纪 90 年代中期，中国台湾两大晶圆代工厂，联华电子和台积电站上世界舞台，巩固了中国台湾半导体集成电路产业在世界上的地位。中国台湾当局支持集成电路产业发展的主要措施如表 3 所示。

表 3　中国台湾当局支持集成电路产业发展的主要措施

1. 科研成果快速转化为生产力	成立工研院电子所，中国台湾当局为该所注入资源，鼓励进行自主开发和技术创新，在此期间该所培养了大量人才并积累了先进技术，再将专业人才和成熟技术移植到民营企业，形成产业，使科研成果快速转化为生产力
2. 建立科学园区，带动人才聚集效应	规划并建立新竹科学园区、南部及中部科学园区，并配套形成了产学研一体化支持网络，包括硬件和软件、集成电路等产业的群聚效应显著，形成了高新技术聚集的优势
3. 投入大量资本，吸引全球设备商	中国台湾半导体产业在近几年来资本支出比重均大幅高于全球平均值，并持续保持了资本高投入，全球众多集成电路设备商在资金投入的吸引下纷纷进入中国台湾市场，进一步扩大了中国台湾市场的发展和影响力

总结美国、韩国及中国台湾地区集成电路产业发展路径可以发现，政策制定部门均为本国或地区集成电路产业的发展提供了强有力的战略指引、政策引导、法规保障和资金支持。需要指出的是，产业在不同发展阶段所适用的扶持政策有所不同，可以看出上述国家或地区实践中以产业发展萌芽阶段提供的产业政策为主，而产业成熟期的金融支持政策较少涉及。目前，我国集成电路产业已经进入了新的发展阶段，除借鉴这些成功国家和地区的政策扶持经验外，更应关注金融支持效率问题。

三、我国集成电路产业发展现状、特点及金融扶持举措

(一) 我国集成电路产业发展现状

1. 集成电路产业保持高速增长

近年来我国集成电路等战略性新兴产业持续保持高速增长。国家统计局数据显示，2017 年规模以上工业战略性新兴产业增加值比上年增长 11.0%。高技术制造业增加值增长 13.4%，占规模以上工业增加值的比重为 12.7%，其

中，集成电路产量过去两年出现明显增长，继 2016 年增长 21.2%之后，2017 年同比增长仍达 18.7%。根据中国半导体行业协会统计，2017 年中国集成电路产业销售额达到 5411.3 亿元，同比增长 24.8%。2018 年第一季度依然保持高速增长态势，同比增长 20.8%。根据海关统计，2017 年中国进口集成电路 3770 亿块，进口金额 2601.4 亿美元，同比增长 14.6%；2017 年中国出口集成电路 2043.5 亿块，出口金额 668.8 亿美元，同比增长 9.8%。2018 年上半年，集成电路进、出口同比分别增长 13.0%和 31.1%（见图 1 和图 2）。

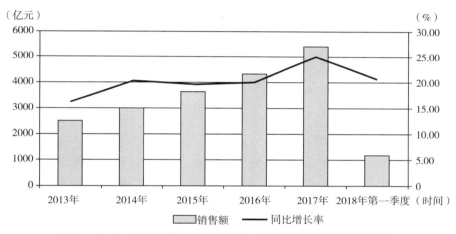

图 1　2013~2018 年第一季度中国集成电路产业销售额及增长率

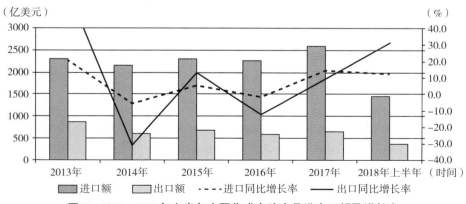

图 2　2013~2018 年上半年中国集成电路产品进出口额及增长率

2. 资本支出快速增长，但较世界巨头相比仍有较大差距

从工信部数据来看，近几年来，我国集成电路产业的年行业投资额均超过 1000 亿元。据 IC Insights 预测，2018 年总部位于中国的半导体公司将在资本支出中花费 110 亿美元，占全球半导体行业预计的 1035 亿美元的 10.6%。这一数额不仅是中国半导体企业 2015 年资本支出的 5 倍，而且还将超过总部在日本和欧洲的半导体公司 2018 年的资本支出。但是与三星 2017 年近 300 亿美元的资本支出相比，我国全行业一年的资本支出也仅为三星一家公司的 1/3。

（二）集成电路上市公司①经营及投融资情况

截至目前，集成电路产业沪深 A 股共有 63 家上市公司，通过对其财务数据的分析，我国集成电路上市公司经营及投融资有以下特征：

一是整体营业收入增长较快，但亏损企业数有所增加。2017 年上市公司共实现营业收入 2278 亿元，同比增长 34.9%，共实现净利润 132 亿元，同比增长 14.5%，2018 年上半年营业收入同比增长 15.2%，净利润增长 70.2%。但 2017 年有九家公司亏损，较 2016 年增加三家，个别上市公司营收及净利润下降明显。如盈方微（000670.SZ）2017 年营业收入同比下降 49.4%，净利润由盈利 2324 万元骤降为亏损 3.3 亿元，2018 年上半年仍然亏损近 5000 万元。

二是研发支出占比高，增速高于营收。集成电路产业需要持续性的高研发投入，2017 年上市公司共发生研发支出 130 亿元，同比增长 38.2%，快于营业收入增速 3.4%。研发支出与营业收入的比值为 5.7%，同比增长 0.1%，其中 17 家公司比值超过 10%。中芯国际在调研中表示，2018~2023 年公司新增投资与研发支出约 170 亿美元。

三是固定资产规模大，投资增速快。2017 年上市公司固定资产规模为 1390 亿元，同比增长 21.57%，在建工程 220 亿元，较 2016 年下降 11.2%；2018 年 6 月末上市公司固定资产规模和在建工程分别较 2017 年底增长 5.7%、26.2%，二者合计占总资产的比重为 34.1%。2017 年股权投资余额为 78 亿

---

① 按照 Wind 行业分类，选择二级分类为半导体与半导体生产设备的上市公司作为统计样本，数据来源为 Wind 数据库。

元，同比增长 44.8%，2018 年上半年为 99 亿元，较 2017 年底增加 26.9%。

四是资产负债率较为健康，借款额微增。上市公司资产负债率保持较为健康的水平，2017 年平均为 40.0%，2018 年上半年为 41.4%，其中有三家公司超过 75%。2017 年借款金额合计 874 亿元，较上年增长 2.0%，中长期借款占比为 53.1%，利息支出 64 亿元。2018 年上半年借款金额同比下降 1.7%，利息支出同比增长 6.8%。

五是资本市场债券余额大幅上涨，增发募资明显下降。2017 年共有十家企业通过发行债券募资，较上年增加两家，债券余额 127 亿元，同比增长 41.1%，2018 年 6 月末为 135 亿元，较上年底增长 6.3%。2017 年共有八家上市公司增发，较 2016 年减少六家，实际募集资金 132 亿元，较 2016 年下降 31.9%，2018 年上半年，已有八家公司进行增发，募集资金 107 亿元。

六是政府补助锐减，近半企业未获补贴。2017 年仅有 35 家上市公司获得了政府补助，而 2016 年同期所有企业均获得了补助，2017 年获得的补助金额合计 5.87 亿元，相较 2016 年同期下降了 81.8%。

（三）政府在金融领域对集成电路产业的支持举措

高新技术从原理到原型、样品，再到产品、商品，这条技术创新到产业发展的路径，通常是漫长和曲折的，这是包括美国、韩国在内的世界各国高技术产业发展历史所验证的普遍规律，我国集成电路产业发展也不例外。在产业发展过程中，往往需要政府的参与和大力支持。本文着重对政府在金融领域的支持举措进行了梳理，主要包括各级政府出台政策和出资设立的产业基金。

1. 政府出台支持集成电路产业发展的相关政策

为响应国家支持战略性新兴产业发展的要求和号召，各地政府纷纷出台了相应政策，本文主要对国家层面、北京市和中关村示范区政府在金融领域对集成电路产业的支持政策和举措进行了梳理。国家层面的政策主要为纲领性文件，在战略层面明确国家重点支持的产业，提出发展规划、战略方针及保障措施；北京市政府结合地方产业特点提出了具体支持本市软件产业和集成电路产业的相关措施；中关村管委会的政策更加聚焦，在支持方式上也更加明确和细化，具有较强的可操作性。具体情况如表 4 所示。

表 4 各级政府在金融领域对集成电路产业的支持政策梳理

	政策文件	出台时间	主要内容	金融支持举措
国家层面相关政策	《国务院关于加快培育和发展战略性新兴产业的决定》（国发〔2010〕32号）	2010年10月	加快培育和发展战略性新兴产业，明确现阶段重点培育发展节能环保、新一代信息技术、生物、高端装备制造、新能源、新材料、新能源汽车等产业	加大财政支持力度，鼓励金融机构加大信贷支持，积极发挥多层次资本市场的融资功能，大力发展创业投资和股权投资基金等
	《国务院关于印发进一步鼓励软件产业和集成电路产业发展若干政策的通知》（国发〔2011〕4号）	2011年1月	进一步优化软件产业和集成电路产业发展环境，提高产业发展质量和水平，培育一批有实力和影响力的行业先企业，制定财税、投融资、研究开发、进出口、知识产权、人才、市场政策	中央预算内投资给予支持，对跨地区重组并购积极支持引导、地方政府可设立股权投资基金或创业投资基金，政策性金融机构可对项目目给予重点支持，商业性金融机构应进一步改善金融服务等
	《国务院关于印发"十二五"国家战略性新兴产业发展规划的通知》（国发〔2012〕28号）	2012年7月	加快培育发展战略性新兴产业，明确发展目标、重点发展方向和主要任务，确定重大工程，制定财税金融政策支持，完善技术创新和人才政策，营造良好的市场环境，加快推进相关重点领域和关键环节改革	设立战略性新兴产业专项资金，运用风险补偿等措施，鼓励金融机构加大对战略性新兴产业的信贷支持、发展多层次资本市场，大力发展债券市场，进一步完善创业板市场制度，推进场外证券交易市场建设，完善不同层次市场之间的转板机制，推动设立战略性新兴产业创业投资引导基金，健全投融资担保体系等
	《国家集成电路产业发展推进纲要》	2014年6月	为加快推进我国集成电路产业发展，明确主要任务和发展重点，制定主要发展目标，提出保障措施	设立国家产业投资基金，支持设立地方性集成电路产业投资基金进入集成电路领域，鼓励社会各类风险投资和股权投资基金进入集成电路领域；支持中国进出口银行及商业银行继续加大对集成电路产业的信贷服务力度，引导国家开发银行在境内外对集成电路企业在境内外上市融资支持力度，支持集成电路企业在境内外上市融资，发行各类债务融资工具，鼓励发展贷款保证保险和信用保险业务等
	《国务院关于印发〈中国制造2025〉的通知》（国发〔2015〕28号）	2015年5月	是我国实施制造强国战略第一个十年行动纲领，提出了战略方针和目标，战略任务和重点，战略支撑与保障	积极发挥政策性金融、开发性金融和商业金融的优势，鼓励国家开发银行增加对制造业的贷款投放，推动区域性股权市场规范发展，引导风险投资、私募股权投资等支持制造业创新发展，鼓励制造业贷款和租赁资产开展证券化试点，探索开发适合制造业发展的保险产品和服务等

续表

	政策文件	出台时间	主要内容	金融支持举措
北京市相关政策	《关于印发北京市进一步促进软件产业和集成电路产业发展若干政策的通知》（京政发〔2014〕6号）	2014年2月	为促进北京市软件产业和集成电路产业的新发展制定本政策，创新集成电路产业投融资模式，支持高端集成电路生产性项目建设，打造集成电路工程化创新平台等	发挥政府投资引导作用，拓展创业投资基金等资金集成，鼓励和吸引机构投资者，产业发展基金，以股权投资等方式支持集成电路产业链各环节建设和产业园区建设；市、区（县）政府对重点项目给予代建厂房政府贴息支持
	《中关村战略性新兴产业集群创新引领工程（2013～2015年）》（中关区组发〔2012〕2号）	2013年1月	为建设具有全球影响力的科技创新中心和高技术产业基地，聚焦中关村六大优势产业、四大潜力产业和现代服务业，聚集资源，创新突破，引领前瞻布局，发展	加强创新性金融服务资源聚集，发挥政府创新和公共政策创新，深入开展信用贷款、信用担保、融资租赁、融资易融资等各类金融创新试点，积极推动企业改制上市和兼并重组，支持企业发行新型债务融资工具
中关村示范区相关政策	《关于印发〈关于支持中关村国家自主创新示范区集成电路产业发展的若干金融措施〉的通知》（中示园发〔2015〕17号）	2015年3月	建立支持集成电路产业发展的金融综合服务机制，促进产业资本和金融资本的有机结合	对创业投资机构投资额，融资租赁公司融资租赁业务进行补贴，对企业融资担保、小额贷款、直接融资，并购贷款及中介服务费用、上市进行贴息或补贴，设立小微企业信贷风险补偿资金
	《关于促进中关村国家自主创新示范区集成电路设计产业发展的若干措施》（中示园发〔2016〕37号）	2016年12月	为推动中关村集成电路设计产业创新发展制定本政策：支持集成电路企业研发、创新、创业孵化，建设服务平台，联动发展、参军写工、培育人才，金融支持、产业聚集、进出口通关等	对首次获得创业投资机构投资的集成电路设计企业进行补贴，建立全方位的集成电路产业发展的金融服务体系，推动融资租赁公司针对集成电路设计企业开展以知识产权、软件等无形资产为标的物的租赁服务

2. 政府设立产业基金相关情况

2014 年 6 月《国家集成电路产业发展推进纲要》正式发布实施后，明确提出设立国家产业投资基金，并支持设立地方性集成电路产业投资基金，鼓励社会各类风险投资和股权投资基金进入集成电路领域。紧接着于 2014 年 9 月设立国家集成电路产业投资基金（俗称"大基金"），募资总规模 1387.2 亿元，主要用于集成电路产业的投资，截至 2018 年 4 月，基金累计有效决策项目 69 个，涉及 50 家集成电路企业，完成有效承诺出资 1222 亿元，实际出资873 亿元。目前大基金二期募资已经启动，预计募资规模将在 1500 亿元左右，现已经完成约 1200 亿元人民币募资。

此外，各地政府纷纷成立基金支持集成电路等产业发展，北京、上海、深圳一线城市及其他各省份均有规模不等的集成电路投资基金，如上海、福建、南京产业基金规模均在 500 亿元左右，各省份总计基金规模已超过 3400 亿元。

北京于 2013 年 12 月宣布设立集成电路产业发展股权投资基金，基金总规模 300 亿元。北京盛世宏明投资基金管理有限公司为母基金及制造和装备子基金管理公司，北京清芯华创投资管理有限公司为设计和封测子基金管理公司。2014 年 7 月 29 日，中关村发展集团设立北京集成电路产业发展股权投资基金有限公司，注册资本为 90.09 亿元。

四、金融支持集成电路产业发展效应的实证研究

（一）模型与指标构建

一般来说，公司主营业务收入可以看作是企业的发展以及竞争力的表现，因此本文选择主营业收入作为被解释变量。金融支持集成电路产业的效果，本质上是从金融运行制度设计上鼓励集成电路产业等符合国家战略的产业长久发展，因此本文选择借款余额、应付债券余额、股票发行募资额、内部融资额分别来衡量银行信贷、债券市场、股票市场和内源融资四项金融支持要素。此外，集成电路企业是资本和人员密集型产业，人员密集程度也会对企业经营产生重要影响，总资产是衡量企业资本规模效应的重要指标，员工人数是衡量人员密集程度的重要指标，因此本文选择这两个指标作为控制变量。GDP 增速是衡量经济发展整体情况的重要指标，也可能会对企业经营产生影响，也作为

控制变量加入。本文选择的样本为 2015 年第一季度至 2018 年第一季度有持续数据的 Wind 行业分类为集成电路的 A 股上市公司，共 51 家。时间跨度即为 2015 年第一季度至 2018 年第一季度，共 13 个季度，取季度数据。总样本量为 663。数据来源为 Wind 数据库。变量建立与定义如表 5 所示。

表 5　变量建立与定义

变量类型	变量名称	变量符号	变量内涵	单位
被解释变量	主营业务收入	REV	主营业务收入	亿元
解释变量	借款余额	LOAN	短期借款余额+长期借款余额	亿元
	应付债券余额	BOND	应付债券余额	亿元
	股票发行募资额	STOCK	IPO 实际募资额+增发实际募资额	亿元
	内部融资额	EARN	盈余公积+未分配利润	亿元
控制变量	总资产	ASS	总资产	亿元
	员工人数	ELY	员工人数	万人
	国内生产总值增速	GDP	季度 GDP 增速	百分比

（二）假设

不同融资方式理论上都能够支持集成电路企业发展，因此建立如下假设：借款余额、应付债券余额、股票发行募资额、内部融资额越高，主营业务收入越高。

（三）描述性统计

从 13 个季度的描述性统计来看，主营业务收入单季最小值为亏损 0.37 亿元，最大值盈利 69.96 亿元，表现出行业经营情况分化较大，但平均数和中位数分别盈利 8.07 亿元和 4.02 亿元，表明总体来看集成电路行业仍然具有较强的盈利能力。借款余额和应付债券余额最小值未发生，但二者相比较，借款最大值和平均值均显著高于应付债券，且应付债券中位数为 0，表明有超过一半的企业未通过发行债券方式融资，借款仍然是最主要的债务融资工具。股票发行募资额平均值为 24.54 亿元，为借款余额的 2 倍，表明 A 股市场发行股票融资规模较大。内部融资平均值和中位数分别为 6.34 亿元、5.01 亿元，表明大部分企业使用内部融资支持自身发展。总资产规模最大的企业为 526.78 亿元，最小值仅为 4.22 亿元，员工人数从 138 人到 23312 人不等，表明集成电路行业中设计、制

造、封测等不同细分领域资产规模、员工人数及产业发展特征差异较大。GDP
自 2015 年至 2018 年第一季度在 6.7%~7% 浮动，浮动区间不大（见表6）。

表6　变量描述性统计

变量	最小值	最大值	平均值	中位数	标准差
REV	-0.37	69.96	8.07	4.02	10.80
LOAN	0	163.71	12.31	3.55	20.60
BOND	0	47.76	2.00	0	6.71
STOCK	2.61	113.98	24.54	16.05	22.78
EARN	-48.85	95.77	6.34	5.01	13.01
ASS	4.22	526.78	69.39	40.92	76.40
ELY	0.01	2.33	0.34	0.19	0.43
GDP	6.70	7.00	6.83	6.80	0.10

（四）面板模型选择

本文实证数据为固定调查对象在多时间连续观测的数据，符合面板数据特
征。接下来，需检验本文模型为混合模型、固定效应模型还是随机效应模型。
通过 F 统计量检验（见表7）可以看出 F 值为 10.99，相应的 p 值小于 0.05，
因此固定效应模型优于混合模型。再进行 Hausman 检验（见表8），H 统计量
为 42.98，相应的 p 值小于 0.05，因此固定效应模型优于随机效应模型。

因此，建立固定效应模型：

$$REV_{it} = \alpha_{it} + \beta_1 LOAN_{it} + \beta_2 BOND_{it} + \beta_3 STOCK_{it} + \beta_4 EARN_{it} + \beta_5 ASS_{it} + \beta_6 ELY_{it} + \beta_7 GDP_{it} + \mu_{it} + \varepsilon_{it}$$

表7　面板回归结果

Redundant Fixed Effects Tests

Pool：Untitled

Test cross-section fixed effects

Effects Test	Statistic	d.f.	Prob.
Cross-section F	10.985389	(50, 605)	0.0000
Cross-section Chi-square	428.294323	50	0.0000

Method：Panel Least Squares

Sample：2015Q1 2018Q1

Included observations：13

Cross-sections included：51

Total pool（balanced）observations：663

Variable	Coefficient	Std. Error	t-Statistic	Prob.
C	11. 02791	13. 48202	0. 817972	0. 4137
LOAN?	−0. 212592 ***	0. 028326	−7. 505157	0. 0000
BOND?	0. 114862 ***	0. 040012	2. 870661	0. 0042
STOCK?	−0. 115039 ***	0. 019002	−6. 054034	0. 0000
EARN?	−0. 127052 ***	0. 019753	−6. 432023	0. 0000
ASS?	0. 171257 ***	0. 011870	14. 42765	0. 0000
ELY?	6. 075265 ***	0. 808693	7. 512450	0. 0000
GDP?	−1. 595321	1. 970210	−0. 809721	0. 4184
R-squared	0. 788168	Mean dependent var	8. 065654	
Adjusted R-squared	0. 785904	S. D. dependent var	10. 80283	
S. E. of regression	4. 998526	Akaike info criterion	6. 068156	
Sum squared resid	16365. 35	Schwarz criterion	6. 122416	
Log likelihood	−2003. 594	Hannan-Quinn criter.	6. 089183	
F-statistic	348. 1525	Durbin-Watson stat	1. 167130	
Prob（F-statistic）	0. 000000			

注：*** 表示在 1% 的水平上显著。

表 8 Hausman 检验

Correlated Random Effects - Hausman Test

Pool：Untitled

Test cross-section random effects

Test Summary	Chi-Sq. Statistic	Chi-Sq. d. f.	Prob.
Cross-section random	42. 982492	7	0. 0000

（五）回归结果

对固定效应模型进行回归，得到结果如表 7 所示。回归结果显示，除

GDP 外，所有变量均在 1% 的水平下显著。其中应付债券余额、总资产、员工人数系数为正，表明相关变量与集成电路产业主营业务收入呈同向变动关系，且影响显著，原假设得到验证；而借款余额、股票发行募资额、内部融资额系数为负，表明这三项融资余额与主营业务收入呈反向变动关系，原假设未得到验证。

（六）结论

对于我国集成电路 A 股上市公司来说，不同融资方式对企业经营产生的效果不同。

（1）银行贷款对集成电路行业的金融支持效率不高，甚至获得贷款越多的企业经营结果越差，这在一定程度上反映出银行信贷未能有效地识别出优质企业。分析原因可能是集成电路产业科技含量较高，大部分集成电路设计类企业缺乏固定资产等抵押物，而银行等传统信贷对于高新技术企业的技术难以判断，更多地发放给了有抵押品但经营能力较差的企业，支持效果不佳。

（2）债券市场能够较为有效地支持企业发展。这可能是因为债券市场相较于银行信贷更加市场化和灵活，市场能够更加有效地为好企业提供融资，但需要注意，相较于银行贷款，目前债券融资金额和参与企业数量仍然较少。

（3）A 股市场发行股票募集资金仍不能满足企业的融资需求。除 IPO 初次募集资金以外，集成电路行业增发募资的金额及参与企业也较少，说明可能上市公司再融资的一些门槛也不适用于集成电路行业。

（4）留存收益等内部融资方式也不足以满足企业融资需求。集成电路企业在经营过程中已经积累了一定的留存收益，并将其用于扩大再生产等经营活动，但是该项资金规模可能不足以满足企业融资需求，不是一种较为有效的发展方式。

五、集成电路企业融资需求特征及面临的困境

（一）金融供给的短期性与产业发展对长期资金的需要之间存在矛盾

从技术创新到产业发展的路径经常是漫长和曲折的，需要大量的资金投入。北京某集成电路设计公司反映，轻资产公司在初创阶段较常通过创始人个人房产抵押贷款才能获得企业融资；一家集成电路民营公司董事长表示，虽然

公司已获得了 4.5 亿元的 C 轮融资，但目前仍然难以获得银行贷款，因此依靠其个人向北京银行申请了 5000 万元短贷宝支持企业经营；某大型生产集团表示，近期市场整体融资额度紧张，对该公司在建项目的资金落实产生了一定影响；北京某集成电路设计公司反映，集成电路产业发展有其客观规律，往往需要较长时间的技术积累，而创投机构的投资周期一般只有 4~6 年，企业难以达到使其快速盈利的要求。

（二）企业贷款成本高于国外同类企业

部分企业反映目前国内贷款成本高于国外同类企业。如北京某集成电路设计公司反映，该公司获得的无抵押贷款成本为基准利率上浮 20%，且由于贷款规模较大，已无法享受贴息政策。某大型生产集团表示，在半导体显示行业中，相比韩国、日本和中国台湾地区的竞争者，中国大陆融资成本一直处于较高水平，近期国内利率中枢有所上移，公司与主要竞争者在融资成本方面相差更大，对企业经营造成压力。某北京大型集成电路制造公司反映，国外竞争对手融资成本在 3% 左右，在国内外加息周期背景下，企业融资成本存在上升压力。

（三）产业链合作不顺畅影响企业现金流，进口依存度高，面临较大汇率风险

集成电路设计、制造、封测产业链联系非常紧密，但部分企业反映国内产业链合作不顺畅，且依赖进口现象严重。如北京某集成电路设计公司反映，该公司与上游代工厂结算须以 100% 预付，而下游企业通常要求三个月账期，导致企业现金流紧张；北京某集成电路制造公司反映，目前我国集成电路高端设备和材料进口依存度高，而按照国际惯例通常以美元计价结算，人民币接受范围小，企业面临较大汇率风险，特别是初创期企业缺乏专业的汇率管理团队，问题更为突出；某大型生产集团表示，关键核心设备仍需依赖进口，且融资币种多为美元，导致目前美元风险敞口较高。

六、当前金融支持集成电路产业发展存在的难点及问题

（一）政策性金融支持问题

对于技术创新和产业发展，国家战略是最为关键、最为基础、最为长远的支持和投资，因为这个领域经常不是完全市场化的社会资本所关注的，因此，

政策性金融的支持是执行国家战略至关重要的方式之一，但目前财政、政策性银行和地方政府支持效果都较为有限。

1. 财政支持效果有限

北京市金融局数据表明，受政府财政资金补贴保费停止等因素影响，企业投保积极性下降，科技保险业务下滑较为明显：2008～2012 年年均保费1970.3 万元，保费补贴政策结束后，2013～2016 年年均保费 598 万元，且呈持续下降态势。据中关村管委会统计，自《关于支持中关村国家自主创新示范区集成电路产业发展的若干金融措施》出台以来，仅有八家企业申请了 24 笔融资费用补贴，补贴金额共计 262.9 万元，对企业融资的支持作用有限。主要原因：一是补贴主体范围较小，仅有通过担保进行融资的集成电路设计类小微企业能够享受；二是受 WTO 对政府补贴行为的限制，未对补贴政策进行大力宣传。

2. 政策性银行提供长期低成本贷款存在障碍

某政策性银行反映，虽然该行目前已为某大型集成电路制造企业生产项目发放了 160 亿元抵押补充贷款（PSL）资金，但该资金要求贷款期限为一年，可展期四年，即最多仅可投放五年，仍然难以满足集成电路企业持续性的资金需求。

3. 地方政府产业基金对投资对象地域限制不符合产业发展规律

近年来，各地政府纷纷设立集成电路产业投资基金，且通常要求须有较大比例投资本地区企业，形成了集成电路项目"遍地开花"的现象，但集成电路产业必须规模化运营，形成产业集群，同时拥有丰富的人才技术储备和运营经验，才能具有国际竞争力，各地分散化和无序发展的方式与集成电路产业发展规律不符。从 2000 年至 2018 年 6 月，中国不止出现过一轮 IC 投资建设热潮，很多二线城市都有建设晶圆厂不成功的经历，这与这些地方资金、人才、技术、专利等方面的不足有着重大的关系。

（二）市场性金融供给问题

1. 银行仍按传统模式审贷，知识产权评估、处置难

银行传统审贷模式已不符合科技企业发展特点。多家国有商业银行表示，由于集成电路产业科技含量高、专业性强、技术变革快，金融机构缺乏深入了解，往往仍然会按照传统模式要求企业提供充足的抵质押物，而集成电路尤其

是设计类企业大多是知识产权等无形资产占比较高，抵质押物普遍不足，但目前我国在知识产权领域缺乏活跃的交易市场，未能形成公允的价值评估体系和顺畅的资产处置通道，造成了难以为轻资产企业提供贷款。

2. 银行与担保机构之间风险分担机制不协调

银行信贷风险分担机制尚不健全。如某城商行反映，大多数担保公司仍然要求申请担保企业提供房地产等有形资产作为反担保，或者支付高昂的担保费用，且代偿比例偏低。担保机构与银行之间的风险分担机制不协调，导致担保体系没有在为科技企业提供金融产品中充分发挥分散风险的作用。此外，目前针对前沿技术等关键领域的风险补偿有限，且只能计入银行的营业外收入，无法直接用于不良贷款的代偿，风险补偿作用大打折扣。

3. 银行和基金合作期限不匹配、风险偏好不一致，银行对基金出资收紧明显

单纯依靠社会投资对于集成电路产业发展的长期性、艰巨性和风险性而言独力难支，而目前银行和基金的合作受到一些制约。如多家投资芯片领域的基金公司表示，银行作为有限合伙人出资股权投资基金时，由于资金的风险偏好与股权投资基金相去甚远，即使面向高价值净值客户推广也无法做出大的突破，往往出现"明股实债""短融长投"的情形；同时某基金公司表示，基金募资进程及规模也间接受资管新规影响，该基金原计划从银行募集 15 亿元资金，先后与浦发、华夏、民生等六家银行洽谈，但银行均表示难以按"自有资金+理财资金"的传统方式为基金配资，目前均未有实质合作进展。

4. 资本市场上市条件难匹配，退出渠道受限，削弱社会资本投资吸引力

目前国内投资期限普遍较短，为满足投资人盈利需要，基金一般需要在一定时间内完成退出，而基金退出渠道一般为企业间并购或在资本市场上市。如多家创业投资、股权投资公司均表示，集成电路产业具有周期性强、盈利波动性大的特点，而这与当前我国资本市场以销售额、利润等指标的连续性及增幅作为 IPO 申报的要求难以匹配，使优秀企业错失了上市机会，也会在一定程度上削弱了社会资本投资的吸引力。如某投资公司曾投资中国某领先的高端硅基 SOI 材料生产基地和供货商，该公司 2009 年即开启国内证券市场上市进程，但由于半导体产业发展具有明显的周期性波动，整体销售额波浪形上涨，此公司不可避免地受限于产业发展的周期性规律，销售额和净利润与整体产业同步周期性涨跌，始终无法达到国内 IPO 的经营业绩要求，一再地错过上市时机。

七、政策建议

我国集成电路产业的突破发展需要新的政策和资金支持。前期的政策大多采取资金分散、多点支持的模式，这种模式在产业发展初期是很有效的，能够促成百家争鸣、百花齐放的局面，而在当前阶段，建议结合目前的金融大环境，根据不同发展阶段和企业特点配套不同的金融支持方式。

（一）政府基金、政策性银行集中力量支持龙头企业做大做强

当前，我国已经聚集了中芯国际、紫光、海思等一批有规模有一定实力的企业，这些企业需要快速把体量做大，才能参与到高级别较量，从而带领国内集成电路产业整体快速发展。

一是建议发挥政策性资金杠杆和战略布局作用。形成对政府引导基金较为稳定的投入方式，从国家层面继续投入资金支持集成电路大基金。可根据项目迫切性和市场前景给予重点支持，以发挥其在产业优化升级中的领头羊作用。重点产业聚集区的地方政府进一步优化产业战略布局，继续发挥好地方产业基金作用，并以更加市场化的运作方式推动产业的发展。建议将北京、上海、深圳建设成为国家集成电路产业发展核心区，以已有的国家级自主创新示范区为依托，集中优势资源发展集成电路产业，提高产业集中度，减少重复建设。如北京地区可以发挥强大的科研优势，同时结合天津、河北等地的产能优势，建立产业链分工，推动产业资源整合。

二是发挥政策性银行及国有商业银行支持国家战略作用。我国现有的三家政策性银行在支持基础设施建设、促进对外经济贸易和推动农业发展等方面发挥了积极作用，但在支持科技创新方面却存在长期缺位。建议国家开发银行在职能定位中加入服务科技创新的内容，在资金支持规模上加大投入，并将支持科技型企业发展作为工作重点之一，发挥支持科技强国的国家战略作用。同时，国有商业银行也应对重点行业重点企业发挥支持作用。

三是借鉴政府扶持其他行业领域的成功经验，在产业低谷期对龙头企业进行持续投入。以京东方为例，目前该公司多种显示屏出货量已跃居全球第一，打破了国外市场对我国显示屏领域的长期垄断，成为了可以在国际市场上与三星等巨头相抗衡的民族企业。但在此之前，京东方一直以高融资、高亏损、高

补贴为资本市场熟知。京东方自 2001 年上市以来，亏损超过 70 亿元，而其几次艰难扭亏背后，都有政府补贴托底。这种补贴烧钱模式不断引起外界质疑，但面板行业与集成电路产业一样，是一个高技术、高投入行业，其资金密集特点突出，烧钱是企业快速成长的必经阶段。除补贴之外，政府还在京东方融资过程中扮演了重要角色，如 2009 年合肥市政府出资 30 亿元参与定向增发，2010 年北京市政府定向增发 40 多亿元，2014 年重庆市政府定向增发 210 亿元。政府资金参与定增的方式解决了战略性新兴产业巨大的投资资金来源问题。建议借鉴京东方发展经验，在集成电路产业低谷时逆产业周期投入扩大产能，在平时提供补贴、债务展期。

（二）加强商业银行与创投机构对科技型小微企业支持

一是优化信贷结构，发挥知识产权增信作用，为科技企业发展打造良好的生态环境。目前稳健的货币政策要求松紧适度，商业性金融机构应调整优化信贷结构，保持流动性合理充裕，主动培育新动能，加大对小微企业的支持力度，着力解决小微企业融资难、融资贵问题。推动健全科创企业知识产权的估值、质押和流转体系，引导金融机构将知识产权作为判断企业价值的重要补充依据，充分发挥知识产权的增信能力。积极引入、培育和发展各类金融服务主体和中介机构，完善信用担保、信用评级、资产评估等中介服务，为银行、创投机构等投资提供估值方法参考，不断完善科技金融生态体系。

二是理顺商业银行参与股权投资基金的方式和路径。在国内去杠杆、资管新规出台的大背景下，建议对于商业银行参与股权投资基金给予更有针对性、更宽容和灵活的政策，积极运用投贷联动等方式，让商业银行能配置出与投资基金风险偏好、存续周期更加匹配的资金来支持科技创新与产业发展。鼓励境内外各类经济组织和个人投资集成电路产业，完善股权投资、创业投资、天使投资等覆盖科技创新与战略性新兴产业各发展阶段的科技金融服务体系。

（三）支持成熟型企业上市融资、海外并购，为企业提供专业金融服务

一是制定更符合科技型企业发展规律的 IPO 标准，疏通创投机构退出渠道。全球半导体产业在近十几年的发展历程中，一直呈现着繁荣与衰退周期性的交替发展，根据统计，因其全球供应和市场需求并不是平稳发展的，每隔 4~6 年就会发生一次周期性波动。建议针对科技型企业制定更加符合其发展规律的 IPO 标准，如适当放宽营业收入和净利润等指标，增加市场占有率等反映行业内竞争力水平的指标，为创投机构及时退出疏通渠道，提高投资积极性。

二是支持企业通过海外并购的方式快速获取先进技术，实现规模扩张。当前集成电路领域的国际领先企业已建立了较为明显的先发优势，并购海外具有一定实力的成熟企业是加快我国集成电路产业发展速度的重要做法，因此建议相关管理部门为优化集成电路等科技型企业主营业务投资并购模式提供政策支持，金融市场为企业并购融资提供更多的产品和服务。

三是建议金融机构、中介机构等助力产业整合，为企业提供专业金融服务。鼓励产业链上下游的大型企业集团参股或整合集成电路企业。鼓励金融机构、中介机构等为企业提供供应链融资、汇率风险管理、并购贷款等专业金融服务，降低企业的财务管理成本。

参考文献

［1］Yin-Hui Cheng, Fu Yung Kuan, Shih-Chieh Chuang. Profitability Decided by Patent Quality？An Empirical Study of the U. S. Semiconductor Industry ［J］. Scientometrics, 2010（1）：175-183.

［2］曹霞，张路蓬 . 金融支持对技术创新的直接影响及空间溢出效应——基于中国2003~2013 年省际空间面板杜宾模型 ［J］. 管理评论，2017（7）：36-45.

［3］陈玲，薛澜 . 中国高技术产业在国际分工中的地位及产业升级：以集成电路产业为例 ［J］. 中国软科学，2010（6）：36-46.

［4］傅艳 . 产融结合之路通向何方：中国产业与金融结合的有效性研究 ［M］. 北京：人民出版社，2003：1-275.

［5］蒋静芳 . 战略性新兴产业的金融支持效应研究 ［D］. 北京：首都经济贸易大学，2017：1-46.

［6］兰茹佳，朱英明 . 金融支持与战略性新兴产业发展研究：一个文献综述 ［J］. 财贸研究，2013（2）：110-113.

［7］雷瑾亮，张剑，马晓辉 . 集成电路产业形态的演变和发展机遇 ［J］. 中国科技论坛，2013（7）：34-39.

［8］李富有，尹海风 . 金融支持与我国战略性新兴产业发展实证研究——基于面板格兰杰因果检验和协整分析 ［J］. 科技进步与对策，2014（15）：53-58.

［9］刘雯，马晓辉，刘武 . 中国大陆集成电路产业发展态势与建议 ［J］. 中国软科学，

2015（11）：186-192.

　　［10］吕铁，余剑．金融支持战略性新兴产业发展的实践创新、存在的问题及政策建议［J］．宏观经济研究，2012（5）：18-26.

　　［11］申明浩，杨永聪．基于全球价值链的产业升级与金融支持问题研究：以我国第二产业为例［J］．国际贸易问题，2012（7）：3-11.

　　［12］盛丹，王永进．产业集聚、信贷资源配置效率与企业的融资成本——来自世界银行调查数据和中国工业企业数据的证据［J］．管理世界，2013（6）：85-98.

　　［13］唐斯斯，董晓宇．我国发展战略性新兴产业的金融创新——交互式融资模式的构建与运作［J］．中国经贸导刊，2012（4）：54-57.

　　［14］王鹏飞．中国集成电路产业发展研究［D］．武汉：武汉大学，2014：1-173.

　　［15］熊广勤．战略性新兴产业发展的金融支持国际比较研究［J］．现代管理科学，2012（1）：89-91.

　　［16］叶甜春．"十三五"期间中国集成电路制造产业链发展的思考［J］．集成电路应用，2016（1）：6-7.

　　［17］张兴胜．渐进改革与金融转轨［M］．北京：中国金融出版社，2007：1-298.

　　［18］张玉喜．产业政策的金融支持：机制、体系与政策［M］．北京：经济科学出版社，2007：1-245.

　　［19］赵芳．国外政府发展半导体产业的政策与启示［J］．中国创业投资与高科技，2004（8）：59-61.

　　［20］邹俊．政策、金融与中国半导体产业发展之融合［D］．上海：上海交通大学，2013：1-50.